新文科·普通高等教育电子商务专业系列规划教材

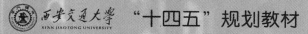西安交通大学 "十四五"规划教材

总主编 李 琪

电子商务法教程

DIANZI SHANGWU FA JIAOCHENG

（第二版）

主编 张荣刚

西安交通大学出版社　国家一级出版社
XI'AN JIAOTONG UNIVERSITY PRESS　全国百佳图书出版单位

内容简介

本书以电子商务运营与管理的流程为导向,采用模块化的方式组织内容,对电子商务法、电子商务合同、电子商务信息发布相关法律法规、电子商务支付相关法律法规、电子商务物流相关法律法规、电子商务与知识产权保护、电子商务消费者权益保护、电子商务纠纷解决、电子商务治理与监管等内容进行系统全面的介绍,每章配有内容提要、典型案例、本章小结、思考题,以方便老师施教、学生学习。

本书提供了简洁严谨的教学解决方案,针对性强,通用性好,可以作为高等院校电子商务、工商管理、经济学等专业的教材,也可以供企事业单位从业人员学习、培训使用。

图书在版编目(CIP)数据

电子商务法教程 / 张荣刚主编. —2版. — 西安:西安交通大学出版社,2022.6
 ISBN 978-7-5693-2579-9

Ⅰ. ①电… Ⅱ. ①张… Ⅲ. ①电子商务-法规-中国-教材 Ⅳ. ①D922.294

中国版本图书馆 CIP 数据核字(2022)第 072303 号

书　　名	电子商务法教程(第二版)
主　　编	张荣刚
责任编辑	韦鸽鸽
责任校对	祝翠华
封面设计	任加盟
出版发行	西安交通大学出版社 (西安市兴庆南路1号　邮政编码 710048)
网　　址	http://www.xjtupress.com
电　　话	(029)82668357　82667874(市场营销中心) (029)82668315(总编办)
传　　真	(029)82668280
印　　刷	陕西奇彩印务有限责任公司
开　　本	787 mm×1092 mm　1/16　印张 12　字数 287千字
版次印次	2022年6月第1版　2022年6月第1次印刷
书　　号	ISBN 978-7-5693-2579-9
定　　价	39.80元

如发现印装质量问题,请与本社市场营销中心联系调换。
订购热线:(029)82665248　(029)82667874
投稿热线:(029)82665249
读者信箱:1431440292@qq.com

版权所有　侵权必究

前言

据商务部和国家统计局数据显示，2019年，中国电子商务交易额达34.81万亿元。2020年，中国电子商务交易额为37.21万亿元，继续实现稳步增长。随着电子商务行业的快速发展，涉及电子商务领域的法律问题也迅速增多。

为回应市场需求，我国出台了《中华人民共和国电子商务法》，于2019年1月1日起正式实施，这标志着我国电子商务行业进入了促进与监管并重的新时代。随着电子商务行业发展的逐步完善和政府相关监管措施的严格执行，我国电子商务行业的上升趋势仍将保持。

电子商务的发展，引发社会对电子商务及法律人才的大量需求。为适应专业教学需要，我们参考历年来的相关研究内容，对前人的成果进行系统梳理与总结，在电子商务法律法规和国际公约的基础上，编写本书。

本书主要特点如下：

（1）视角独特。本书立足于电子商务法律法规、国际公约和行业标准，从管理学的视角，按照电子商务的运营流程，系统介绍电子商务法律法规，便于读者理解和运用。

（2）强调理论联系实际。本书设计典型案例，把电子商务法律法规的立法依据、法律法规条文与案例相结合，利于读者理解和掌握。

（3）注重专业素养提升。每章配有思考题和导入案例，让学生在学中练、练中学，注重培养其实务能力，利于学生对相关法律法规的深入理解，提升其解决实际问题的专业素养。

本书既注重专业知识介绍又关注行业前沿，结构科学、逻辑严谨、实践性强，为教师提供了简洁易行的教学解决方案。本书第1章、第3章和第5章由王卫东编写，第2章由席凌云编写，第4章和第9章由张荣刚编写，第6章由何培育编写，第7章由张巍编写，第8章由席晓娟编写，同时，西北政法大学徐妍、赵知非、张宇轩、李静和朱博涵也参与了编写工作。

本书在编写过程中参考了多位专家学者的资料与成果，谨致以诚挚的谢意。由于编者水平、时间和能力有限，书中难免有欠妥之处，恳请广大读者批评指正，以使本书更加完善。

编者
2021年4月

目录 Contents

第1章　电子商务法律概述 ······ (1)
　1.1　电子商务法律基础 ······ (1)
　1.2　电子商务主体 ······ (8)
　1.3　电子商务主体的市场准入与退出 ······ (15)
　1.4　电子商务主体的一般性义务 ······ (19)

第2章　电子商务合同 ······ (22)
　2.1　电子商务合同的概念 ······ (23)
　2.2　电子商务合同的订立 ······ (28)
　2.3　电子商务合同的法律效力 ······ (33)
　2.4　电子商务合同的履行 ······ (38)

第3章　电子商务信息发布相关法律法规 ······ (43)
　3.1　电子商务信息发布概述 ······ (43)
　3.2　网络广告法律法规 ······ (46)
　3.3　网络促销法律法规 ······ (53)

第4章　电子商务支付相关法律法规 ······ (62)
　4.1　电子支付结算的法律法规 ······ (63)
　4.2　第三方支付结算的法律法规 ······ (69)
　4.3　网络金融及其风险防范 ······ (77)

第5章　电子商务物流相关法律法规 ······ (83)
　5.1　物流法律法规概述 ······ (83)
　5.2　物流采购法律法规 ······ (85)
　5.3　货物运输法律法规 ······ (95)

第6章　电子商务与知识产权保护 ······ (105)
　6.1　电子商务与域名保护 ······ (105)
　6.2　电子商务与著作权保护 ······ (111)

  6.3 电子商务与商标权保护 …………………………………………… (117)
  6.4 电子商务与专利权保护 …………………………………………… (120)

第 7 章 电子商务消费者权益保护 ……………………………………… (125)
  7.1 电子商务消费者权益保护概述 …………………………………… (125)
  7.2 电子商务消费者的概念与权利 …………………………………… (130)
  7.3 电子商务经营者的概念与义务 …………………………………… (134)
  7.4 电子商务平台经营者的概念与义务 ……………………………… (136)
  7.5 我国电子商务消费者的权利保护 ………………………………… (139)

第 8 章 电子商务纠纷解决 …………………………………………………… (143)
  8.1 电子商务纠纷解决概述 …………………………………………… (144)
  8.2 电子商务纠纷传统解决方式 ……………………………………… (148)
  8.3 电子商务在线纠纷解决方式 ……………………………………… (156)
  8.4 电子商务纠纷案件管辖 …………………………………………… (162)

第 9 章 电子商务治理与监管 ………………………………………………… (166)
  9.1 电子商务治理概述 ………………………………………………… (166)
  9.2 电子商务秩序及法律规制 ………………………………………… (172)
  9.3 电子商务生态治理与依法监管 …………………………………… (177)
  9.4 依法促进电子商务发展 …………………………………………… (180)

参考文献 ……………………………………………………………………………… (183)

第1章 电子商务法律概述

【典型案例】

淘宝商家诉买家公开差评侵犯名誉权一审驳回案

2019年9月11日,北京市互联网法院一审判决驳回淘宝卖家某商贸公司的全部诉讼请求。案件起因是该商贸公司认为买家李某给出的差评,导致自己店铺名誉受损、销量下降,因此,以侵犯名誉权为由将李某诉至法院。原告认为被告通过互联网评价展示页面,公开诋毁并侮辱原告的商业信誉,误导其他不特定网页浏览者,造成原告商业信誉严重受损,影响原告营业额并造成一定的经济损失。李某认为,其在原告店铺购买了儿童秋梨膏一盒,收货后发现该产品与其之前购买的产品相比,颜色较浅、浓稠度较稀。李某仔细核对后发现,其于2018年12月5日购买产品的生产日期竟是2019年10月22日。在其与原告沟通过程中,客服人员敷衍解释,片面强调自身产品属于正品,要求被告做产品鉴定,并拒绝退货、退款申请。在长时间沟通无果后,李某在评论中给予差评,并上传和客服的聊天记录及产品对比照片。

1.1 电子商务法律基础

1.1.1 电子商务与电子商务法

1. 电子商务的概念

当前世界范围内有很多关于电子商务的定义,不同国家和地区的研究者在这方面并没有达成共识,其中比较具有代表性的定义包括以下几种。

(1)世界贸易组织将电子商务定义为"以电子方式进行的商务和服务的生产、分配、市场营销、销售或支付"。

(2)联合国贸易法委员会在《电子商务示范法》中将电子商务定义为"通过电子行为进行的商事活动"。

(3)《中国电子商务蓝皮书》指出:"电子商务是通过互联网完成的交易活动,交易内容可以分为商品交易和服务交易。交易是指货币和商品的易位,交易要有信息流、资金流和物流等要素的支持。"

(4)《中华人民共和国电子商务法》第二条解释了电子商务的含义:"本法所称电子商务,是指通过互联网等信息网络销售商品或者提供服务的经营活动。"

对以上定义进行比较可以发现,《中华人民共和国电子商务法》对电子商务的定义与《中国电子商务蓝皮书》所给定义比较接近,且相较于其他部分国家和国际组织的定义,内涵更狭窄。

本书采用《中华人民共和国电子商务法》中对电子商务的定义。

2. 电子商务的特征

根据《中华人民共和国电子商务法》第二条的规定,结合电子商务的表现形式,本书认为,电子商务具有以下特征。

(1)电子商务是依靠互联网技术,通过电子通信手段所进行的商务活动。离开互联网技术与电子通信手段,就不会有电子商务的产生与发展。

(2)电子商务是指通过互联网等信息网络销售或购买商品、提供或者接受服务,以及与此相关联的其他商事、民事主体之间所进行的一切商务活动。

(3)电子商务是以营利为目的的经营活动。商务行为必须具有营利目的,营利的结果未必归经营主体自身获得,也可以由他人享有。

(4)电子商务的主体包括自然人、法人和非法人组织。

(5)电子商务具有虚拟性与现实性相结合的特征。任何一个线上电子商务主体都会对应一个线下民、商事主体。

(6)电子商务具有全球化、快捷性、便利性的特征。由于依托互联网,电子商务实现了全球化,交易非常快捷、便利。

3. 电子商务的类型

根据电子商务的主体与交易内容,可将电子商务做如下分类。

1)依据电子商务的交易内容分类

(1)销售商品的电子商务。

电子商务中销售的商品具有传统意义上的有形商品的特征。在电子商务的特定环境中,也包括无形商品,如数字音乐、信息产品等。

(2)提供服务的电子商务。

提供服务的交易包括的内容比较多,如商务信息服务、生活信息服务,也包括利用专业知识为客户和消费者提供某一领域的服务,如法律服务、咨询服务、承揽服务等。服务交易也可以细分为两种类型:一种是交易对象本身即是服务,如法律咨询服务、在线教育服务等;另一种是支撑在线交易的相关活动。

2)依据电子商务的交易方式分类

(1)B2B(business-to-business)。

B2B是指企业与企业之间通过专用网络或互联网进行数据信息的交换、传递以开展交易活动的商业模式,即企业之间的电子商务交易模式。最典型的B2B平台是阿里巴巴。B2B是电子商务的主流,占整个电子商务交易额的80%以上,居主导地位。

(2)B2C(business-to-consumer)。

B2C是指企业与消费者之间的电子交易模式,这也是我国最早产生的交易模式。这种交易模式下每笔金额虽然小,但总体规模较大,目前这种交易模式在我国的电子商务中规模最为庞大,如当当网、京东商城等。

(3)C2B(customer-to-business)。

C2B是指消费者以自身有需求的产品向平台报价,由平台从自身所有的供应商渠道中寻找愿意以消费者所定的价格出售该种产品的供应商,供应商再通过平台与消费者对接。团购业务是典型的C2B模式,相较于B2C模式,C2B是以消费者为驱动的。

(4)C2C(customer-to-customer)。

C2C是指个人与个人之间的网络交易模式,即个人之间通过互联网交易平台进行商务交易。国内最典型的C2C电商平台是淘宝网。C2C的互动性、参与性、开放性较强,交易的波动性较大。

(5)O2O(online-to-offline)。

O2O是指利用互联网使线下商品或服务与线上相结合,由线上营销、线上购买带动线下经营和线下消费,一般通过打折、提供信息、服务预订等方式,把线下商店的消息推送给互联网用户,从而将他们转换为自己的线下客户,此种模式特别适合必须到商店消费的商品和服务。

3)根据电子商务发生的地域范围分类

(1)中华人民共和国境内的电子商务(以下简称"境内电子商务")。

境内电子商务是指在中华人民共和国境内进行的电子商务活动,与电子商务主体身份无关,只以电子商务发生地为区分标准。

(2)跨境电子商务。

跨境电子商务是指分属不同关境的交易主体,通过电子商务平台达成交易,进行电子支付结算,并通过跨境电商物流及异地仓储送达商品,从而完成交易的一种国际商业活动。

我国从立法上推动建立与不同国家、地区之间跨境电子商务的交流合作;参与电子商务国际规则的制定,促进电子签名、电子身份等国际互认;推动建立与不同国家、地区之间的跨境电子商务争议解决机制。

4. 电子商务法的概念

电子商务法是调整电子商务活动中各参与主体之间依靠互联网信息网络和电子通信技术,以数据电文为交易手段所产生的各种商事交易关系,以及与这种商事交易关系密切相关的社会关系、政府管理关系的法律规范的总称。

首先,电子商务法是专门用于调整电子商务活动的规范。电子商务的法律法规,包括各种法律、规则、标准、协议、示范、规定等。为了确定电子商务活动中相关方的权利、义务,调整各方关系,规范电子商务行为,国务院及其部委制定了相应的法规,在我国电子商务法律法规中占有相当比例。

其次,可以从广义和狭义两个层面分析电子商务法的定义。具体来说,广义的电子商务法,是指调整电子商务活动中所有关系的规范总称;而狭义的电子商务法,是指调整电子交易关系的规范。

5. 电子商务法的性质

理论界对于电子商务法的部门归属一直存在争议,我们应该从领域法学的视角来观察和理解电子商务法的定位。

电子商务法涉及电子商务法律关系的界定、电子商务欺诈、电子商务经营秩序、知识产权保护、消费者权益保护、不正当竞争、电子商务交易安全、数据权属保护、平台定位与责任等内容,故单纯从某一视角观察与讨论均有失偏颇。但是,就电子商务的发展现状及其所包含的主要要素来看,其更多的内容还是体现为传统民商法的要素,属于传统民商事主体法与行为法的相关内容,同时辅之以监管等其他法律部门的相关规则,调整的对象属于电子商务这一特殊商事领域,内容上体现了公法私法合一、加强对商业监督管理的商法特点,同时表明了中国商法

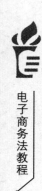

根据特定商事活动领域进行构造的特点,故电子商务法属于民商事法律部门的商法。因此,从某种意义上讲,电子商务法属于民商法,是商法的特别法,属于主体法、行为法与监管法的结合,应在遵从民商法基本原则与理念的基础上通过互联网等网络与信息通信技术的方式对民商事主体进行的活动予以调整。

1.1.2 电子商务法律法规体系

1. 我国电子商务相关法律法规

1) 调整电子商务主体的相关法律

电子商务主体包括自然人、法人、非法人组织。

电子商务主体参与电子商务活动,依法取得电子商务主体资格,享有权利,履行义务。对自然人而言,必须具有民事行为能力与民事权利能力。对于法人、非法人组织而言,要依法设立、登记,具有民事行为能力与权利能力。这些主体资格的取得,应该要依据具体情形受民法典、公司法、合伙企业法、《个体工商户条例》等法律法规的调整。

2) 调整电子商务主体行为的相关法律

电子商务主体从事经营活动,应当受到商法的约束,同时也要遵守监管方面的法律法规。比如,经营者销售的商品必须要符合相关质量标准,如果因质量问题造成消费者受到损害,应受到产品质量法、消费者权益保护法、食品安全法的约束;电子商务中物流服务的提供者、电子支付服务提供者,应受到邮政法、商业银行法、《非金融机构支付服务管理办法》等法律法规的调整;电子商务中的监管与税收应受到反不正当竞争法、反垄断法、企业所得税法、个人所得税法、行政许可法、广告法、网络安全法、商标法、专利法、著作权法、刑法等法律法规的调整。

3) 调整跨境电子商务的法律法规

跨境电子商务,应受到《联合国国际贸易法委员会电子商务示范法》(以下简称《电子商务示范法》)、《联合国国际贸易法委员会电子签字示范法》(以下简称《电子签字示范法》)、《联合国国际合同使用电子通信公约》、《联合国国际货物销售合同公约》等法律法规的调整。

2. 联合国的电子商务立法

1)《电子商务示范法》

1996年6月,联合国国际贸易法委员正式通过《电子商务示范法》。这是世界上第一部专门对电子商务进行统一规范的法律,是为了向各国提供一套国际公认的电子商务法律范本,以供各国制定本国电子商务法律法规时参考,促进电子数据、电子签名、电子邮件、传真等现代信息技术和手段的使用。

《电子商务示范法》对电子商务形式及其法律承认、书面形式、签名、原件的要求,数据电文的可接受性和证据力,数据电文的留存,电子合同的订立和效力,当事人对数据电文的承认,数据电文的归属、确认收讫、发出与收到时间,当事人协议优先适用等重要问题均有明确规定。

从实践上看,《电子商务示范法》通过为各国或地区电子商务的立法提供了一套国际规则,在很大程度上推动了世界电子商务立法的协调发展。

2)《电子签名示范法》

2000年7月,联合国国际贸易法委员会正式通过了《电子签名示范法》,该法于2001年3月审定。《电子签名示范法》是继1996年联合国颁布《电子商务示范法》后,在国际电子商务立法上的又一重要成果。《电子签名示范法》为各国和地区制定电子签名法提供了范本。

《电子签名示范法》是《电子商务示范法》的具体化和发展,《电子签名示范法》在《电子商务示范法》第七条关于电子签名规定的基础上,对电子签名相关内容做了明确规定。例如,针对电子签名的定义和要求、签名人和认证服务提供者及签名信赖方的行为和义务等,制定了相应的规范。《电子商务示范法》属于"基本法"性质,而《电子签名示范法》属于"实体法"性质,其内容更加具体,可操作性强。

从实践上看,《电子签名示范法》通过为各国和地区制定电子签名法提供范本,有效推动了世界各国和地区电子签名立法和其他实体法的立法工作。

3. 欧盟的电子商务立法

欧盟十分重视对电子商务的立法,其立法结构层次多,具体来说由欧盟一体化立法、成员国分别立法、综合整体立法和个别专项立法多个层次组成。

20世纪90年代末,电子商务开始在欧洲迅猛发展。这个时期,欧盟面临着经济发展速度放缓、失业率持续升高等发展问题,研究发现,电子商务的发展有助于促进社会经济发展,提供更多工作岗位,解决失业率居高不下的问题,因此,自1997年开始颁布了一系列法律文件,力求为电子商务营造一个良好的法律环境。

1)《欧盟电子商务行动方案》

1997年4月15日,欧盟委员会提出了《欧盟电子商务行动方案》。该方案中,欧盟明确指出应该建立健全一个安全可靠的电子商务法律安全体系,以有效推动电子商务在欧盟国家的发展,减少地区间贸易壁垒,促进网络创新变革,增强消费者信赖,保障消费者的利益。

2)《发展电子商务法律架构指令》

1998年11月18日,欧盟颁布了《发展电子商务法律架构指令》。该指令规范的主体主要包括在线金融、娱乐服务、在线广告、在线直销等使用网络提供服务的职业者。该指令可以有效消除欧盟境内对电子商务发展造成的限制和障碍,是促进电子商务发展的一个重要法律文件。

3)《电子签名指令》和《电子商务指令》

1999年12月3日,欧盟委员会通过了《关于建立有关电子签名共同法律框架的指令》(以下简称《电子签名指令》);2000年6月8日,欧洲议会通过了《2000年6月8日欧洲议会及欧盟理事会关于共同体内部市场的信息社会服务,尤其是电子商务的若干法律方面的第2000/31/EC号指令》(以下简称《电子商务指令》)。《电子签名指令》和《电子商务指令》构成了欧盟电子商务立法的核心,后者对电子交易、电商服务提供者的责任归属等问题进行了更为全面的规制。在《电子商务指令》通过后的18个月内,欧盟成员国相继将其纳入本国法律。

欧盟仅将通过信息网络提供的各类商业交易活动称为电子商务,而除此以外的物流运输、产品责任等线下服务并不包含在内。

4)《通用数据保护规则》

2016年4月15日,欧盟议会宣布投票支持《通用数据保护规则》(general data protection regulation,简称"GDPR"),该保护规则于2018年5月25日起正式生效实施。按照该数据保护法的规定,所有在欧盟境内有营业场所的公司都需要遵守该法案的规定,即使总部不在欧盟范围内也是如此。具体来说,GDPR规定公司必须获得用户清晰明确的同意才能处理他们的个人数据,必须以"清晰直白"的语言陈述数据的用途,且必须为需要大量使用个人数据的业务配备数据保护专员来进行监督,对于违反数据保护规则的行为需在72小时内公开揭露。此外,任何违反该规则的公司或组织将面临最高1000万欧元或企业上一财年全球营业总额2%的罚款,并以较高者进行认定。该"重罚"规则被认为是GDPR的"撒手锏",罚款的数额在地域上是全球范围而非欧盟境内,在基数上是全球营业额而非净利润。

为了保障数据安全,欧盟还赋予公民对个人数据更大程度的保护和控制权,也就是给予欧盟公民"被遗忘权(right to be forgotten)",这一创设性规定是新数据保护法的一大亮点。这项权利规定,除数据被用于历史、统计和科研目的及公共健康和个人自由表达权之外,个人可以要求搜索引擎或电子商务平台移除"不相关"或"过期"的个人信息数据。"被遗忘权"还赋予儿童特殊的保护权,规定社交网络在允许儿童注册账户之前须征得其父母的同意,且欧盟各成员国可依据自己国家的实际情况设置不同的年龄门槛。

1.1.3 电子商务法律关系

电子商务法律关系的主体,包括电子商务经营者、消费者、快递物流服务提供者、电子支付服务提供者等,这些主体之间的相互联系配合构成了电子商务整个运营体系。各主体之间受电子商务法、民法典、邮政法、商业银行法等法律法规的规范与调整,从而形成了不同的法律关系。

1. 经营者与消费者

电子商务经营者包括平台经营者、平台内经营者,以及通过自建网站、其他网络服务进行销售商品、提供服务的经营者。因此,电子商务经营者与消费者的法律关系也应从电子商务平台内经营者与平台经营者之间的法律关系,电子商务平台经营者与消费者之间的法律关系、电子商务平台内经营者与消费者之间的法律关系、通过自建网站经营者与消费者之间的法律关系四个层面进行理解。

1) 平台内经营者与平台经营者

电子商务平台内经营者对于平台经营者而言,也是一种消费者。二者之间通过订立平台服务协议明确各自的权利和义务。同时,基于电子商务法的规定,电子商务平台经营者对平台内经营者负有监督管理职责,协助市场监管部门对平台内经营者进行管理。

电子商务平台经营者依法对平台内经营者行使监管的权利,履行法定义务;依据平台服务协议的约定内容,对平台内经营者行使合同权利,履行合同义务。

电子商务平台内经营者依据电子商务法的规定,服从平台经营者的监管;依据平台服务协议的约定和平台交易规则,行使合同权利,履行合同义务;电子商务平台内经营者通过电子商务平台服务协议,有偿或者无偿取得平台经营者所拥有网络店铺的使用权,对网络店铺行使占有、使用、收益的经营权。

2) 平台经营者与消费者

电子商务平台经营者与消费者之间的法律关系不仅包括电子商务法所规定的权利、义务关系,还包括双方因交易规则、用户协议所建立起来的合同关系。

在平台经营者只是提供交易平台供平台内经营者与消费者之间进行交易的情形下,平台经营者最突出的作用是监督、管理平台内经营者与消费者之间的交易,并提供交易的便利条件,保障消费者的合法权益。

在平台经营者开展自营业务的情形下,其与消费者之间直接建立起交易关系,此种关系需要受到电子合同的约束。平台经营者对其标记为自营的业务依法承担商品销售者或者服务提供者的民事责任。

电子商务平台经营者与消费者交易关系的特点如下。

(1)这种交易关系的性质是电子商务平台的服务合同关系,即消费者取得这个资格之后,可以在电子商务平台进行交易活动。

(2)这种交易关系的性质是无偿的,即电子商务消费者进入电子商务平台并接受平台的服务,无须支付对价,电子商务平台经营者并不通过收取平台服务价的方式营利,而是通过电子商务消费者加入电子商务平台与平台内经营者进行交易活动,使其增加流量等获得利益。

(3)电子商务消费者利用电子商务平台进行交易,应当遵守电子商务平台的交易规则和用户协议,接受电子商务平台经营者对交易活动的管理,如果违反交易规则和用户协议,电子商务平台经营者有权依照交易规则和用户协议对其进行处罚。

3)平台内经营者与消费者

电子商务平台内经营者通过买卖合同、服务合同与消费者建立电子商务合同关系,双方依据电子商务合同的约定行使权利,履行义务。电子商务平台内经营者与消费者都应遵守电子商务平台制定的交易规则与服务协议,并在此基础之上进行交易,接受交易规则与服务协议的约束。

电子商务平台内经营者与消费者双方具体的法律关系会因销售商品、提供服务的具体内容而不相同。除了以点击形式订立电子合同外,双方可以依据民法典及相关法律另行约定合同的内容,确定合同的订立形式。

4)自建网站经营者与消费者

在通过自建网站、其他网络服务进行电子商务的经营者与消费者之间的法律关系中,没有第三方平台参与,双方直接进行商品或服务的交易,这种情形下的电子商务当事人只有经营者与消费者。

交易和服务的基础是双方签订的电子合同,依据合同约定的内容行使权利,履行义务。这种电子商务行为是利用非专业的电子商务网络服务销售商品或者提供服务。例如,利用微信的"朋友圈"发布商品或者服务信息,他人接受该信息,在线下用其他方式进行交易。双方之间的法律关系仍然是买卖、服务合同关系。

2. 经营者、消费者与快递物流服务提供者

快递物流服务是为电子商务中的交易提供服务的中间环节。将经营者与消费者以方便、快捷、专业的服务方式与服务内容连接起来,在电子商务整个流程中处于重要位置。正是由于快递物流行业的快速发展,才为电子商务的发展提供了服务基础。

1)法定的权利、义务关系

电子商务经营者与快递物流服务提供者之间的法律关系要受邮政法、电子商务法、快递市场管理办法等法律法规的调整,行使法定权利,履行法定义务。

2)服务合同关系

平台内经营者与快递物流服务提供者签订快递物流服务合同或者协议,形成服务合同关系。平台内经营者委托快递物流服务提供者按照经营者与消费者订立的电子商务合同约定的交货时间、方式向消费者交付商品等。此种关系中,商品运输中的风险和责任由经营者负责。

快递物流服务提供者在提供快递物流服务的同时,可以接受电子商务经营者的委托提供代收货款服务。

快递物流服务提供者与消费者之间也存在服务合同关系。消费者购买商品后,也可以自行选择快递物流服务提供者,并与其签订服务合同。此种关系中,商品运输中的风险和责任由消费者负责。

3. 经营者、消费者与电子支付服务提供者

在电子商务经营者、消费者与电子支付服务提供者的法律关系中,电子支付服务提供者通常被称为第三方支付。第三方支付是指由第三方支付机构参与的电子支付,是目前最主流的电子支付方式。第三方支付机构利用计算机和智能移动设备等通信媒介,连接商业银行等金融机构、卖家和买家,确保货币资金在三者之间安全高效地转移。

电子商务中,根据支付过程中有无第三方电子支付机构参与,分为如下两类,其法律关系也各不相同。

1)无第三方电子支付机构的情形

无第三方电子支付机构参与的电子支付中,参与主体包括电子商务的收款人、付款人及其各自委托的银行。该种电子支付关系中,各主体之间的关系如下。

(1)经营者与消费者之间存在的电子交易是电子支付发生的基础关系。因交易内容不同,对支付的方式、要求均不相同。

(2)收款人、付款人各自与其相关联的银行之间的法律关系为金融服务合同关系。基于各自的金融服务合同关系,相关的银行才会根据客户的指令,完成货币转移,使收款人与付款人之间实现收款与支付的目的。

(3)收款人、付款人各自关联的银行与银行之间存在资金划拨法律关系。发起行和接收行可能是同一银行,也可能是不同银行。银行是货币划拨的执行者。

2)有第三方电子支付机构的情形

(1)有第三方电子支付机构参与的电子支付中,参与主体包括第三方支付机构、电子商务的收款人和付款人及其各自委托的银行。

(2)第三方电子支付机构与银行之间存在电子支付协议,协议具有委托服务的内容。双方的权利、义务依据电子协议约定。我国《电子支付指引》明确要求客户申请电子支付业务,必须与银行签订电子支付协议。签订电子支付协议,可以使用户充分了解电子支付的注意事项和基本内容,确定电子支付相关主体的权利、义务。

(3)第三方电子支付机构与消费者之间也存在电子支付协议,协议具有委托服务的内容,以规范双方的权利、义务。

(4)收款人、付款人各自关联的银行与银行之间存在资金划拨法律关系。

▶ 1.2 电子商务主体

1.2.1 电子商务主体的界定

1. 电子商务主体的概念

对于电子商务主体的界定,有广义和狭义的区别。

从广义上讲,电子商务主体包含电子商务法律关系的所有参加者,即一切在电子商务法律关系中享有权利和承担义务的个人或组织。有学者认为,"电子商务主体指电子商务法律关系的参加者,在电子商务法律关系中享有权利和承担义务的个人或者组织"。由此可见,广义的电子商务主体将消费者、政府采购人等非商事主体纳入其范畴。如果采用广义定义,则电子商务经营者属于电子商务主体的一个类别。

从狭义上讲,电子商务主体则仅指电子商务中的商事主体,即电子商务经营者,二者为同一概念。中国工商行政管理学会课题组研究成果《电子商务主体及准入监管研究》一文中就采用了狭义的概念:"狭义的电子商务主体,仅指电子商务企业。"本书讨论的电子商务主体,乃就狭义概念而言。

电子商务法颁布之后,对电子商务主体应采用狭义概念,电子商务经营者即为电子商务主体。理由有两个方面。

一是采用狭义的概念更符合电子商务法的立法体例。电子商务法只规定了电子商务经营者,并未对电子商务法律关系的其他参与者(政府采购人与消费者)予以规定,也没有对其设置准入与准出电子商务市场的门槛。由此观之,电子商务法将电子商务经营者与消费者、政府采购人等主体区别对待,只有前者属于电子商务市场的市场主体,后者则不属于电子商务市场的市场主体。

二是采用狭义的概念更符合电子商务法的立法目标。只要具备民事权利能力和民事行为能力的民事主体都可以以消费者的身份自由参加电子商务交易活动,然而电子商务法对电子商务经营者设立了准入门槛、法律责任等一系列规定。因此,电子商务主体采用狭义的概念,可以将电子商务主体仅指向电子商务经营者,用以突出电子商务经营者在电子商务法中的地位,更加符合规范电子商务活动这一立法目标。

2. 电子商务主体与传统民事主体、商事主体的关系

电子商务法并非在传统的民事主体之外另造一个电子商务主体,电子商务主体与线下的民事主体具有完全的对应关系;由于自然人这一特殊种类电子商务经营者的存在,使得电子商务主体与线下的商事主体存在一定的差异,主要表现在两个方面。

1) 电子商务主体和线下民事主体具有完全对应关系

不论经营者在电子商务市场中以何种身份出现,任何一个电子商务主体均与传统线下市场主体具有唯一的对应关系。对于法人和非法人组织而言,从事电子商务的法人或其他组织一定也是线下的组织,一定也是依照不同法律的要求而设立、取得营业资格的组织。因为不论经营者在电子商务市场中以何种身份出现,其均与传统线下经营者具有唯一的对应关系。线上经营的公司与线下经营的公司是一个民事主体。对于自然人而言,线上开设网店的自然人与线下没有经营活动的自然人也是同一民事主体,即该自然人本身。由此,电子商务经营者并非在民事主体之外另设电子商务主体,而是线下民事主体在电子商务环境下的另一种法律身份。最为明显的体现即为,电子商务主体在从事电子商务经营活动时,同样以线下民事主体的名义享受权利和承担义务。

2) 电子商务主体与线下商事主体有所不同

线下的商事主体,包括个人独资企业、合伙企业、公司等,需要具备法定条件并经一定的法律程序才能成为电子商务主体。但电子商务主体亦包括自然人,因此,电子商务主体并不一定是线下的商事主体。自然人从事电子商务活动并经过一定的法律程序,便可以成为电子商务主体,具有在线上进行经营活动的能力和资格,无须以注册其他商事主体为前提。但线下的商事主体中,并无自然人这一种类。一般意义上,自然人没有经营资格和能力,只能以个体工商户的身份进行经营活动。

1.2.2 电子商务各主体的概念和特征

电子商务经营者是指通过互联网等信息网络从事销售商品或者提供服务的经营活动的自然人、法人和非法人组织,包括电子商务平台经营者、平台内经营者,以及通过自建网站、其他网络服务销售商品或者提供服务的电子商务经营者。

1. 平台经营者的概念和特征

1)电子商务平台经营者的概念

电子商务平台经营者是指在电子商务中为交易双方或者多方提供网络经营场所、交易撮合、信息发布等服务,供交易双方或者多方独立开展交易活动的法人或者非法人组织。自然人身份不能成为平台经营者。

2)电子商务平台经营者的特征

(1)电子商务平台经营者是电子商务平台的所有者。电子商务平台经营者对电子商务平台享有占有、使用、从中获得收益,并按照自己的意愿进行处分的权利。

(2)电子商务平台经营者是利用电子商务平台为电子商务活动提供服务的经营者。电子商务平台经营者服务的内容是为在平台上进行交易的双方或者多方提供平台服务。

(3)电子商务平台经营者服务的方法是提供电子商务平台,使利用电子商务平台进行交易的双方或者多方,在电子商务平台上独立开展交易活动。

(4)电子商务平台经营者的性质是法人或者非法人组织。自然人身份不能成为平台经营者。

2. 平台内经营者的概念和特征

1)电子商务平台内经营者的概念

电子商务平台内经营者是指通过电子商务平台销售商品或者提供服务的电子商务经营者。自然人、法人、非法人组织等均可经营网店,成为平台内经营者。

2)电子商务平台内经营者的特征

(1)平台内经营者是利用电子商务平台进行交易活动的经营者。

(2)平台内经营者在电子商务平台上的经营内容是销售商品或者提供服务。

(3)平台内经营者的主体性质是电子商务经营者,自然人、法人或者非法人组织均可为之。在C2C平台上进行经营活动的平台内经营者,可以是自然人;在B2C平台上进行经营活动的平台内经营者,只能为法人或者非法人组织。

(4)平台内经营者在电子商务平台上的交易行为须独立为之。

电子商务平台进行交易的平台内经营者,都是独立的民事主体,独立进行电子商务经营活动,只不过它是利用电子商务平台,接受电子商务平台经营者提供的服务和管理才得以进行而已。

3. 自建网站经营者的概念和特征

1)通过自建网站、其他网络服务等方式从事电子商务的经营者的概念

通过自建网站、其他网络服务等方式从事电子商务的经营者,是指自然人、法人、非法人组织通过自建网站、其他网络服务等方式从事电子商务,成为电子商务经营者。

2)通过自建网站、其他网络服务等方式从事电子商务的经营者的特征

(1)经营者通过自建网站从事电子商务。

经营者自建网站进行销售商品或者提供服务的交易行为,与典型的电子商务经营活动相比较,这种类似于电子商务平台的网站属于经营者所有,是经营者通过自建的网站与消费者进行交易活动,而不是利用他人的电子商务平台进行交易。该模式的主体只有进行交易的双方当事人,因而属于"传统交易行为＋一方自建网站"的方式。自建网站应当具有交易中的下单功能,即能够通过网站签订电子合同,进行交易。如果仅仅是企业建立门户网站或者官网,只介绍自己的产品而无下单功能的,不能认为是经营者的自建网站。

（2）经营者通过其他网络服务从事电子商务。

随着电子商务模式的发展变化,经营者依托于社交网络也可以从事商品销售或提供服务。比如,"微商"就是经营者通过微信软件来进行电子商务活动的。

该交易的结构流程是"其他网络服务＋销售商品或者提供服务"。其他网络服务,就是非专业的电子商务网络服务。例如,在微信上进行的交易行为,就包括利用微信的"朋友圈"发布商品或者服务信息,他人接受信息并进行交易。如果微信服务提供者开设专门的交易窗口,为微信用户和消费者提供交易平台,撮合交易,就不是其他网络服务经营者,而是电子商务平台经营者。

4. 消费者

1）电子商务消费者的含义

电子商务关系中,有经营者,就必然有消费者。电子商务中的消费者,是指为生活、经营需要,消费、使用商品或者接受服务的自然人、法人、非法人组织。

《消费者权益保护法》第二条规定:"消费者为生活消费需要购买、使用商品或者接受服务,其权益受本法保护;本法未做规定的,受其他有关法律、法规保护。"可见,消费者是为了生活需要而购买、使用或者接受服务的自然人。在电子商务中,平台内的经营者对于平台经营者来说是消费者,但其消费目的却是为了从事经营活动,所以,电子商务中的消费者不仅仅限于自然人。消费者权益保护法中的消费者与电子商务中的消费者属于不同的概念范畴。

2）电子商务消费者的范畴

电子商务法中对电子商务消费者使用了三个概念。

（1）电子商务当事人。当事人的概念,其中包含电子商务经营者和电子商务消费者。

（2）用户。电子商务领域中的用户相当于电子商务消费者的概念。

（3）消费者。这里的消费者概念就是电子商务消费者,而不是一般的消费者。

这三个概念的主体因参与到电子商务活动中,成为电子商务中的消费者。

5. 电子商务的监管者

为确保电子商务健康有序发展,及时解决电子商务中发生的各种纠纷,电子商务法对电子商务监管也作出了相应规定。按照监管的主体及监管的对象,电子商务监管可以分以下几个方面。

1）市场监督管理部门对电子商务经营者的监管

市场监督管理部门对电子商务经营者的监管范围及内容包括:对经营者的纳税、电子商务活动的行政许可,保障人身财产安全及环境保护的合法性要求,出具发票、证照信息,尊重消费者的知情权和选择权,遵守广告法,是否进行虚构交易、欺骗消费者,押金退还,公平竞争,用户信息查询,个人信息保密,出口的监督,等等。

2）市场监督管理部门对电子商务平台经营者的监管

市场监督管理部门对电子商务平台经营者的监管范围及内容包括：具有对平台内经营者的形式审查义务，协助市场监管部门对平台内经营者的监管义务，对平台内经营者的违法经营进行处置报告，提供网络安全保障，保存交易信息，制定并公示平台服务协议和交易规则信息及链接标识，按时在首页显著位置公开征求修改交易规则意见且不得阻止平台内经营者退出，以显著方式区分自营业务和平台内经营者的业务，为消费者提供对平台内销售的商品或者提供的服务进行评价的途径且不得删除消费者的评价，对竞价排名的商品或者服务应显著标明"广告"，对平台内经营者的交易等不得进行不合理限制或者附加不合理条件或收取不合理费用，对平台内经营者侵害消费者合法权益行为是否采取必要措施或者是否尽到资质资格审核义务，平台内经营者对消费者是否尽到安全保障义务，对平台内经营者实施侵犯知识产权行为是否依法采取必要措施等。

3）电子商务平台经营者协助市场监管部门对平台内经营者进行监管

电子商务平台经营者协助市场监管部门对平台内经营者进行监管的范围及内容包括：向市场监督管理部门报送平台内经营者的身份信息，提示未办理市场主体登记的经营者依法办理登记，并为应当办理市场主体登记的经营者办理登记提供便利，向税务部门报送平台内经营者的身份信息和与纳税有关的信息，对没有取得相关行政许可或者违法交易的平台内经营者采取必要处置措施，并向有关主管部门报告。

1.2.3 电子商务主体的登记与公示

1. 电子商务主体的登记

按照传统的民事主体分类，电子商务经营者可以分为自然人电子商务经营者和非自然人电子商务经营者。非自然人电子商务经营者包括公司、合伙企业、个人独资企业等，由于登记注册本就是这些民事主体取得主体资格的必备程序，民事主体从事电子商务经营之前，必须通过登记程序获得相关的主体资格。因此，在电子商务法出台之前，此类电子商务经营者本就已经在工商主管部门登记；而由于我国目前并没有自然人登记的程序，自然人从事线下的经营活动必须设立个体工商户才能从事相关的营业活动。在电子商务法出台之前，类似于个人网店、个人微网等自然人电子商务经营者从事电子商务活动，法律法规并未对此类经营者提出登记的强制要求。

1）自然人电子商务经营者

自然人以传统方式在线下进行商事经营，必先通过注册登记成为个体工商户，并由此获得商事主体的经营资格和身份。电子商务不过是通过互联网进行的商事经营。线下的商事经营需要具备商事主体资格，网上的电子商务经营同样需要这样的资格。自然人在线下的商事主体身份是个体工商户，在网上则习惯称为"个人网店"或"个人网商"。从法律性质上讲，除线下与网上的不同经营方式外，个体工商户与个人网店在主体性质上并无根本的法律差异。从准入程序而言，所有电子商务经营者都必须登记。因此实质上，个人网店就是从事网上经营的个体工商户。

个人网店或网商在网上作为电子商务经营者从事营业活动，不仅需要在电子商务平台上进行登记，也需要在工商部门进行登记。对于登记的条件和程序，电子商务法并没有进行规定，后续的法律法规需进行更为详尽的规定。总体而言，自然人电子商务者的登记条件和程序可以参照个体工商户登记的相关程序,参照《个体工商户条例》的相关规定制定相关法律法规。

2）非自然人电子商务经营者

非自然人电子商务经营者包括公司电子商务经营者、合伙电子商务经营者等电子商务经营者,这一类电子商务经营者依据公司法、合伙企业法等法律的规定,都必须经过商事登记程序才能获得主体资格。因此,与自然人电子商务经营者不同,对于此类电子商务经营者而言,其在从事电子商务活动时应当已经具备商事营业活动的主体资格。

对于已经注册登记的商事主体,要想进行电子商务经营,需要办理的是经营方式的变更登记,或者是原有营业执照的加注登记,也就是在原工商登记基础上,对经营方式的事项进行相应变更,增加电子商务的内容。否则,如果因商事主体从事电子商务就要再做一次商事主体的设立登记,就会形成同一主体的重复登记,实无必要。换言之,该主体并非因从事电子商务而蜕变或分立为线上和线下两个不同的主体,而只是原有主体进入了新的电子商务领域,是同一主体身处线上、线下两个不同的经营环境。线上经营者与线下经营者存在着实际对应的唯一性。不论经营者在电子商务领域中以何种面目出现,任何一个虚拟主体均与一个现实主体具有唯一的对应关系,即电子商务主体并非真正虚拟,是网络面纱的遮蔽使其呈现相对虚拟的状态。对于以电子商务方式初始开展商事经营的商事主体,需要办理商事主体的设立登记,直接将电子商务登记为其兼营或专营的经营方式。显然,原有主体的变更登记与新设主体的设立登记,无论在登记内容方面还是在登记程序上都有明显不同。后者早有一整套的商事主体登记法律规范可以适用,前者采取何种程序与原有登记程序衔接,恰是新制度设计应解决的问题。电子商务法虽然将工商登记作为获得电子商务经营资格的必经程序,但并未作出具体制度设计,此后需要制定实施细则予以规定。

2. 市场主体登记的豁免

《电子商务法》第十条同时规定了登记豁免的情形,即个人销售自产农副产品、销售家庭手工业产品,个人利用自己的技能从事依法无须取得许可的便民劳务活动和零星小额交易活动,以及依照法律、行政法规等进行不需要工商登记的活动。登记豁免的情形只能发生在自然人作为电子商务经营者的情况下,法人、非法人组织参与电子商务经营没有豁免登记的理由与可能。

1）个人销售自产农副产品、家庭手工业产品

该项豁免主要针对自然人进行电子商务活动中商品销售行为的豁免。其他国家和地区对此也有相关规定,例如,德国《商法典》规定对于农业和林业事业,无须进行商业登记。德国《商法典》所规定的登记是针对商人的登记,农业和林业事业可免于商人登记。我国电子商务法的规定,主要是针对自然人特殊经营活动的登记豁免,考虑到电子商务活动的特殊性,将其范围限制为"销售自产农副产品、家庭手工业产品"。销售自产农副产品、家庭手工业品与大规模的市场经营行为有所区别。《中华人民共和国食品安全法》第三十五条对销售农产品也有特别规定:"国家对食品生产经营实行许可制度。从事食品生产、食品销售、餐饮服务,应当依法取得许可。但是,销售食用农产品,不需要取得许可。"

2）个人利用自己的技能从事依法无须取得许可的便民劳务活动

此处的服务是指便民劳务活动并且必须是自然人个人利用自己的技能从事的无须取得许可的活动。能够适用本情形的服务须是无须取得许可的服务活动。需要取得许可的服务活动,须依法取得许可后才能够提供,如医疗服务等。而且服务必须是便民劳务活动,这也就意

味着服务最终指向的接受者应当主要是终端消费者。

3）零星小额交易活动

在电子商务立法过程中,有的意见认为免于登记的范围过窄。全国人大法律委员会、全国人大常委会法制工作委员会研究认为,实践中有许多个人经营者交易的频次低、金额小,法律已要求平台对其身份进行核验,可不要求其必须办理登记,在三次审议时建议在草案中增加规定:"个人从事零星小额交易活动不需要办理市场主体登记。"关于电子商务法中所称"零星小额交易活动"需要结合我国市场环境来确定。

根据《企业所得税税前扣除凭证管理办法》第九条第二款的规定,小额零星经营业务的判断标准是个人从事应税项目经营业务的销售额不超过增值税相关政策规定的起征点。由于设立市场登记制度在很大程度上是为配合税收部门征税的需要,所以,此规章判断小额零星的标准可为电子商务法中适用"小额"的判断所参考。实际来看,小额零星意味着不仅应考虑数额,还要考虑交易频率。

4）依照法律、行政法规不需要进行登记的

这属于兜底性的规定,为日后法律、行政法规的完善留下空间。

需要注意的是,电子商务法区分了市场主体登记与税务登记,豁免市场主体登记的电子商务经营主体在首次纳税义务发生后,应依照税收征收管理法律、行政法规的规定申请办理税务登记,并如实申报纳税。该法第十一条第二款明确规定:"依照前条规定不需要办理市场主体登记的电子商务经营者在首次纳税义务发生后,应当依照税收征收管理法律、行政法规的规定申请办理税务登记,并如实申报纳税。"此外,进入电子商务平台销售商品或者提供服务的非经营性用户虽然无须进行市场主体登记,但根据《电子商务法》第二十七条的规定,也需要向平台经营者提交真实身份信息等,与经营性用户的信息一并录入平台档案,定期核验更新。

3. 电子商务主体的主动信息公示

1）电子商务主体应当公示的信息内容和要求

《电子商务法》第十五条是有关电子商务经营者主动信息公示义务的一般规定,电子商务经营者应当公示的信息主要有营业执照信息、与其经营业务有关的行政许可信息、属于依法不需要办理市场主体登记情形的信息,以及上述三类信息的链接标识。这一规定既考虑了维护交易安全的需要,也尊重了电子商务经营者的自主经营,允许只公示相关信息的链接标识,可以节省主页的空间资源。

主动信息公示应当满足以下法定要求:一是必须在首页上公示;二是必须在首页显著位置公示;三是必须持续公示。否则,应依照《电子商务法》第七十六条的规定承担相应行政责任。如果营业执照信息或特许经营许可信息发生变动的,应当及时更新公示信息。《电子商务法》第十六条也规定了电子商务经营者自行终止从事电子商务的,应当提前三十日在首页显著位置持续公示有关信息。

2）电子商务主体应承担特有的主动信息公示义务

在电子商务经营者一般主动信息公示义务的基础上,电子商务平台经营者应承担特有的主动信息公示义务。根据《电子商务法》第三十三条、第三十四条、第三十六条、第三十九条及第四十四条的规定,电子商务平台经营者的主动信息公示义务有以下方面内容。

(1)电子商务平台经营者服务协议与交易规则的公示义务。

其内容包括:第一,制定完毕并实施的服务协议与交易规则或其链接标识的公示义务,以保证用户能够便利、完整阅览和下载;第二,修改后的服务协议与交易规则实施前的公示义务,电子商务平台经营者在依法公开征求意见并采取合理措施确保各方及时充分表达意见的基础上完成服务协议与交易规则修改后,应该对修改的内容及时公示,至少应当公示七日后才能实施;第三,依据交易规则与服务协议对平台内经营者实施处置措施的及时公示义务,在发现平台内经营者存在违法行为直接实施警示、暂停或终止服务的措施时,应当及时公示。

(2)电子商务平台经营者建立健全信用评价制度的义务。

电子商务平台经营者信用评价制度主要由消费者评价系统和平台信用评定系统组成,由消费者与平台经营者对平台内经营者的信用情况作出评价。电子商务平台经营者在履行其建立健全信用评价制度义务的过程中,应当履行不断建立健全信用评价制度、公示信用评价规则,以及为消费者评价提供途径的积极义务,同时,还应当履行不得删除消费者评价的消极义务。

(3)电子商务平台经营者知识产权领域的公示义务。

知识产权权利人侵权通知、平台内经营者不存在侵权行为的声明及处理结果属于电子商务平台经营者公示义务在知识产权领域的表现。公示上述内容的目的在于保证知识产权"通知-删除"机制执行得公开透明,保证利益相关主体的知情权,同时也有利于对知识产权权利人、电子商务平台经营者、平台内经营者相关行为的监督。

要求上述信息由电子商务经营主体主动公示,因为上述信息由其自行掌握,具有便利性;这有助于交易对方充分了解特定经营主体的合法经营资格和真实身份,能够增强交易的安全性;这关系到经营主体能否合法开展活动,以保障交易的合法性。要求在网站首页或从事经营活动的主界面醒目位置公示相关信息,有助于增加信息的辨识度,达到公示效果。

4. 监管部门的信息公示

虚拟性是电子商务交易的最大特点,电子商务交易是以信息为媒介和依托进行的交易,和线下传统市场相比,它对交易信息存在更严重的依赖,无信息即无网上交易。因此,充分的信息是电子商务交易得以顺利进行、避免产生纠纷的前提。监管部门作为监管主体,同时也是市场服务主体,其在信息公示中发挥作用有助于增强信息的公信力与权威性,最大限度节约成本。客观上,仅依靠电子商务经营主体主动公示信息是不够的,可能存在信息分散、真实性与准确性不足等问题。

监管主体的公示具有中立性,可将其电子商务经营主体注册或变更信息系统与企业信用信息公示平台对接,一旦完成电子商务注册或变更,即可在信息公示平台上显示。同时,对于监管部门在履行职责过程中产生的如对电子商务违法经营主体的行政处罚信息等及时进行公示,有助于交易对方知晓电子商务经营主体的信用状况,从而保证交易安全。

▶ 1.3 电子商务主体的市场准入与退出

1.3.1 电子商务主体的市场准入

1. 电子商务主体的市场准入

市场准入制度是对经营者进入市场从事经营性活动的规制系统,是对市场主体行为合法性的确认。2015年10月,国务院发布《国务院关于实行市场准入负面清单制度的意见》(国发〔2015〕55号),确定在我国实行市场准入负面清单制度。该意见指出,市场准入负面清单包括禁止准入类和限制准入类。对禁止准入事项,市场主体不得进入;对限制准入事项,或由市场主体提出申请,行政机关依法依规作出是否予以准入的决定,或由市场主体依照政府规定的准入条件和准入方式进入;对市场准入负面清单以外的行业、领域、业务等,各类市场主体皆可依法平等进入。

从现有的法律规范来看,虽然对不同类型电子商务经营主体市场准入条件进行了相关规定,但各有不同,缺乏一般的概括性规定。电子商务法对于电子商务经营主体的市场准入条件和程序都没有进行规定。无论是从条件还是程序上来说,都应当对电子商务主体的市场准入进行一些规定。

电子商务主体市场准入制度是指电子商务主体资格取得、审核、确认、丧失的有关法律法规。

电子商务法规定,电子商务经营者包括自然人、法人和非法人组织,同时规定,电子商务经营者应当依法办理市场主体登记。广义的电子商务主体既包括电子商务经营者,还包括消费者、物流快递服务提供者、电子支付服务提供者、监管部门等。在各类主体中,既有传统意义上的商事主体,也包括自然人的民事主体。物流快递服务提供者、电子支付服务提供者的准入,依据相应行业规范要求。消费者是电子商务经营者的相对方,除了尊重交易规则外,无须对消费者设立准入、退出的限制。监管部门因履行监管职责,不应涉及准入制度的调整范围。因此,电子商务的准入和退出,只从电子商务经营者的角度予以考虑。

2. 电子商务主体的准入

1)平台经营者的准入

平台经营者为法人或非法人组织。自然人不能成为平台经营者。电子商务法要求的电子商务经营者应依法办理市场主体登记,并非针对电子商务平台经营活动的特别登记方式,而是等同于线下主体的登记,线下主体的登记受公司法、合伙企业法等法律法规的调整。也就是说,已经登记成立的法人、非法人组织,在登记范围内从事电子商务平台经营,无须另行进行市场主体登记。

2)平台内经营者的准入

(1)电子商务平台内经营者在平台上进行电子商务,应向平台经营者提交申请。

(2)向平台经营者提交身份、地址、联系方式、行政许可等真实信息,由平台经营者进行核验、登记,建立登记档案,并定期核验更新。

(3)与平台经营者订立平台服务协议,遵守平台制定的交易规则。

(4)依法需要取得相关行政许可的,应当依法取得行政许可。

(5)接受市场监管部门及平台经营者的监管。

3)自然人的准入

(1)不需要办理准入手续的情形。

电子商务法规定,个人销售自产农副产品、家庭手工业产品,个人利用自己的技能从事依法无须取得许可的便民劳务活动和零星小额交易活动,以及依照法律、行政法规不需要进行登记的,无须登记。在自然人从事上述交易时,不设准入门槛。此类经营者的实际经营地亦应认定为通过互联网开展经营活动的地点,即网络经营场所。

(2)需要办理个体户登记的情形。

自然人从事非自产农副产品、家庭手工业产品的电子商务,应依《个体工商户条例》办理登记,然后向平台营业者申请进入平台经营。

3. 非平台电子商务经营者的特殊准入条件

从运行模式上看,非平台电子商务经营者包括平台内电子商务经营者和通过自建网站,以及通过其他网络服务经营的电子商务经营者。

第一,平台内电子商务经营者的特殊准入条件是向电子商务平台经营者提交其真实身份信息或营业执照信息。因为依托于交易平台进行交易,所以平台内经营者可以利用平台提供的技术和设备等条件,但根据目前电子商务相关法律规范规定与实践经验,平台内的自然人经营者需向电子商务平台经营者提交其身份信息;平台内的法人、其他组织类经营者或者个体工商户需向电子商务平台经营者提交营业执照等信息。

第二,通过自建网站经营的电子商务经营者的特殊准入条件:首先是拥有独立的网络交易系统和网络域名,并依照相关规定办理IP地址备案;其次是拥有完善的订单履约和追踪、信用评价、售后服务和记录保存等制度。自建网站经营电子商务,在一定意义上与电子商务平台经营者承载相近的功能,需要借助其自有网络从事电子商务交易,故需要具备电子商务得以运行的基本技术和制度条件。

第三,通过其他网络服务经营的电子商务经营者与通过自建网站经营的电子商务经营者类似,与客户之间是直接的电子商务交易关系,应具有基本的保障交易进行的条件,具体为:应当有技术成熟的设备,稳定安全且经备案的移动或其他网络系统,以及完善的订单履约与追踪、信用评价、售后服务与记录保存等制度。

4. 电子商务服务提供者的特殊准入条件

电子商务服务提供者提供的服务领域涉及范围很广,可以说关系到交易的各个方面,因此,为电子商务的顺利运行提供的辅助服务涉及许多特定的行业,应符合法律法规规定的行业准入条件,例如,从事支付、快递物流、信用评价等业务需要具备的条件。

《电子商务法》第十二条明确规定,电子商务经营者从事经营活动,需要依法取得相关行政许可的,应当依法取得行政许可。根据《中华人民共和国行政许可法》中的相关规定,行政许可原则上应当由各级人民代表大会及其常务委员会、国务院通过法律、行政法规、地方性法规来设定,在特殊情况下,国务院可以通过决定,省、自治区、直辖市人民政府可以通过政府规章设定临时性行政许可。行政许可法同时明确规定了地方性法规和省、自治区、直辖市人民政府规章不得设定行政许可的范围,充分体现了行政许可的层级性。在实践中,由省级或市级人大及其常委会设定的行政许可较多,具有较强的地域性特点,这与电子商务的跨地域性存在矛盾,不宜将现有的行政许可法律体系直接用于规制电子商务经营主体,而是应考虑电子商务跨地域的特点,扩大其解释或直接为电子商务经营主体设置更简便的行政许可申请以及不同地域之间行政许可的相互承认制度。

1.3.2 电子商务主体的市场退出

1. 电子商务主体的市场退出

电子商务主体在经营的过程中,可能会因各种原因退出市场,不同情形下的退出应满足何种条件,产生何种法律后果,需要结合电子商务法与其他传统部门法的规定来考虑。《电子商务法》第三十六条规定了在电子商务经营者自行退出情形下的公示义务,而自行退出只是电子商务经营者退出市场的一种方式,公示义务也仅仅是自行退出机制中经营者的义务之一。对于更重要的债权债务的了结程序和退出程序,电子商务法并没有规定。从实际来看,电子商务经营者退出制度和准入制度一样重要。电子商务主体市场退出机制涉及电子商务经营者与债权人、消费者、行政主管部门,以及其他电子商务经营者之间的权利与义务关系,这种关系因为电子商务经营者主体资格即将终止而变得更为复杂和紧迫。结合其他现有法律法规的规定,考虑电子商务的特点,本书试图从理论上对电子商务经营主体的退出展开分析。

电子商务作为一种经营模式创新,把交易场所由线下延伸到线上,这种创新是信息、运输、仓储技术发展的必然结果,也正是由于有诸多新兴因素的参与,电子商务经营主体的市场退出情形不能与传统主体的市场退出情形等同,而应当结合电子商务虚拟性、跨地域性、广泛性的交易特点,规定符合上述特点的主体退出机制。

2. 电子商务主体的退出

1)自行退出

(1)平台内经营者不接受平台经营者修改平台服务协议和交易规则的内容,可以自行退出。

(2)电子商务经营者因其他原因,可以自行退出经营。比如:线下企业自行解散等。电子商务经营者自行终止从事电子商务的,应当提前三十日在首页显著位置持续公示有关信息。

2)强制退出

电子商务经营者违法经营,被吊销营业执照或许可证照,应强制其退出电子商务市场。

3. 电子商务经营主体市场退出的特殊情形

1)平台内自然人电子商务经营者网店资源的转让或者继承

平台内自然人电子商务经营者的网店资源作为一种财产权益,具有价值性和可转让性,并且实践中也有着网店资源转移的需求,应明确网店资源转让行为的效力与程序。自然人在线下从事经营应依法登记为个体工商户。《个体工商户条例》明确规定,个体工商户变更经营者包括在家庭成员间变更经营者的,应当首先办理注销登记,并由新的经营者重新申请办理注册登记。和线下自然人必须登记为个体工商户才能从事经营活动相比来看,自然人成为电子商务经营者无须登记为个体工商户。前已述及,满足一定的技术、设备等条件即可提交注册材料,获得电子商务经营营业执照,故自然人网店资源转让也不应依照《个体工商户条例》的规定履行先注销再注册的程序,而应该允许这种转让或继承的发生。其中最为关键的问题是信息的及时公示。在发生网店资源转移的场合,交易相对人通常会参考网店转让前的信用评价因素来决定是否与其发生交易。为保障交易对方的知情权,保证交易安全,自然人电子商务经营者应当在其从事经营活动的主界面和信用评价网页的醒目位置公示网店的转让或者继承信息。例如,根据某宝网的网店过户细则,支持的过户类型有过世继承过户、结婚过户、协议离婚过户、判决离婚过户,以及近亲属之间过户,其余情况暂不受理。

2)平台内经营主体退出电子商务交易平台

平台内经营主体包括平台内电子商务经营者和电子商务辅助服务经营者。电子商务交易平台在电子商务活动的运行与促进中发挥着至关重要的作用,在一定意义上,平台秩序有着一定的公共性,应当注重平台治理作用的发挥。在主体退出的情形下,平台甚至比行政管理机关的反应还要灵敏和及时。

平台内经营主体退出电子商务交易平台不同于电子商务经营主体的强制与主动退出。在电子商务经营主体强制与主动退出的情形下,意味着主体在全平台电子商务经营资格的丧失,特殊情况下甚至包括主体资格的丧失及彻底退出市场;退出平台是电子商务经营主体在某一个平台经营活动的退出。

通常情况下,电子商务平台经营者与平台内经营主体之间会有退出平台情形与程序的约定,平台经营者应在平台内经营主体出现应退出平台的事由时,及时要求其退出平台,在显著位置公示并要求其了解基于平台电子商务交易产生的债权债务。具体依据二者之间的合同解决,除非有明显违法的内容,法律不宜干涉。但为防止电子商务平台经营者不正当阻止平台内经营者的退出,《电子商务法》第三十四条规定,电子商务平台经营者修改平台服务协议与交易规则,应当在其首页显著位置公开征求意见,采取合理措施确保有关各方能够及时充分表达意见。修改内容应当至少在实施前七日公示。平台内经营者不接受修改内容,要求退出平台的,电子商务平台经营者不得阻止并按照修改前的服务协议和交易规则承担相关责任。

此外,平台内电子商务经营主体因满足强制退出的情形而被吊销营业执照、被取消电子商务经营主体资格的,电子商务平台经营者必须与其解除交易,终止一切经营活动。

▶ 1.4 电子商务主体的一般性义务

电子商务法的立法宗旨是为了保障电子商务各方主体的合法权益,规范电子商务行为,维护市场秩序,促进电子商务持续健康发展。电子商务经营者是电子商务活动中的供给方,提供商品和服务,担负着满足人民群众美好生活愿望的重任。因此,电子商务法对电子商务经营者应当对社会和消费者承担的义务和责任高度重视,在各章节有关部分都做了规定。特别是总则第五条,对电子商务主体的法定义务进行了总括:"电子商务经营者从事经营活动,应当遵循自愿、平等、公平、诚信的原则,遵守法律和商业道德,公平参与市场竞争,履行消费者权益保护、环境保护、知识产权保护、网络安全与个人信息保护等方面的义务,承担产品和服务质量责任,接受政府和社会的监督。"本节从电子商务法中总结出电子商务主体应当履行的一般性义务。

1.4.1 依法纳税义务

1. 依法纳税义务

电子商务法明确了国家对电子商务产业发展的支持与鼓励。从电子商务的角度对互联网税收政策给予了一般性的定位,明确了电子商务产业的发展应当以不突破现行税收法制框架为前提的原则。电子商务平台经营者应当按照规定向工商行政管理部门、税务部门报送平台内经营者的身份信息和经营信息。

电子商务经营者应当依法履行纳税义务。电子商务经营者相关的税种主要包括增值税和所得税。

从事电子商务的经营者需要依据《中华人民共和国增值税暂行条例》缴纳增值税。《中华人民共和国增值税暂行条例》第一条规定:"在中华人民共和国境内销售货物或者提供加工、修理修配劳务(以下简称劳务)、无形资产、不动产,以及进口货物的单位和个人,为增值税的纳税人,应当依照本条例缴纳增值税。"《中华人民共和国企业所得税法》第一条规定:"在中华人民共和国境内,企业和其他取得收入的组织(以下统称企业)为企业所得税的纳税人,依照本法的规定缴纳企业所得税。个人独资企业、合伙企业不适用本法。"因此,在电子商务经营者的主体类型中,法人、非法人组织需要缴纳企业所得税;对个人独资企业、合伙企业不征收企业所得税。个人独资企业的投资者、合伙企业的合伙人、个体工商户等需要依据《中华人民共和国个人所得税法》的规定履行纳税义务。

我国对电子商务经营者相关的税收优惠政策主要包括:第一,针对特定行业的税收优惠,例如,涉农企业的税收优惠等。第二,针对特定主体的税收优惠。例如,小型微利企业的税收优惠政策等。

2. 电子商务中的税收法律适用

电子商务税收是国家为了实现管理职能,凭借政治权力,依靠税收法律法规,对电子商务中所创造的国民收入,集中一部分形成财政收入的一种分配。电子商务经营者应当依法履行纳税义务。不需要办理市场主体登记的电子商务经营者在首次纳税义务发生后,应当依照税收征收管理法律、行政法规的规定申请办理税务登记,并如实申报纳税。

线上的电子商务经营者对应的线下民商事主体不同,依据相关的法律法规,纳税的义务与标准也不相同。

(1)企业作为电子商务经营者纳税的依据。

如电子商务经营者对应的线下民事主体性质为企业,需依据企业所得税法的规定为企业纳税。电子商务经营者的企业也必须遵守企业所得税法的规定。

(2)自然人作为电子商务经营者纳税的依据。

电子商务经营者对应的线下民事主体性质为自然人,则需依据个人所得税法的规定纳税。《个人所得税法》第二条规定,经营所得,依照本法规定缴纳个人所得税。

(3)电子商务经营者销售商品或者提供服务应当依法出具纸质发票或者电子发票。

1.4.2 交易信息的妥善保存义务

电子商务交易具有信息化与无纸化的特点,传统交易中以纸质文件存在的交易记录被电子数据和资料取代,虽然易于保存和传输,但也面临被篡改、易毁损的风险。电子商务经营者要承担交易信息的保存义务,这有利于维护消费者的合法权益,约束经营者的不当行为,便于在发生争议时提供有利于争议解决的证据。《电子商务法》与《网络交易监督管理办法》均规定了平台经营者的交易信息要妥善保存的义务,但未要求非平台电子商务经营者尤其是通过自建网站或其他网络服务经营的电子商务经营者承担相同的义务。在电子商务实践中,非平台电子商务经营者是消费者的直接交易对象,掌握着原始交易数据,因此,也应该要求其承担原始交易数据的妥善保存义务。要求电子商务平台经营者与其他经营者都承担保存交易信息的义务,可以为交易信息安全配置双保险,确保上述信息的完整性、保密性和可用性,从而起到定纷止争的作用。

经营者可采取电子签名、数据备份、故障恢复等法律规定或行业通行的技术手段保护交易过程所产生的全部信息,确保交易数据和资料的完整性与安全性,以及原始数据的真实性。经营者保存交易信息的期限应当符合法律、法规的规定。目前,《网络购物服务规范》等法规与部门规章规定保存期限不少于两年,电子商务法规定保存时间自交易完成之日起不少于三年。

1.4.3 消费者个人信息保护义务

在电子商务环境下,消费者个人信息保护成为法律规制的重点领域。《消费者权益保护法》第十四条规定,消费者"享有个人信息依法得到保护的权利",这里首次提出了"消费者个人信息权"的概念。

消费者个人信息随着电子商务的发展也呈现出其独特的特点：一是**主体识别性强**。在电子商务环境中，由于消费者无法实现面对面交易，基于交易需要，消费者需要预留自己的姓名、地址、联系方式等，这些信息都具有极强的主体识别性。二是**信息范围具有广泛性**。在电子商务中，消费者会预留基本信息，以完成交易，除此之外还可能进一步展现间接性信息。比如消费者在选购商品时，电商平台会要求消费者填写与成立买卖合同不相关的个人信息，以及电商平台会对消费者浏览记录通过大数据分析其消费偏好，并进行个性化推荐。因此，在电子商务环境中，消费者个人信息保护范围应具有广泛性。三是**财产属性强**。因消费者的个人信息具有高度的识别性和广泛性，根据该信息可分析出消费者的消费偏好，从而进行个性化推荐，使得经营者节约经营成本，提高经营效率，实现效益最大化。同时，消费者的个人信息，往往和自己的财务资讯紧密相关，需要严加保护。

正是基于上述所说的消费者个人信息具有的特性，特别是消费者个人信息具有的财产属性，使得经营者常常对消费者的个人信息进行不法侵犯。根据《2016年度消费者个人信息网络安全状况报告》可知，绝大多数消费者个人信息曾被泄露，使得很多受害消费者收到频繁的推销电话甚至是货到付款的莫名包裹。因此，消费者个人信息保护是现行工作的重中之重，这有助于保护消费者的合法权益，防范消费者的人格权和财产权遭到损失；有助于维护电子商务平台的交易秩序，进而保障市场经济秩序和经济安全；电子商务有效保障消费者的合法权益将会有效促进其可持续发展。

《宪法》第三十三条、第四十条确定了公民享有通信自由和通信秘密受法律保护的基本权利。《刑法》第二百五十三条规定了侵犯公民个人信息罪，并明确相关刑罚。

民法典规定了自然人的个人信息受法律保护。《网络安全法》第四十条、第四十一条、第四十二条、第六十四条等规定了网络服务提供者收集信息的范围应与提供的服务直接相关，明确其应及时告知用户并为用户保密的义务，并明确了网络运营者、网络产品或者服务的提供者违反相关规定则应承担相应法律责任。《消费者权益保护法》第五十六条也规定了侵犯消费者个人信息的法律责任。因此，电子商务经营者应遵守网络安全法等法律、行政法规规定的个人信息保护规则，切实保护消费者个人信息的安全。

【本章小结】

本章首先介绍了电子商务的概念、特征、模式和流程；其次介绍了电子商务法律法规体系，包括我国电子商务相关法律法规、联合国的电子商务立法、欧盟的电子商务立法等；最后，介绍了电子商务法律关系和电子商务主体的相关知识。

【思考题】

1. 简述电子商务法的概念
2. 简述电子商务主体分类。
3. 简述电子商务主体登记与公示的内容。
4. 简述电子商务主体的市场准入与退出机制。
5. 简述电子商务主体的一般性义务。

拓展内容（1）

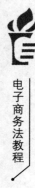

第2章 电子商务合同

【典型案例】

李某某网络购物合同纠纷案

【案情介绍】

李某某于2019年10月先后四次在"某宝网"张某某经营的"××"网店内购买品名为"某某美白丸"的商品各5盒,货款总计6320元。李某某付清货款后,先后收到上述商品共计20盒。根据李某某提供的案涉四单商品包裹物流信息显示,上述商品系从香港发往上海。

收货后,李某某发现商品外包装上只有英文标注,无任何中文标注。张某某在其"某宝网"上"××"网店内,对照上述商品的"宝贝详情"中的记载,该商品产地为澳大利亚,配料表中包含玫瑰果、法国松树皮等内容并未标注。

李某某在一审法院审理中表示,其在收到商品后因发现存在上述问题,故仅打开了其中一单的包裹,案涉20盒商品目前均在李某某处(其中1盒作为证据交法院)。后李某某亦未申请退换货,未与张某某进行过交涉。

另外,李某某曾在2018年12月在张某某经营的"××"网店购买了"某某美白淡斑丸"的商品5份,并就该商品的食品安全问题在某某铁路运输法院提出诉讼,要求张某某退还货款,并支付十倍赔偿款,后法院判决支持了李某某的诉求。经查询,李某某作为原告,在某某法院系统涉网络购物合同纠纷,共有几十起诉讼。

诉讼请求:李某某要求张某某退还6320元货款,并支付十倍赔偿款。

【法院认定事实及判决结果】

一审法院认为,依法成立的合同,对当事人具有法律约束力。根据李某某提供的订单信息等能够证明双方当事人通过网络就案涉商品进行交易的事实,买卖关系依法成立。张某某辩称其系提供代购服务,双方系委托关系,但张某某并未提供证据证明双方存在书面或口头的委托合同,且张某某提供的系现货,并未提供证据证明张某某就李某某的委托进行采购的依据,故对于张某某的该辩称意见,法院不予采纳。按照法律规定,进口食品应当符合我国食品安全国家标准,进口的预包装食品应当有中文标签,没有中文标签或者标签不符合法律规定的,不得进口。张某某作为食品经营者必须遵守相关规定,其通过网络渠道销售的案涉进口预包装食品无中文标签,且无相关报关单据、检验检疫证明等资料,系属于销售不符合食品安全标准的食品,故李某某要求退款的诉讼请求,法院予以支持。考虑到案涉商品系不符合食品安全标准的食品,为避免上述商品再次进入市场,上述商品由李某某交法院依法收缴。查明事实,李某某已多次在张某某经营的网店购买进口食品,且已就同类其他食品通过诉讼向张某某主张过退货及索赔,同时李某某还曾在某某法院系统几十次提起网络买卖合同纠纷诉讼,主张退赔。据此,可认为李某某系一位具有丰富网络购物经验,且对食品安全有较高关注度的购买者,其短期内在张某某经营的网店内购物,在发现有食品安全问题已退款且索赔的情况下,继续在该店分批大量购买同类产品,且在未与张某某进行交涉的情况下径直向法院提起诉讼,其购买动机是否出于真实的消费意思和生活所需存疑。故对李某某主张要求十倍赔偿的诉请,法院不予支持。

二审本院认为,一审判决认定事实清楚,适用法律正确,应予维持。

(案例来源:中国裁判文书网)

2.1 电子商务合同的概念

2.1.1 合同的概述

1. 合同的概念和特征

1)合同的概念

依据民法典的规定,合同是指民事主体之间设立、变更、终止民事法律关系的协议。

民法典中的合同内容是调整因合同产生的民事关系。因婚姻、收养、监护等有关身份关系的协议,适用有关该身份关系的法律规定。调整劳动关系的协议,适用劳动合同法的规定。

《民法典》第二条规定:"民法调整平等主体的自然人、法人和非法人组织之间的人身关系和财产关系。"因此,民法典中的民事主体分为自然人、法人、非法人组织。

2)合同的特征

(1)合同行为是一种民事法律行为。

合同行为是民事法律行为,不是事实行为。合同必须以当事人的意思表示为核心要素,合同行为的后果是当事人所期待的后果。

(2)合同行为是双方或者多方当事人意思表示一致的民事法律行为。

在双方或者多方当事人意思表示一致时,合同才可以成立。单方的民事法律行为是指仅有单方的意思表示即可成立的法律行为。如,抛弃动产所有权。合同的多方民事法律行为不同于单方民事法律行为。

(3)签订合同是民事主体以设立、变更、终止民事权利义务关系为目的的民事法律行为。

签订合同的目的是民事主体为了设立、变更、终止民事法律关系的行为。设立是指民事主体为了在相互之间形成某种民事法律关系而所为的行为;变更则是民事主体对其相互间已经形成的某种民事法律关系进行调整、改变他们之间已经形成的民事法律关系的行为;终止则是指民事主体通过合同的履行、签订新的协议等消灭其相互间存在的民事关系的行为。

(4)签订合同是民事主体在平等互利基础上的行为。

平等是指民事主体在合同关系中的地位是平等的。互利是指民事主体通过合同的约定,享有权利、履行义务,相互获取各自所需的价值或利益。平等互利是民商事活动的基础,只有在平等互利的基础上,民事主体才有通过合同关系进行民商事活动的动力。

2. 合同的分类

依照不同的标准,合同可以分为不同种类,常见的合同分类如下。

1)有名合同与无名合同

有名合同又称典型合同,是指在现实生活中经常出现的合同类型。民法典中规定了19种有名合同,分别为:买卖合同,供用电、水、气、热力合同,赠与合同,借款合同,保证合同,租赁合同,融资租赁合同,保理合同,承揽合同,建设工程合同,运输合同,技术合同,保管合同,仓储合同,委托合同,物业服务合同,行纪合同,中介合同,合伙合同。

民法典中规定的有名合同不是为了限制民事主体的意思自治权利,而是为了指导民事主体订立该种类型的合同。

无名合同又称非典型合同,是在现实生活中不经常出现的合同类型。无名合同适用民法典合同编通则的规定。

2)双务合同与单务合同

双务合同与单务合同是根据双方民事主体在合同中权利、义务的承担方式不同进行区分的。

双务合同是指在合同关系中,双方当事人相互承担对待给付义务的合同,双方当事人享有权利的同时也负担对待义务。如买卖合同,一方需要支付价款,另一方需要转移标的物的所有权。

单务合同是指在合同关系中,一方当事人承担给付义务,另一方当事人享有权利。如赠与合同。

3)要式合同与不要式合同

要式合同与不要式合同是根据法律对合同形式是否有要求进行区分的。

要式合同是指法律规定的合同必须要具备一定的形式和手续。

不要式合同则指法律对合同的形式和手续没有特别要求。

《民法典》第四百九十条规定:"当事人采用合同书形式订立合同的,自当事人均签名、盖章或者按指印时合同成立。在签名、盖章或者按指印之前,当事人一方已经履行主要义务,对方接受时,该合同成立。法律、行政法规规定或者当事人约定合同应当采用书面形式订立,当事人未采用书面形式但是一方已经履行主要义务,对方接受时,该合同成立。"

从民法典的规定可以看出,我国对合同的形式与合同成立的关系采取了开放务实的态度。即尽管法律、行政法规规定或者当事人约定合同应当采用书面形式订立,当事人未采用书面形式但是在一方已经履行主要义务,而对方接受时,合同成立。

4)诺成合同与实践合同

诺成合同与实践合同是根据合同成立除了当事人意思表示一致外,是否还要以标的物的交付为必要条件所进行的分类。

诺成合同,是指不需要交付,仅以当事人意思表示一致作为合同成立的条件。诺成合同,又称为不要物合同。

实践合同是指除了当事人意思表示一致外,还必须要交付标的物,合同才能成立。实践合同又称要物合同。例如,自然人之间的借贷合同、保管合同、定金合同为实践合同。

5)有偿合同与无偿合同

以当事人之间的权利义务是否互为对价关系,合同可以分为有偿合同与无偿合同。

有偿合同是指当事人之间的权利义务互为对价的合同。如买卖合同。

无偿合同是指当事人之间的权利义务不构成互为对价的合同。如赠与合同。

6) 主合同与从合同

根据合同之间的主从关系,将合同分为主合同与从合同。

主合同是指不以其他合同的存在为前提而能独立存在的合同。如借款合同。

从合同是指必须以其他合同的存在为前提,自己不能独立存在的合同为从合同。如保证合同。

3. 合同的原则

合同行为为民事法律行为。依据民法典的规定,合同制定的原则主要有以下内容。

1) 平等原则

民法典规定,民事主体在民事活动中的法律地位一律平等。合同是民事主体之间设立、变更、终止民事法律关系的协议。在合同中,当事人之间的法律地位是平等的。

2) 自愿原则

民法典规定,民事主体从事民事活动,应当遵循自愿原则,按照自己的意思设立、变更、终止民事法律关系。在合同中,无论是当事人是否设立、变更、终止民事法律关系,还是当事人如何设立、变更、终止民事法律关系,双方之间的关系都是自愿的。

3) 公平原则

民法典规定,民事主体从事民事活动,应当遵循公平原则,合理确定各方的权利和义务。合同的公平原则要求当事人在订立合同、履行合同的过程中,要以公平的理念来调整当事人之间的权利和义务。

4) 诚实信用原则

民法典规定,民事主体从事民事活动,应当遵循诚信原则,秉持诚实,恪守承诺。诚实信用原则要求合同当事人在行使合同权利、履行合同义务时,应诚实守信,以善意的方式履行其义务,不得滥用权利及规避法律或合同规定的义务。

5) 遵守法律与公序良俗原则

民法典规定,民事主体从事民事活动,不得违反法律,不得违背公序良俗。要求合同当事人在订立、履行合同时,应当遵守法律、行政法规,尊重社会公德,不得扰乱社会经济秩序、损害社会公共利益,不得违背公序良俗。

公序良俗是指公共利益与善良风俗。违背公序良俗原则的民事法律行为无效。

6) 绿色原则

民法典规定,民事主体从事民事活动,应当有利于节约资源、保护生态环境。

7) 合同严守原则

民法典规定,依法成立的合同,受法律保护。依法成立的合同,仅对当事人具有法律约束力,但是法律另有规定的除外。合同严守原则强调了依法成立合同对当事人的约束力,要求当事人依照合同的约定,行使权利、履行义务。不得随意违反合同约定。

2.1.2 电子合同

1. 电子合同的概念

根据商务部公布的《电子合同在线订立流程规范》的定义,电子合同(electronic contract)是指平等主体的自然人、法人或其他组织之间以数据电文为载体,并利用电子通信手段设立、变更、终止民事权利义务关系的协议。

从电子合同与民法典上合同概念的对比可以看出,电子合同强调了民事主体在订立合同时是以数据电文为载体,并利用电子通信手段设立、变更、终止民事权利义务关系。电子合同是传统民法意义上的一种合同形式。

2. 电子合同的特征

关于电子合同的相关规定,应包含在《民法典》《电子合同在线订立流程规范》《电子签名法》《消费者权益保护法》等法律法规之中。结合电子合同的概念,本书认为,电子合同具有以下特征。

(1)电子合同应当具有民法典中关于合同所规定的特征。

电子合同属于合同的一种类型,必须具备法律规定的合同的特征。与其他合同的特征相比,电子合同还具有自身的特征。

(2)电子合同是以数据电文为载体的书面合同。

电子合同是以数据电文形式订立的,依据《民法典》第四百六十九条规定,数据电文被视为书面形式。因而,电子合同应当属于书面合同。

(3)电子合同是利用电子通信手段订立的合同。

在订立电子合同的过程中,当事人的意思表示是通过电子通信手段,或者借助电子通信媒介进行磋商,最后达成合作意向,进而订立电子合同。

(4)电子合同的签署可以使用电子签名。

传统意义上,合同的签署需要当事人的签字盖章,签字盖章后即发生合同成立或者生效的结果。但在电子合同中,当事人无须见面,合同签字的形式可以使用电子签名。合法有效的电子签名对当事人具有约束力。

3. 电子合同的类型

传统意义上对合同的分类也适用于对电子合同的分类。除此之外,从电子合同订立的方式可以将电子合同分为:以数据电文作出生效承诺而订立的合同,以签订确认书订立的电子合同,以点击方式订立的电子格式合同。

1)以数据电文作出生效承诺而订立的合同

电子合同的订立过程中,当事人是以数据电文的形式发出要约、作出承诺订立合同的。一般而言,承诺生效,合同成立。那么,以数据电文形式作出的承诺生效时,电子合同成立。

例如,电子合同当事人通过电子邮件将作出承诺的意思表示的信件、便条、文件、图片或声音等发送给另一方,该电子邮件形式的承诺到达对方当事人时,承诺生效,电子合同成立。微信已经成为人们生活中使用最多、最普遍的一种传递信息的方式。当事人通过微信方式发出、接收双方具有磋商、订立电子合同的意思表示的客观情况也越来越多。

2)以签订确认书订立的电子合同

《民法典》第四百九十一条规定,当事人采用信件、数据电文等形式订立合同要求签订确认书的,签订确认书时合同成立。

当事人在订立电子合同的过程中,除了以数据电文形式磋商合同,双方还需要签订确认书的,那么,在签订对数据电文内容的确认书时,电子合同成立。

3)以点击方式订立的电子格式合同

格式条款是一方当事人为了重复使用而预先拟定,并在订立合同时未与对方协商的条款。

在电子商务中,电子商务格式合同是指由提供商品或者服务的一方事先拟定好的合同或者条款,消费者一般采用点击方式表示同意格式条款。

2.1.3 电子商务合同

1. 电子商务合同的概念

《电子商务法》第三章对电子商务合同的订立与履行作出了规定,提出了电子商务合同的概念。《电子商务法》第四十七条规定:"电子商务当事人订立和履行合同,适用本章和《中华人民共和国民法总则》《中华人民共和国合同法》《中华人民共和国电子签名法》等法律的规定。"

民法典于2021年1月1日生效后,《中华人民共和国民法总则》《中华人民共和国合同法》等随之失效。那么,《电子商务法》第四十七条的规定也应进行相应的调整。

电子商务法中对电子商务的定义是指电子商务当事人通过互联网等信息网络销售商品,或者提供服务的经营活动。

根据《民法典》对合同的定义、《电子合同在线订立流程规范》对电子合同的定义、《电子商务法》对电子商务的定义,可以将电子商务合同定义为:电子商务合同是平等的民事主体在电子商务中,以数据电文为载体,通过互联网等信息网络,设立、变更、终止关于民事法律关系的协议。

也有学者认为,电子商务合同是以数据电文形式订立的电子合同,属于电子合同的一个重要类型[1]。

2. 电子商务合同的类型

1)根据当事人关系分类

根据电子商务合同中当事人之间的关系,可以将电子商务合同分为B2C合同、B2B合同、B2G合同、C2C合同、O2O合同等。

(1)B2C合同。B2C中文简称为"商对客",是电子商务的一种模式,也就是通常说的直接面向消费者销售产品和服务的商业零售模式。B2C合同,即商家与个人进行交易而签订的电子商务合同。

(2)B2B合同。B2B是指商家对商家进行的交易。B2B合同,即企业之间从事电子商务活动所形成的合同。

(3)B2G合同。B2G是指企业与政府方面的电子商务及G2B政府与企业之间的电子商务。B2G、G2B合同,是指企业与政府进行电子商务活动所形成的合同,或者政府与企业进行电子商务所形成的合同。

(4)C2C合同。C2C是指个人对个人进行的交易。C2C合同是指个人与个人之间因电子商务而订立的合同。

(5)O2O合同。O2O指"从线上到线下"或"从线下到线上"进行的交易,简单的理解就是打通线上与线下,将线上的流量转化为线下的消费,或者翻过来把线下的消费者引流到线上来。对于互联网行业来说,更多指的是前者,亦即将线下的商务机会与互联网结合。

因线上对线下进行交易或者线下对线上交易而形成的合同为O2O合同。

2)根据内容分类

根据电子商务内容的不同,可以将电子商务合同分为经营者销售商品的合同、经营者提供

---

[1] 赵旭东.电子商务法释义与原理[M].北京:中国法制出版社,2018:324.

服务的合同。

(1)销售商品的电子商务合同。该类电子商务合同的标的物与传统意义上合同的标的物是相同的,在电子商务中,当事人以销售商品为内容订立合同。在线下交易中,当事人订立的是买卖合同。

(2)提供服务的电子商务合同。提供服务的电子商务合同是指电子商务经营者与消费者以提供服务为内容而订立、履行的合同。比如生活信息服务等涉及服务的合同。

3)其他分类

电子商务合同还应该包括电子商务平台经营者与平台内经营者订立的平台服务协议、经营者与消费者订立的物流服务协议、电子商务经营者及消费者与电子服务提供者订立的电子支付协议等不同的民事主体之间因参与电子商务活动而订立的协议。

3. 合同、电子合同、电子商务合同的联系与区别

(1)联系。合同是电子合同的上位概念,电子合同是电子商务合同的上位概念。电子合同强调订立合同时以数据电文为载体,利用电子通信手段所订立的合同。《民法典》第四百六十九条规定:当事人以电子数据交换、电子邮件等方式能够有形地表现所载内容,并可以随时调取查用的数据电文,视为书面形式。该规定不但从立法上确立了以数据电文订立的电子合同、电子商务合同的法律效力,同时将数据电文形式订立的电子合同、电子商务合同视为书面形式的合同。《民法典》第四百九十一条第二款规定,当事人一方通过互联网等信息网络发布的商品或者服务信息符合要约条件的,对方选择该商品或者服务并提交订单成功时合同成立。该规定是对《电子商务法》第四十九条内容的编纂,从民法典的角度对电子商务合同的概念、订立方式、调整范围作出了规定。

(2)区别。从调整的内容看,电子合同属于合同的一种订立形式。合同与电子合同内容并没有明显的区别。电子商务合同是平等的民事主体在电子商务中,以数据电文为载体,通过互联网等信息网络,设立、变更、终止关于民事法律关系的协议。

电子商务不仅包括当事人通过特定系统进行的线上交易,还包括使用互联网进行的线上对线下交易、线下交易等多种交易方式。电子商务合同的调整内容更具有特色。

2.2 电子商务合同的订立

2.2.1 电子商务合同订立的概念、特点

1. 电子商务合同订立的概念

电子商务合同的订立是指电子商务当事人在电子商务中,为了交易商品、提供服务,以数据电文的形式,通过互联网通信手段进行的相互意思表示,以形成合意的过程。

2. 订立电子商务合同的特点

(1)当事人为了从事电子商务,以订立电子商务合同为目的。

(2)当事人订立电子商务合同的过程是以数据电文的方式,通过互联网通信手段进行意思表示的。

(3)当事人订立电子商务合同是一个动态的过程。订立电子商务合同要经过电子商务要约和电子商务承诺两个阶段,在作出电子商务承诺之前,当事人可以数据电文,通过互联网通信手段进行反复的电子商务要约、反要约,最后达到双方合意,订立电子商务合同。

2.2.2 电子商务要约

1. 电子商务要约的概念、构成要件

1) 电子商务要约的概念

要约是希望与他人订立合同的意思表示。在商业习惯上,要约也称为发盘、发价、报价等。发出要约的一方当事人为要约人,接收要约的一方当事人为受要约人。

电子商务要约是指在电子商务中,一方当事人以数据电文方式,通过互联网通信手段向另一方发出的,希望订立电子商务合同的意思表示。

2) 一个合法有效的电子商务要约应具备如下条件

(1) 电子商务要约必须是特定人的意思表示。受要约人或者社会公众可以通过一定的客观事实,能明确知道谁是电子要约人,电子要约人想干什么。

(2) 电子商务要约一般是向受要约人发出的意思表示。一般情况下,受要约人为特定人。也可向不特定的受要约人发出电子商务要约。例如,在电子商务中,经营者发出的具有要约内容的广告,就属于向不特定人发出的电子商务要约。

(3) 电子商务要约的内容具体确定、具有特定合同的必要条款。电子商务要约人通过电子要约发出的信息必须是事关电子合同权利义务的信息。电子商务要约的用语必须是肯定的,内容是确定的。

(4) 电子商务要约的发出者是以订立电子商务合同为目的,并且受该要约的约束。电子商务要约发出人是以订立电子合同为目的,发出的要约对其有约束力。在受要约人作出电子商务承诺并生效后,双方即受电子商务合同的约束。

2. 电子商务要约的生效

以对话方式作出的意思表示,相对人知道其内容时生效;以非对话方式作出的意思表示,到达相对人时生效。

电子商务要约是电子商务当事人一方以数据电文的形式,通过互联网通信手段向另一方发出的希望与他人订立电子合同的意思表示。民法典规定,以电子数据交换、电子邮件等方式能够有形地表现所载内容,并可以随时调取查用的数据电文,视为书面形式。因此,电子商务要约属于以非对话方式作出的采用数据电文形式的意思表示。

民法典规定作为电子商务要约的数据电文生效的时间具体如下。

(1) 相对人指定特定系统接收数据电文的,该数据电文进入该特定系统时生效。

(2) 相对人未指定特定系统的,相对人知道或者应当知道该数据电文进入其系统时生效。

(3) 当事人对采用数据电文形式的意思表示的生效时间另有约定的,按照其约定。

例如,当事人可以约定对采用数据电文形式的电子商务要约采用确认收讫制度,即,指接收人在收到数据电文后,通过一定方式通知发出人,对收到的数据电文进行确认的行为。发件人收到收件人的收讫确认时,数据电文视为已经收到。

3. 电子商务要约的撤回、撤销

1) 电子商务要约的撤回

民法典规定,要约可以撤回。撤回意思表示的通知应当在意思表示到达相对人前或者与意思表示同时到达相对人。

电子商务要约的撤回是指在电子商务要约人发出电子商务要约后,于电子商务要约生效前,通知撤回该电子商务要约。要想达到撤回电子商务要约的法律效果,撤回的通知应当在电子商务要约到达受要约人之前或者与电子商务要约同时到达受要约人。

在电子商务中,当事人通过互联网发出的数据电文瞬间即可到达对方当事人,数据电文到达当事人指定的系统的时间为生效时间。通常情况下,电子商务要约一经发出即可到达对方当事人,因此,撤回电子商务要约的时间非常短暂。但是,撤回电子商务要约是当事人的权利,应当保护电子商务要约人的该项法定权利。在特殊情形下,比如,电子商务要约人发出要约后,发生线路故障、网络病毒等原因,致使电子商务要约不能及时到达对方当事人,此时就存在电子商务要约人在客观上具有撤回电子商务要约的可能。

2)电子商务要约的撤销

电子商务要约的撤销是指在要约生效后,使电子商务要约法律效力归于消灭的行为。撤销电子商务要约的通知应当在受要约人发出电子商务承诺通知之前到达受要约人。在不同的电子商务交易模式中,电子要约能否被撤销的情形也不同。

(1)在自动交易系统进行电子商务,电子商务承诺是即刻作出,电子商务要约人没有机会撤销要约。比如,在自动售货机上明码标价的饮料,只要消费者进行了选择并投入对应金额的货币,购买的饮料即刻就会被弹出。

(2)如果当事人使用电子邮件发出电子商务要约,再以电子邮件作出电子商务承诺,那么,电子商务要约到达受要约人,与受要约人发出电子商务承诺之间会产生时间间隔,电子商务要约人在受要约人发出电子商务承诺前,可以撤销已经发出的电子商务要约。

4. 不可撤销的电子商务要约及失效的电子商务要约

1)不可撤销的电子商务要约

(1)电子商务要约人以确定承诺期限或者其他形式明示电子要约不可撤销。

(2)受要约人有理由认为电子商务要约是不可撤销的,并已经为履行电子商务合同做了合理准备工作。

2)失效的电子商务要约

出现下列情形之一的,电子商务要约失效:

(1)电子商务要约被拒绝。

(2)电子商务要约被依法撤销。

(3)承诺期限届满,受要约人未作出电子商务承诺。

(4)受要约人对电子商务要约的内容作出实质性变更。

5. 电子商务要约邀请

1)要约邀请

要约邀请也称要约引诱,是希望他人向自己发出要约的意思表示。在实践中,拍卖公告、招标公告、招股说明书、债券募集办法、基金招募说明书、商业广告和宣传、寄送的价目表等为要约邀请。

电子商务要约邀请是指希望他人以数据电文的方式,通过互联网通信手段向自己发出电子商务要约的意思表示。

2)电子商务要约与电子商务要约邀请的区别

(1)从目的上看:电子商务要约的目的是希望与相对人订立电子商务合同的意思表示;电

子商务要约邀请目的是让他人向自己发出电子商务要约的意思表示。

(2)从法律效果上看:电子商务要约中含有当事人愿意承受电子商务要约约束的意图,一旦对方承诺,电子商务合同即成立;电子商务要约邀请方可以不受电子商务要约邀请的约束,电子商务要约邀请方可以选择是否接受对方发出的电子商务要约。

(3)从内容上看:电子商务要约内容具备足以使电子商务合同成立的主要条款;电子商务要约邀请则不具备这些必要条款。

3) 电子商务要约的识别

(1)在交易实物的电子商务中。民法典规定,商业广告和宣传的内容符合要约条件的,构成要约。如果经营者的相关网页中所展示的商品包含有明码标价,又有货物的数量,承诺在一定的时间内送达购买者等明确有约束力的意思表示,该种信息就属于电子商务要约。

(2)在交易信息产品的电子商务中。由于信息产品可以被无限复制下载,所以不存在该类产品存货数量问题。那么,对于在电子商务经营者网页中有明码标价的信息产品的信息,为电子商务要约。

(3)在通过第三方平台进行交易的电子商务中。第三方平台会通过平台服务协议等电子商务格式条款内容,对电子商务要约与电子商务要约邀请进行约定。但是,电子商务经营者不得以格式条款等方式约定消费者支付价款后合同不成立;格式条款等含有该内容的,其内容无效。

2.2.3 电子商务承诺

1. 电子商务承诺的概念

电子商务承诺是指受要约人以数据电文的形式,通过互联网通信手段,同意电子商务要约内容并愿意与电子商务要约人订立电子商务合同的意思表示。受要约人为电子商务承诺人。

2. 电子商务承诺的构成要件

(1)电子商务承诺必须由受要约人向电子商务要约人作出。

电子商务承诺必须由受要约人向电子商务要约人作出。受要约人以外的第三人无资格向电子商务要约人作出电子商务承诺;电子商务承诺人不能向电子商务要约人以外的其他人发出电子商务承诺。

(2)电子商务承诺的内容必须与电子要约的内容相一致。

只有电子商务承诺的内容与电子商务要约内容一致时,才构成双方意思表示一致,电子商务合同才能成立。《民法典》第四百八十八条规定,受要约人对要约的内容作出实质性变更的,为新要约。有关合同标的、数量、质量、价款或者报酬、履行期限、履行地点和方式、违约责任和解决争议方法等的变更,是对要约内容的实质性变更。

(3)电子商务承诺必须在电子商务要约的有效期内作出。

电子商务承诺属于以非对话方式作出的采用数据电文形式的意思表示。如果电子商务要约规定了承诺期限的,电子商务承诺应在期限内到达电子商务要约人;如果电子商务要约没有规定承诺期限的,电子商务承诺则应在合理期限内到达电子商务要约人。

受要约人超过承诺期限发出电子商务承诺,或者虽然在承诺期限内发出电子商务承诺,按照通常情形不能及时到达电子商务要约人的,为新要约;但是,在此情形下,电子商务要约人及时通知受要约人该电子商务承诺有效的除外。

受要约人在承诺期限内发出电子商务承诺,按照通常情形能够及时到达电子商务要约人,但是因其他原因致使电子商务承诺到达电子商务要约人时超过承诺期限的,除电子商务要约人及时通知受要约人因电子商务承诺超过期限不接受该承诺外,该电子商务承诺有效。

3. 电子商务承诺的撤回

民法典规定,承诺可以撤回。撤回意思表示的通知应当在意思表示到达相对人前或者与意思表示同时到达相对人。

电子商务承诺可以撤回,撤回电子商务承诺的通知应当在发出电子商务承诺的通知到达电子商务要约人之前或与发出电子商务承诺的通知同时到达电子商务要约人。

相同的,电子商务中,合同当事人经常以点击成交的方式作出电子商务承诺。电子商务承诺的数据电文到达当事人指定的系统的时间为生效时间,电子商务承诺生效瞬间完成,在电子商务承诺生效之前要撤回该电子商务承诺的意思表示几乎无法实现。但是,撤回电子商务承诺是当事人的权利,应当保护电子商务承诺人的该项法定权利。

因电子商务承诺到达电子商务要约人时,电子商务合同成立。合同成立后,一方当事人不能随意解除合同。因此,电子商务承诺不得撤销。

4. 电子商务承诺的生效时间

电子商务承诺是以数据电文形式作出的意思表示,依据民法典、电子商务法的规定,数据电文形式的电子商务承诺生效的时间如下。

(1)电子商务要约人指定特定系统接收数据电文的,该数据电文进入该特定系统时生效。

(2)电子商务要约人未指定特定系统的,相对人知道或者应当知道该数据电文进入其系统时生效。

(3)当事人对采用数据电文形式的意思表示的生效时间另有约定的,按照其约定。

(4)用户选择该商品或者服务,并提交订单成功时,电子商务承诺生效。

《电子商务法》第四十九条第一款规定,电子商务经营者发布的商品或者服务信息符合要约条件的,用户选择该商品或者服务并提交订单成功,合同成立。依据法律规定,电子商务承诺的生效时间为用户选择该商品或者服务,并提交订单成功的时间。

2.2.4 电子商务合同成立的时间、地点

1. 电子商务合同成立的时间

(1)签订确认书时电子商务合同成立。

当事人采用信件、数据电文等形式订立电子商务合同的,可以在电子商务合同成立之前要求签订确认书,签订确认书的时间为电子商务合同成立的时间。

(2)电子商务承诺生效时电子商务合同成立。

电子商务承诺的通知到达电子商务要约人时,电子商务承诺生效,电子商务合同成立。如果电子商务承诺不需要通知,根据交易习惯或者电子商务要约的要求作出电子商务承诺的行为时,电子商务承诺生效,电子商务合同成立。

(3)电子商务的消费者在电子商务中选择经营者发布的商品或者服务信息,并提交订单成功时合同成立。

电子商务中,当事人一方通过互联网等信息网络发布的商品或者服务信息符合要约条件的,对方选择该商品或者服务并提交订单成功时合同成立。

(4)一方当事人在电子商务合同中使用电子签名之前,已经履行主要义务,对方接受时,该

电子商务合同成立。

(5)当事人可以另行约定电子商务合同成立的时间。

2. 电子商务合同成立的地点

民法典规定,承诺生效的地点为合同成立的地点。

以数据电文形式所订立的电子商务合同的生效地点,依下列方式确定。

(1)接收电子商务承诺的接收人有主营业地的,其主营业地为电子商务合同成立的地点。

(2)接收电子商务承诺的接收人没有主营业地的,其住所地为电子商务合同成立的地点。

(3)当事人对电子商务合同的成立地点另有约定的,按其约定。

2.2.5　电子商务合同的缔约过失责任

1. 电子商务合同缔约过失责任的概念

电子商务合同缔约过失责任是指当事人在订立电子商务合同的过程中,因违反先合同义务而造成相对人损失,对造成对方损失的应承担的赔偿责任。

当事人在订立电子商务合同的过程中,应该遵守诚实信用原则,否则,将会给对方当事人造成信赖利益的损失,针对对方当事人遭受的损失,由责任人承担弥补性的责任。

2. 电子商务合同缔约过失责任的构成要件

(1)当事人违反的是先合同义务。先合同义务不是合同义务,是当事人在订立电子商务合同的过程中所应承担的协力、通知、保护、保密等义务。该义务产生的基础是诚实信用原则。

(2)相对人受到了损失。因缔约一方当事人违反先合同义务,造成了相对人信赖利益的损失。

(3)违反先合同义务一方当事人具有过错,其承担的是过错责任。

(4)违反先合同义务一方的过错和相对人受到的损失之间具有因果关系。

3. 承担缔约过失赔偿责任的情形

电子商务合同当事人有下列情形之一,造成对方损失的,应当承担赔偿责任。

(1)假借订立电子商务合同,恶意进行磋商。

(2)故意隐瞒与订立电子商务合同有关的重要事实或者提供虚假情况。

(3)有其他违背诚信原则的行为。

▶ 2.3　电子商务合同的法律效力

2.3.1　电子商务合同法律效力概述

1. 电子商务合同法律效力的概念

电子商务合同的法律效力是指电子商务合同对合同当事人的约束力及在法律上的强制力。依法成立,受法律保护。

2. 电子商务合同的生效要件

1)法律规定的电子商务合同生效要件

民法典规定,具备下列条件的民事法律行为有效:(1)行为人具有相应的民事行为能力。(2)意思表示真实。(3)不违反法律、行政法规的强制性规定,不违背公序良俗。

电子商务合同当事人为设立、变更、终止民事法律权利义务而订立的电子商务合同的行为欲求发生法律效力，应符合民法典关于民事法律行为有效的规定条件。即电子商务合同的当事人属于自然人的，应当具备相应的民事行为能力；电子商务合同的当事人属于法人、非法人组织的，其行为应符合相关法律、公司章程规定。电子商务合同当事人的意思表示应当真实；电子商务合同的内容和目的不违反法律、行政法规的强制性规定，不违背公序良俗。

2）当事人约定的电子商务合同生效要件

在满足法律规定生效要件的基础上，电子商务合同当事人还可以约定电子商务合同生效的条件。比如，附期限的电子商务合同、附条件的电子商务合同。

3. 电子商务合同效力的类型

电子商务合同成立，并不一定会发生法律效力。对于已经成立的电子商务合同，从效力角度可划分为以下四类。

1）有效的电子商务合同

有效的电子商务合同是指完全具备法律规定生效要件的电子商务合同。如果当事人有约定的生效条件，在具备法定生效要件的基础上，还应满足约定的条件该电子商务合同才会发生法律效力。

2）无效的电子商务合同

无效的电子商务合同是指欠缺合同生效的要件，根本不能产生电子合同当事人所追求的民事法律后果。无效的电子商务合同自始无效。

电子商务合同的"生效要件"是法律明文规定的。根据"生效要件"的不同，可以将无效电子商务合同分为以下几类：无民事行为能力人签订的电子商务合同；合同双方以虚假的意思表示签订的电子商务合同；违反法律、行政法规的强制性规定签订的电子商务合同；违背公序良俗签订的电子商务合同；双方恶意串通，损害他人合法权益而签订的电子商务合同。

3）可撤销的电子商务合同

可撤销的电子商务合同是指因当事人在订立合同时意思表示不真实，法律允许撤销权人通过行使撤销权而使已经生效的电子商务合同归于无效。在撤销权人行使撤销权之前，电子合同是有效的。

可撤销的电子商务合同的情形包括以下几种：因重大误解订立的电子商务合同；一方以欺诈、胁迫的手段，使对方在违背真实意思的情况下订立的电子商务合同；在订立电子商务合同时显失公平。

4）效力待定的电子商务合同

效力待定的电子商务合同是指合同已经成立，但因不符合生效要件的规定，电子商务合同效力处于悬而未决的不确定状态，尚待有形成权的第三人同意或者拒绝，以确定已经成立的电子商务合同是否生效。

限制民事行为能力人订立的电子商务合同属于效力待定的合同；行为人没有代理权、超越代理权或者代理权终止以后订立的电子商务合同属于效力待定的合同。被代理人若不追认，则对被代理人不发生法律效力；法人的法定代表人或者非法人组织的负责人超越权限订立的电子商务合同，除相对人知道或者应当知道其超越权限外，该代表行为有效，订立的电子商务合同对法人或者非法人组织发生效力。

4. 电子商务合同被确认无效或者被撤销的法律后果

电子商务合同被确认无效或被撤销后,不能发生法律效力。因此,在电子商务合同被确认无效或被撤销后,合同未履行的,不得履行;正在履行的,应当停止履行。

(1)已经履行的,对所涉及的财产依下列规则处理:①返还财产。无论当事人一方是否有过错,都负有返还受领财物的义务。如果在事实上或者法律上不能返还,则应折价补偿。②赔偿损失。电子商务合同被确认无效或被撤销后,有过错的一方应赔偿对方因此所遭受的损失;双方都有过错的,应当各自承担相应的民事责任。

(2)承担损害赔偿责任的构成要件:有损害事实存在,损失包括订立电子商务合同的损失或者履行电子商务合同过程中的损失;赔偿义务人具有过错;过错行为与遭受损失之间有因果关系。

(3)赔偿损失的范围包括:缔约费用,在订立电子商务合同过程中所支出的必要合理费用;履约费用,为准备履约和实际履约所支出的费用;合理的间接损失。

(4)电子商务合同中解决争议方法的合同条款的效力。电子商务合同不生效、被确认无效、被撤销或者终止的,不影响电子商务合同中有关解决争议方法的条款的效力。但是,解决争议方法的合同条款不能违反民事诉讼法关于级别管辖或者专属管辖的规定。

5. 附条件、附期限的电子商务合同

电子商务合同当事人还可以约定电子商务合同生效的条件。

1)附条件的电子商务合同

附条件的电子商务合同是指当事人在订立合同时,在合同中约定一定条件,以条件的成就与否来决定电子商务合同法律效力发生与消灭的根据。当条件成就时,电子商务合同生效或者失去效力。

2)附期限的电子商务合同

附期限的电子商务合同是指当事人在订立合同时,在合同中约定将来确定到来的事实发生时,电子商务合同发生法律效力或者合同效力终止。当约定的事实到来时,电子商务合同生效或者失去效力。

2.3.2 电子错误及推定原则

电子商务合同当事人是否具有行为能力以及意思表示是否真实是影响电子商务合同效力的重要因素。我们需要掌握在订立电子商务合同时出现的电子错误,以及在订立、履行电子商务法时所适用的推定原则。

1. 电子错误

电子错误是指在电子商务合同订立过程中出现的合同内容与当事人内心真意不一致的瑕疵,主要有客观瑕疵与主观瑕疵两种。

主观瑕疵主要是指发出信息一方输入错误,比如点击错误;客观瑕疵是指由于信息系统在生成、发送、接收或者储存信息时可能发生的难以预料和控制的技术故障,信息在到达前或者到达后都有可能发生错误或丢失等风险,比如电子故障[①]。

---

① 赵旭东.电子商务法释义与原理[M].北京:中国法制出版社,2018.

针对电子商务中可能出现的电子错误,电子商务法对经营者与消费者在订立、履行电子商务合同时的权利义务做了相应的规定。

(1)电子商务经营者应当清晰、全面、明确地告知用户订立合同的步骤、注意事项、下载方法等事项,并保证用户能够便利、完整地阅览和下载。

(2)电子商务经营者应当保证用户在提交订单前可以更正输入错误。

(3)用户在发出支付指令前,应当核对支付指令所包含的金额、收款人等完整信息。

(4)支付指令发生错误的,电子支付服务提供者应当及时查找原因,并采取相关措施予以纠正。造成用户损失的,电子支付服务提供者应当承担赔偿责任,但能够证明支付错误非自身原因造成的除外。

2. 推定原则

1)推定原则的含义

在电子商务中,因为使用互联网通信手段进行交易,当事人不用见面就能完成订立合同、履行合同,因此,无法判断交易相对人是否具有民事行为能力,也无法判断相对人的意思表示是否真实。《电子商务法》第四十八条规定了对使用自动信息系统订立或者履行合同的当事人的行为能力适用推定原则。即,推定使用自动信息系统订立或者履行合同的当事人具有行为能力,并推定其订立或者履行合同的意思表示真实。

2)推定原则的适用

该推定原则只是适用于一般情形下对订立或者履行合同的当事人是否具有行为能力和意思表示是否真实进行推定。如果当事人有相反证据足以证明当事人在订立电子商务合同时没有行为能力或者订立电子商务合同的意思表示不真实,那么不适用推定原则。

在具体适用推定原则时应注意以下几个方面。

(1)在电子商务合同的订立过程中,如果双方当事人通过相互磋商,已经能够确切地判断相对人是否具有民事行为能力,则不能适用推定原则进行推定;如果已经能够判断出相对人的意思表示真实与否,也不能适用推定原则再次推定。

例如,通过实名认证等形式已经能够判断出对方当事人是否具备完全的民事行为能力,则适用民法典关于民事行为能力的规定认定对方当事人的行为能力,而不再适用推定原则。

(2)在电子商务合同的订立过程中,如果双方当事人不能判断相对方是否具有民事行为能力,不能判断相对人的意思表示是否真实,而且,双方当事人是使用自动信息系统订立或者履行合同,在此情形下适用推定原则,推定相对人具有行为能力,且意思表示真实。

(3)适用推定原则的情形中,持有相反意见的一方应承担举证责任。

2.3.3 电子商务格式合同

1. 电子商务格式合同的概念和特征

1)电子商务格式合同

电子商务格式合同也称电子商务定式合同,是指电子商务经营者与消费者订立的合同的内容是由电子商务的经营者或者服务者事先拟定好的,消费者无权就合同的内容进行磋商,只能做出是否接受合同条款而订立的合同。电子商务格式合同最常见的表现形式就是点击合同。

点击合同是指在电子商务中,由提供商品或服务的经营者,通过计算机程序预先设定合同条款的一部分或全部内容,消费者必须以点击的方式表示同意才能订立合同,点击"同意"后发生订立合同的法律结果。

2)电子商务格式合同的特征

(1)电子商务格式合同一般是由电子商务经营者事先拟定好的。针对不同的消费者,可以重复使用。

(2)电子商务格式合同是经营者拟定好合同后,面向不特定的众多消费者发出。

(3)消费者无权就合同的内容进行磋商。

(4)拟定电子商务格式合同的经营者具有经济方面的优势,在电子商务格式合同中容易出现减轻或免除自己责任的条款。

2. 对电子商务格式合同的限制

在电子商务中,提供电子商务格式条款的一方可能更多地考虑自己的利益,尽量减轻自己的责任,对另一方的权利考虑较少或者附加种种限制条件,甚至加重对方责任。为了保护处于相对弱势地位的消费者的合法权益,法律对提供电子商务格式合同的一方作出以下限制。

(1)不得违反公平原则来确定当事人之间的权利和义务。

提供电子商务格式合同的一方不能在格式条款中享有大量的权利而只承担极少的义务,或者确定对方承担大量的义务而只享受极少的权利。

(2)提供格式条款的一方应采取合理的方式提示对方注意免除或者减轻其责任等与对方有重大利害关系的条款。

提供格式条款一方应采取合理的方式提示对方注意免除或者减轻其责任的条款。如果对方有要求,应对该条款予以说明。未履行提示或者说明义务,致使对方没有注意或者理解与其有重大利害关系的条款的,对方可以主张该条款不成为合同的内容。

3. 无效的电子商务格式合同及条款无效的情形

为了确保消费者的合法权益,除了对提供电子商务格式条款一方作出的限制外,法律还明确规定了电子商务格式合同无效及条款无效的情形。

1)无效的电子商务格式合同

无效的电子商务格式合同主要有:无民事行为能力人签订的电子商务格式合同;双方以虚假的意思表示签订的电子商务格式合同;违反法律、行政法规的强制性规定签订的电子商务格式合同;违背公序良俗签订的电子商务格式合同;双方恶意串通,损害他人合法权益而签订的电子商务格式合同。

2)电子商务格式合同中免责条款无效的情形

(1)电子商务格式合同中免除造成对方人身损害的责任;免除因故意或者重大过失造成对方财产损失的责任条款无效。

(2)提供电子商务格式合同的一方不合理地免除或者减轻其责任、加重对方责任、限制对方主要权利的条款无效。

(3)提供电子商务格式合同的一方排除对方主要权利的条款无效。

4. 电子商务格式合同的解释规则

电子商务格式合同的解释规则是指在履行电子商务格式合同过程中,如果双方对合同的条款含义发生争议时,对争议条款的含义进行解释时所使用的规则。

民法典规定,对格式条款的理解发生争议时,应按照通常理解予以解释。如果有两种以上解释的,作出不利于提供格式条款一方的解释;格式条款与非格式条款不一致的,应采用非格式条款。

▶ 2.4 电子商务合同的履行

2.4.1 电子商务合同履行的概念和原则

1. 电子商务合同履行的概念

电子商务合同履行是指电子商务合同的当事人按照合同的约定或法律的规定,全面地、正确地履行自己所承担的电子商务合同义务,使得债权人的债权得以实现。

当事人订立电子商务合同的目的就是为了履行合同,实现合同所约定的债权。

履行既可以是积极的作为,如积极支付价款,也可以表现为消极的不作为,如经营者在多久时间内不得以什么价格出售相同品质的商品。合同的履行是导致合同关系消灭的主要原因。

2. 电子商务合同履行的原则

《民法典》第五百零九条规定了合同履行的原则,即全面履行原则、诚实信用原则、绿色原则。电子商务合同的履行也应遵循合同履行的原则。

1)全面履行原则

全面履行原则又称适当履行原则,或正确履行原则,是指当事人应当按照电子商务合同的约定或者法律的规定全面、适当地履行合同。

全面履行是指电子商务合同当事人按照合同约定的标的物品种、规格、数量、质量,由适当的主体在适当的期限、适当的地点,以适当的方式全面、正确地完成合同义务。只有债务人全面履行合同义务,债权人的合同权利才可得以实现。因此,从订立合同的目的角度理解,全面履行原则是合同履行中的一个重要原则。

《电子商务法》第二十条规定,电子商务经营者应当按照承诺或者与消费者约定的方式、时限向消费者交付商品或者服务,并承担商品运输中的风险和责任。但是,消费者另行选择快递物流服务提供者的除外。

2)诚实信用原则

诚实信用原则是民法的基本原则,也是电子商务合同履行的基本原则。

诚实信用原则要求电子商务合同当事人信守合同关系中的给付义务,诚实、善意地实施给付。除此之外,电子商务合同当事人仍需根据合同的性质、目的和交易习惯履行通知、协助、保密等义务。比如,电子商务合同的消费者在提交订单后,需要告知经营者自己的住址,协助经营者履行发货义务。

3)绿色原则

民法典规定,合同当事人履行合同,应避免浪费资源、污染环境和破坏生态。这一点在电子商务合同的履行过程中同样适用。比如,在快递物流合同中,法律规定快递物流服务提供者应遵守绿色原则。《电子商务法》第五十二条第二款规定,快递物流服务提供者应当按照规定使用环保包装材料,实现包装材料的减量化和再利用。

2.4.2　电子商务合同履行的规则

依据电子商务合同履行的全面原则、诚实信用原则，电子商务合同履行的规则如下。

1. 给付义务的履行

(1) 履行主体要适当。一般意义上，电子商务合同的履行主体是订立合同的经营者和消费者。经营者依据合同约定交付销售的商品或者提供服务，消费者依照约定支付价款，并接受购买的商品和服务。电子商务的其他参与者之间订立的电子商务合同，比如，平台服务协议、物流服务合同、电子支付协议等，合同主体均应以合同约定的内容履行债务。

(2) 履行标的要适当。通常情形下，电子商务合同履行的标的包括商品、服务。履行标的适当是指债务履行的标的应当完全符合电子商务合同约定的内容，包括标的数量适当、标的质量适当、价格适当。

(3) 履行期限要适当。履行期限适当是指电子商务合同的当事人应按合同约定的期限履行债务和接受履行。任何一方不得无故逾期或者迟延。

(4) 履行地点要适当。履行地点适当，就是指电子商务合同的当事人按照约定的履行地点履行债务。经营者需要按照约定的地点向消费者交付销售的商品或者提供的服务。

2. 附随义务的履行

附随义务是基于诚实信用原则而产生的规则。根据电子商务合同的性质、目的和交易习惯，电子商务合同的当事人在履行债务时，还需履行通知、协助、保密等附随义务。

(1) 通知义务。电子商务合同的履行过程中，一方当事人应将履行的具体情形通知另一方当事人。比如，电子商务经营者在委托物流服务提供者将货物运送到消费者提供的收货地后，应通知消费者，使消费者能及时收取商品。

(2) 协助义务。指当事人在履行电子商务合同的过程中应相互配合，配合对方履行义务，给对方履行义务提供便利。比如，消费者收取商品后，应履行确认货物已经收到的义务。

(3) 保密义务。因电子商务合同的订立、履行而了解对方商业秘密或者个人信息，当事人不得向任何人泄露其秘密或者隐私。

除了电子商务合同当事人约定的保密义务条款，法律也对电子商务经营者的保密义务做了规定。例如，《电子商务法》第二十三条规定，电子商务经营者收集、使用其用户的个人信息，应当遵守法律、行政法规有关个人信息保护的规定。

2.4.3　电子商务合同标的的交付及履行补正规定

1. 电子商务合同的交付方式及交付时间

(1) 标的为商品。标的为商品的，通过快递物流方式交付，收货人的签收时间为交付时间。以快递方式交付的商品，一般由卖方承担送货或递送义务，在收货方签收前，货物处于卖方或物流公司的控制之下，收货方无法实际控制商品，因此，法律规定以买方签收时间为商品交付的时间。通过快递物流方式交付商品的时间是收货人实际占有商品的时间。

(2) 标的为提供服务。电子商务合同的标的为提供服务的，标的交付时间为生成的电子凭证或者实物凭证中载明的时间。例如，双方当事人约定，一方在一定的时间内向他方提供劳务，另一方支付报酬的电子商务合同中，提供劳务的时间为电子或者实物凭证中所载明的时间。

凭证没有载明时间或者载明时间与实际提供服务时间不一致的，以实际提供服务的时间为准。

(3)标的为在线传输的数字产品。电子商务合同的标的为在线传输数字产品的,标的的交付时间为标的物进入对方当事人指定的特定系统且能够检索识别的时间。以在线传输数字产品为标的的是无形的信息产品,电子商务合同当事人通过网络传输相应的数据信息的途径完成标的交付。该类标的交付时间不应以签收时间为准,而应以发送的信息产品进入消费者的特定系统且能够为消费者检索识别时间为准。如在线游戏道具、各类软件等。

(4)电子商务合同当事人对交付商品或者提供服务的方式、时间另有约定的,按照其约定进行。

2. 电子商务合同的履行补正规定

《民法典》第五百一十一条规定,如果合同内容约定不明确,按下列规定予以确定。

(1)质量要求不明确的,按照强制性国家标准履行;没有强制性国家标准的,按照推荐性国家标准履行;没有推荐性国家标准的,按照行业标准履行;没有国家标准、行业标准的,按照通常标准或者符合合同目的的特定标准履行。

(2)价款或者报酬不明确的,按照订立合同时履行地的市场价格履行;应当依法执行政府定价或者政府指导价的,依照规定履行。

(3)履行地点不明确,给付货币的,在接受货币一方所在地履行;交付不动产的,在不动产所在地履行;其他标的,在履行义务一方所在地履行。

(4)履行期限不明确的,债务人可以随时履行,债权人也可以随时请求履行,但是应当给对方必要的准备时间。

(5)履行方式不明确的,按照有利于实现合同目的的方式履行。

(6)履行费用的负担不明确的,由履行义务一方负担;因债权人原因增加的履行费用,由债权人负担。

电子商务中,其他民事主体之间订立的电子商务合同,比如线上对线下订立的电子商务合同中,如果合同内容约定不明确,按《民法典》第五百一十一条规定予以确定。

2.4.4 电子商务合同履行中的抗辩权

1. 电子商务合同抗辩权的概述

抗辩权又称异议权,是指义务人在合同履行中对抗他人请求权的权利。民法典规定了同时履行抗辩权、先履行抗辩权、不安抗辩权。这三种类型的抗辩权也同样适用于电子商务合同的履行。

电子商务合同的抗辩权,目的是避免自己履行合同义务后得不到对方履行的风险,并使对方当事人产生及时履行或者提供担保的压力,从而使自己的合同权利得以保障。

2. 同时履行抗辩权

1)同时履行抗辩权的概念

同时履行抗辩权是指在双务合同中,当事人互负债务,没有先后履行顺序的,应当同时履行。一方在对方履行之前有权拒绝其履行请求。一方在对方履行债务不符合约定时,有权拒绝其相应的履行请求。

在双务合同中当事人的权利义务是对等的,如果一方不履行自己的义务却要求对方履行义务,这是不公平的。

2)电子商务合同中,同时履行抗辩权的适用条件

(1)当事人须因同一双务电子商务合同而互负债务。

(2)当事人双方互负的债务没有先后履行顺序,且均已届清偿期。

比如,电子商务中的商品买卖,双方约定经营者发货的同时,消费者支付货款,那么,经营者没有发货就请求消费者支付货款,消费者可以行使同时履行抗辩权,在经营者没有发货时拒绝支付货款。

(3)须对方未履行债务或未提出履行债务。

当事人一方行使同时履行抗辩权,必须以对方未履行债务或者未提出履行债务为前提。未履行债务通常包括拒绝履行、迟延履行、履行不适当等。

(4)须相对方在客观上有履行的可能。

如果因不可归责于双方当事人的事由导致履行不能而免责,该当事人免除义务,他方当事人也免除对待债务,自然不发生同时履行抗辩权。

3)行使同时履行抗辩权产生的法律效果

电子商务合同的当事人行使同时履行抗辩权,只能发生债务延期履行的效果,目的是促使对方当事人履行自己的债务,相对方并不因此而丧失其电子商务合同上的请求权。

3. 先履行抗辩权

1)先履行抗辩权的概念

先履行抗辩权是指在双务合同中,当事人互负债务,有先后履行顺序,应当先履行债务一方未履行的,后履行一方有权拒绝其履行请求。先履行一方履行债务不符合约定的,后履行一方有权拒绝其相应的履行请求。

2)先履行抗辩权行使的条件

行使先履行抗辩权须符合以下条件:

(1)当事人因同一双务合同而互负债务。

(2)须是合同双方债务的履行有先后顺序。

先后顺序可以是合同约定,也可以是法律规定。主张先履行抗辩权的只能是负有后履行合同债务的一方当事人。

(3)须为先履行一方未履行债务或未按约定履行债务。

(4)须是先履行一方当事人应当先履行的债务客观上是可能的。

如果履行已无可能,则无须行使先履行抗辩权。

3)行使先履行抗辩权产生的法律后果

(1)行使先履行抗辩权的一方当事人在履行期届满时,拒绝履行自己的合同义务。

(2)先履行一方不履行合同债务时,后一方债务人行使先履行抗辩权可以不通知对方。

(3)先履行一方的履行有重大瑕疵或者只部分履行时,后一方债务人行使先履行抗辩权时应通知对方,以便对方补正瑕疵或者防止损失扩大。

(4)先履行义务人采取了补救措施,使合同的履行趋于正常,能满足另一方履行利益时,先履行抗辩权消灭,行使先履行抗辩权的一方应及时恢复履行,否则构成违约。

(5)当事人行使履行抗辩权无果时,可以根据法定条件通知对方解除合同,并有权要求对方承担违约责任。

4. 不安抗辩权

1)不安抗辩权的概念

不安抗辩权是指在双务合同中,应当先履行债务的当事人有确切证据证明相对方有丧失或可能丧失履行能力的情形时,有权要求后履行一方提供必要的担保,否则可以中止履行自己债务的权利。

2)电子合同中不安抗辩权的适用条件

(1)当事人须因同一双务合同互负债务。

(2)当事人各自债务的履行有先后顺序之分。

不安抗辩权是先履行义务一方所享有的权利,行使该权利无须以诉讼方式进行,权利人可以通知对方的方式直接行使不安抗辩权。应当及时通知对方当事人,未经通知,不得对抗对方当事人。

(3)须先履行义务的一方当事人有确切证据证明后履行义务一方当事人有丧失或可能丧失履行债务的能力。这是行使不安抗辩权的实质要件。

先履行一方可以适用不安抗辩权的四种情形：一是后履行义务一方经营状况严重恶化；二是后履行义务一方转移财产、抽逃资金,以逃避债务的；三是后履行义务一方严重丧失商业信誉的；四是后履行义务一方有其他丧失或者可能丧失履行债务能力的情况。

3)行使不安抗辩权产生的法律效果

当事人行使不安抗辩权后,会产生以下法律效力。

(1)行使不安抗辩权的一方中止履行。这种中止履行不构成违约。行使不安抗辩权的一方应当及时通知对方当事人,未经通知,不得对抗对方当事人。在诉讼或者仲裁中,主张不安抗辩权的一方负有举证责任。

(2)行使不安抗辩权的一方有权要求对方提供适当担保。

(3)恢复履行或者解除合同。中止履行后,对方在合理期限内恢复履行能力或者提供担保的,中止履行的一方应恢复履行。如果对方当事人在合理期间内未恢复履行能力,也未提供担保的,主张不安抗辩权的一方当事人有权解除合同。

【本章小结】

本章首先介绍了电子商务合同的概述,其中包括合同的概念特征,电子合同的概念特征,电子商务合同的概念,然后介绍了电子商务合同的订立过程,在电子商务合同订立中,介绍了电子商务要约,电子商务承诺,电子商务成立的时间、地点；接着介绍了电子商务合同的效力,包括无效的电子商务合同、效力待定的电子商务合同、可变更的电子商务合同；对电子商务合同的效力进行介绍之后,介绍了电子商务合同的履行规则及电子标的的交付。

【思考题】

1. 简述电子商务合同的概念。
2. 电子商务要约、电子商务承诺的构成要件是什么？
3. 如何判断电子商务要约、电子商务承诺的生效时间？
4. 如何理解电子商务合同生效的时间、地点？
5. 电子商务合同的效力分为哪几种类型？
6. 如何判断无效电子商务格式合同及电子商务格式合同的无效条款？
7. 电子商务合同的履行规则有哪些？
8. 如何理解电子商务合同中电子标的的交付？

拓展内容(2)

第3章 电子商务信息发布相关法律法规

【典型案例】

南京某文化传媒有限公司发布违法广告案

当事人在自设网站发布培训广告,广告中对培训学员通过培训获得收益情况进行宣传,并含有"我们用最好的课程和最牛的工作培养最赚钱的自媒体人""是国内最大最全的自媒体运营学院",以及"是国内首家一对一量身定制学习计划,内容一站式服务机构!"等无法证实的内容,违反了《广告法》第九条第(二)项、第二十四条第(三)项、第二十八条第二款第(五)项的规定,2019年3月,南京市栖霞区市场监督管理局对其做出行政处罚,责令其停止发布涉案违法广告,并处罚款11.2192万元。

▶ 3.1 电子商务信息发布概述

3.1.1 电子商务信息发布

1. 电子商务信息发布的作用

电子商务与传统的实体商务有所不同,电子商务依托于现代信息技术,实现商家与顾客之间的对接,完成商品贸易。电子商务可以实现高效率和快捷性商品交易,但相较于传统实体商务所独具的体验性,电子商务则无法完成,因此只能通过媒体对商品信息进行展示。消费者通过观看商家关于商品的文字描述、图片展示、流媒体表达来决定是否购买该商品。因此,媒体表现是否具有吸引力,成了能否促成交易的关键。

作为一种网络环境下的商务模式,电子商务使商务交易在很大程度上突破了时空的约束,实现了信息流的高效互通。通过电子商务系统的信息发布,商家可以让客户最大化了解自己的产品信息和商家形象等相关信息,提高客户对商品及相关信息的了解程度。商家向客户有效发布信息是减弱信息不对称造成不利影响的对策之一。

2. 电子商务信息发布的方式

1) 文本方式

基于Web的静态文本信息是电子商务网站的基本功能,在动态网页,基于B/S模式(浏览器和服务器架构模式)的电子商务信息系统能够利用服务器对脚本语言提供支持,在和数据库连接的同时实现信息的动态显示。服务器在响应用户需求的同时,能够将传输到客户浏览器终端的信息以HTML(超文本标记语言)的形式体现出来,实现对文本文字、图片、影音的有效表现。

2)图片方式

图片资料是网络信息传播的重要方式,图片在表达信息内容和形象的时候显示出自身的优势,能够增强图片信息的感染力,发布信息也可以多样化。用来做 Web 信息发布图片的格式有很多种,其中最为常见的格式是 GIF 图片和 JPEG 图片。

3)动态图像和声音方式

动态图像和声音在传播、表达信息的时候能够给人一种全方位的感觉,其中最为常见的是 Flash 动画和音视频文件。Flash 动画具有很强的交互性,配合相应的声音具有良好的表现力。音视频文件的表达和声音信息存在密切关联,在使用的时候一般需要占据较大的空间,在网络上具体以下载和传输两种形式存在。

3.1.2 网络广告及其分类

1. 网络广告的概念

网络广告是指在网络站点上发布的以数字代码为载体的经营性广告。从某种程度上讲,互联网已成为传统四大媒体之后的第五大媒体。

2. 网络广告的特点

1)覆盖面广

网络广告的传播范围广泛,可以把广告信息通过网络全天候、24小时不间断地传播到世界各地,不受地域限制,也不受时间限制。

2)自主性强

众所周知,报纸广告、杂志广告、电视广告、广播广告、户外广告等都具有强迫性,都要千方百计吸引目标受众的视觉和听觉,将其所要表达的内容强行灌输到目标受众的头脑中。而网络广告则属于按需广告,具有报纸分类广告的性质却不需要受众完成浏览,它可以让受众自由查询,大大节省受众的时间,避免无效被动地集中注意力。

3)统计准确性高

利用传统媒体做广告,要准确知道有多少人接收到广告信息几乎不可能。而网络广告,可以准确统计阅读人群及其相关特征。

4)实时性强

在传统媒体上做广告发版后很难更改,即使改动也需要付出一定的资金和浪费不少时间。而网络广告则不同,可以根据需要随时修改并即时呈现。

5)交互性和感官性强

网络广告的载体基本上是多媒体,是超文本格式文件,只要受众对某种产品感兴趣,仅需轻按鼠标就能进一步了解更多信息。

3. 网络广告的分类

(1)根据操作方法不同,网络广告分为点击广告、展示广告、投递广告。

点击广告:指通过点击可进入相应页面的网络广告、按钮广告、旗帜广告等。

展示广告:指自身只传递信息而不提供点击、不含交互的页面,最常见的是以企业形象为内容主题的广告。

投递广告:它是一种特殊的出现形式广告,主要是利用电子邮件发送广告宣传,往往是下载文件或程序时携带的广告。

(2)根据表现形式的不同,网络广告分为文字广告、图片广告、动画广告。

文字广告:以超链接的文字形式出现,一般放在网站或栏目的首页。常用引发点击率的手法,利用夸张的语句来吸引人或把广告同新闻标题放在一起,产生误点击。

图片广告:以静态图片作为主要形式来展示广告内容,这种广告比文字广告更吸引人。

动画广告:这是目前网络广告最主要的表现形式。动画比图片要生动得多,更容易吸引网民注意,这也是大屏幕广告的前身。

(3)根据网络广告尺寸大小的不同,网络广告分为按钮式广告、旗帜式广告和大屏幕广告。

(4)根据网络广告的查收方式,网络广告又可分为硬版广告、搜索广告、分类广告。

硬版广告:以直接的形式展现在受众眼前,如网站的文字链接、图片等,受众不用查找就可以直接浏览。

搜索广告:指利用搜索网站输入关键字的形式,目前多以点击、竞价的形式来获利。

分类广告:将信息分门别类,一般多以行业的形式,将大量信息合理区分开来,而获利形式基本是靠会员年收费实现。

3.1.3 网络广告规范

按照《中华人民共和国广告法》(以下简称《广告法》)的规定,广告是指商品经营者或者服务提供者承担费用,通过一定媒介和形式直接或间接地介绍自己所推销的商品或者所提供的服务的商业广告。广告是一种特殊的社会活动,在信息传播过程中会产生各种各样的社会关系。要使广告活动的社会关系正常、有序,朝着良性、健康的方向发展,有效维护社会经济秩序,就必须通过相应的法律规范对其进行调整。

1. 广告法有狭义和广义两种理解

(1)狭义的广告法专指《广告法》,它是我国历史上第一部比较全面地规范广告内容及广告活动的法律,是体现国家对广告的社会管理职能的部门行政法。

(2)广义的广告法是指除了《中华人民共和国广告法》外,还包括其他相关的管理广告活动的行政法规、地方性法规、行政规章等在内的具有规范性的法律文件。同时,其他法律,如我国《民法典》《消费者权益保护法》《反不正当竞争法》等涉及广告活动及广告管理内容的,也属广义的广告法范畴。

2. 我国的广告管理法规主要由法律、行政法规和行政规章组成

在广告法律法规体系中,广告法具有最高的法律效力。它不仅是一切广告活动应遵守的共同规则,也是广告行政法规、地方性法规、行政规章等的建立依据。

国务院1982年制定并颁布施行的《广告管理暂行条例》是我国第一个全国性的统一《广告法》执行条例,1987年国务院颁布了《广告管理条例》,同时废止《广告管理暂行条例》。

目前,我国涉及广告规范的法律、行政法规有十几种,行政规章有近百个。这些法律法规和行政规章同广告法一起,形成了我国广告监督管理的法律体系,是广告法的重要补充。广告法出台以后,这些法律、法规和行政规章,将在更大范围内依照《广告法》的基本精神,继续发挥其积极作用。同时,有些法律、规章也将根据《广告法》的具体规定,进一步健全、完善。

3.2 网络广告法律法规

3.2.1 网络广告法律法规概述

1. 广告法

《中华人民共和国广告法》是为了规范广告活动,保护消费者的合法权益,促进广告业的健康发展,维护社会经济秩序而制定的法律。由中华人民共和国第十二届全国人民代表大会常务委员会第十四次会议于2015年4月24日修订通过,自2015年9月1日起施行。

1) 广告法的修订

《广告法》由中华人民共和国第八届全国人民代表大会常务委员会第十次会议于1994年10月27日通过,自1995年2月1日起施行。

2015年4月24日,广告法修订草案三审稿在全国人大常委会十四次会议表决通过。表决稿新增规定,利用互联网发布广告,未显著标明关闭标志,确保一键关闭的,将处五千元以上三万元以下的罚款。

新广告法明确规定,任何单位或者个人未经当事人同意或者请求,不得向其住宅、交通工具等发送广告,也不得以电子信息方式向其发送广告。在互联网页面以弹出等形式发布的广告,应显著标明关闭标志,确保一键关闭。违者将被处五千元以上三万元以下罚款。

新法明确规定,广告不得含有虚假或者引人误解的内容,不得欺骗、误导消费者。禁止在大众传播媒介或公共场所等发布烟草广告;禁止利用其他商品或服务的广告、公益广告,宣传烟草制品名称、商标等内容。

2) 调整对象及其法律关系

广告管理法规是我国政治、法律制度的一个重要组成部分,主要用来调整广告主、广告经营者、广告发布者和消费者在广告活动中的经济关系。广告管理法规既是我国广告管理机关进行广告管理的主要依据,又是广告主、广告经营者、广告发布者从事广告活动应该遵循的基本准则。

不同的法律规范具有不同的调整对象,广告法的调整对象是广告法律规范所调整的各种社会关系。《广告法》第二条第一款规定,广告主、广告经营者、广告发布者在中华人民共和国境内从事广告活动,应当遵守本法。同时,第二条第二款又指出该法所调整的广告仅限于商业广告。对于其他的广告形式,比如公益广告等活动规范,需要其他相关法规作出调整。

就广告法所调整的行为主体对象而言,主要包括以下几个方面的关系。

广告活动主体(包括广告主、广告经营者、广告发布者)在委托设计、制作、代理、发布广告活动中发生的民事关系。

广告监督管理机关及其工作人员,在依法监督、管理、检查广告的各种活动中发生的广告管理关系。

广告审查机关及其工作人员,在依法审查广告的各种活动中发生的广告审查关系。

广告中向消费者推荐产品或服务的各类市场中介机构、社会团体及其他组织,在参与广告活动中发生的关系。

广告监督管理机关、广告审查机关、司法机关,在进行广告违法行为的处罚和解决广告活动过程中发生的关系。

不难看出,广告法的调整对象涉及广告活动的方方面面,同时各种关系既是各自独立的,又是相互联系、不可分割的。

2. 互联网广告管理暂行办法

2016年7月,国家市场监督管理总局发布《互联网广告管理暂行办法》(以下简称《暂行办法》),并于9月1日起施行。《暂行办法》旨在从互联网广告实际出发,落实新《广告法》的各项规定,规范互联网广告活动,保护消费者的合法权益,促进互联网广告健康发展,维护公平竞争的市场经济秩序。

我国互联网广告发展迅速,已成为我国广告产业最大和增速最快的板块,成为商品生产经营者及服务提供者的重要选择。互联网广告迅速发展的同时,问题也逐步显现。监测显示,互联网虚假违法广告问题时有发生。由于互联网广告诸多不同于传统广告的特性,各级工商、市场监管部门在查办虚假违法的互联网广告案件时,遇到许多特殊问题和困难,亟须通过立法立规解决。

《暂行办法》对互联网广告概念的外延进行了描述,"本办法规定的互联网广告,是指通过网站、网页、互联网应用程序等互联网媒介,以文字、图片、音频、视频或者其他形式,直接或者间接地推销商品或者服务的商业广告",包括以推销商品或者服务为目的的,含有链接的文字、图片或者视频等形式的广告,电子邮件广告,付费搜索广告,商业性展示中的广告,以及其他通过互联网媒介发布的商业广告等。

《暂行办法》要求,互联网广告应当具有可识别性,显著标明"广告",使消费者能够辨明其为广告。付费搜索广告应当与自然搜索结果明显区分。互联网广告的广告主对广告内容的真实性负责,广告发布者、广告经营者按照《广告法》的规定履行查验证明文件、核对广告内容的义务。

对互联网广告违法行为,《暂行办法》规定了以广告发布者所在地管辖为主,广告主所在地、广告经营者所在地管辖为辅的管辖原则。互联网广告违法行为一般由广告发布者所在地管辖;如果广告主所在地、广告经营者所在地工商、市场监管部门,先行发现违法线索或者收到投诉、举报的,也可以进行管辖。广告主自行发布广告的,由广告主所在地管辖。

《暂行办法》还规定了互联网广告程序化购买经营模式中,各方参与主体的义务与责任,互联网广告活动的行为规范,工商、市场监管部门在查处互联网广告违法行为时可以行使的职权,以及实施违法行为的法律责任等。

1)《暂行办法》的施行目的

互联网广告的经营额已经超过传统广告经营额的总和,已经越来越多地渗透到工作和生活当中。同时,互联网广告中的违法现象屡屡发生,亟需一部规范互联网广告的管理办法。

2)互联网广告的范畴

根据《暂行办法》的规定,通过网站、网页、互联网应用程序等互联网媒介,以文字、图片、音频、视频或其他形式,直接或者间接推销商品或者服务的商业广告服务都属于互联网广告的范畴。具体包括以下五类。

(1)推销商品或者服务的含有链接的文字、图片或者视频等形式的广告:有的时候展现的是一个推销商品或服务的文字、图片,或者视频,点开之后,会链接到一个目标网站,其目的是为了推销商品或服务。

(2)推销商品或者服务的电子邮件广告:邮箱里往往会有邮件广告,根据《消费者权益保护法》和《广告法》的规定,不经本人同意是不能发送的。

(3)推销商品或者服务的付费搜索广告:如像搜索服务平台中的付费搜索、电子商务平台中垂直搜索的付费搜索广告,都是以推销商品或者服务为目的的,通过一些方法改变了自然搜索的排名或者位置,这属于付费搜索广告。

(4)推销商品或者服务的商业性展示广告:打开一个商品的网页后,有很多商业展示性的广告,这种形态比较明显。但广告法律法规规定,经营者应当向消费者提供的信息展示,要遵照相关规定。因为消费者有知情权,所以,按规定对产品的材质、成分、功效等信息向消费者提供客观说明,这类信息和广告是有区别的。

(5)其他通过互联网媒介推销商品或者服务的商业广告:《广告法》明确规定大众传播媒介发布的广告应当对广告明显标注"广告"二字。《暂行办法》明确规定,凡是互联网上发布的广告,都要标注"广告"二字。也就是说,发布互联网广告应当具有可识别性,显著标明"广告"这两个字,能够使消费者辨明其为广告。如果不标注的话,就和《广告法》《暂行办法》的规定不一致,要承担一定的法律责任。

3. 消费者权益保护法

1)电子商务消费者的权利

(1)安全权。电子商务消费者的安全权是指消费者购买商品或接受服务中所涉及的生命安全权、健康安全权、财产安全权等权利。前两项称为人身权,第三项为财产权。

消费者的生命安全权:指消费者的生命不受危害的权利。如因产品内含有的部件或整件爆炸而致使消费者身体乃至生命受到损害,就是侵害了消费者的生命安全权。

消费者的健康安全权:指消费者的身体健康不受损害的权利。如因商品含有的某种物质超标而致使消费者身体受到损害,就是侵害了消费者的健康安全权。

消费者的财产安全权:指消费者的财产不受损失的权利。如财产的外观损毁、价值减少等。

(2)知情权。消费者的知情权是指消费者享有知悉其购买、使用的产品或者接受的服务的真实情况的权利。根据商品或服务的具体情形不同,对产品或服务的信息的要求也会有所差别,在选择、购买、使用产品或服务的过程中,与消费者作出正确的判断有直接联系的信息,消费者都应有权了解。消费者知情权的内容包括产品或者服务的基本信息、技术信息和销售信息三个方面。

产品或者服务的基本信息:主要包括产品名称、商标、产地、生产者名称、生产日期等。例如,电子商务平台上列示的产品的产地、生产者等,都应该是明确的。因为产地、生产者不同,可能决定着产品的品质和性能也不同。

技术信息:主要包括产品用途、性能、规格、等级、所含成分、有效期限、使用说明书、检验合格证书等,如食品的生产日期、有效期限等。涉及产品使用中可能会出现不当或不适的,在说明书中应该明确。

销售信息:主要包括商品或服务的价格、运输、安装、售后服务等,如商品的价格,特别是服务的收费等。售后服务也是与消费者联系比较密切的事项,如保修期、服务站点、收费等内容,应该明确。

(3)选择权。消费者的选择权是指消费者根据自己的需要,自主选择商品或服务,然后决定是否购买或接受的权利。消费者有权根据自己的情况和意愿来自主选择自己愿意购买的产品或接受的服务(包括收入、需要、意向、兴趣等)。《消费者权益保护法》第九条规定,消费者享有自主选择商品或者服务的权利。消费者有权自主选择提供产品或服务的经营者,自主选择产品品种或服务方式,自主决定购买或不购买任何一种产品、接受或不接受任何一项服务。消费者在自主选择产品或者服务时,有权进行比较、鉴别和挑选。

(4)公平交易权。交易公平性保证是维护消费者权益的重要内容,是消费者在购买产品或接受服务时所享有的与经营者进行公平交易的权利,具体包括获得质量保障和价格合理、计量正确等公平交易条件的权利。《消费者权益保护法》第十条规定,消费者享有公平交易的权利。消费者在购买商品或者接受服务时,有权获得质量保障、价格合理、计量正确等公平交易条件,有权拒绝经营者的强制交易行为。

(5)退货权。消费者退货权是指消费者按照法律规定或约定,在期限内对所购买商品无条件要求退货,而经营者应当无条件予以退货的权利。退货权是消费者的一种特殊权利,其实质是消费者知情权和选择权的延伸,有人称之为"反悔权",是对处于弱势地位的消费者的保护方法。

(6)索赔权。消费者索赔权是指消费者购买、使用产品或接受服务,合法权利受到损害时享有依法获得赔偿的权利。在《消费者权益保护法》和相关法律法规中,规定消费者的索赔权利主要包括:消费者安全权(人身或财产)受到损害的索赔权,超时服务的索赔权(事后索赔、事中索赔),产品存在缺陷造成损害的索赔权等。

(7)个人信息权。个人信息权是指个人享有的对本人信息的支配、控制和排除他人侵害的权利。个人信息权利的内容,主要包括信息决定权、信息保密权、信息查询权、信息更正权、信息封锁权、信息删除权和信息报酬请求权等。

关于个人信息权利,我国民法典规定,自然人的个人信息受法律保护。任何组织和个人需要获取他人个人信息时,应当依法取得并确保信息安全,不得非法收集、使用、加工、传输他人个人信息,不得非法买卖、提供或者公开他人个人信息。

2)电子商务经营者的义务

电子商务消费者权益的保护关键在于明确消费者的权利和经营者的义务。经营者的义务既包括其承担的对消费者的义务,即平等主体间的义务,也包括其对国家和社会的义务,履行法定义务本身就是经营者的义务。《消费者权益保护法》第十六条规定:"经营者向消费者提供商品和服务,应当依照本法和其他有关法律、法规规定履行义务。"

结合消费者权益保护法的规定和我国电子商务发展的现状,电子商务经营者向消费者提供产品或者服务,应依法履行如下义务。

(1)提供符合要求的产品和服务的义务,即网上经营者有义务保证向消费者提供的产品和服务的质量。

(2)保障网上消费者人身和财产安全的义务,即保证产品或服务符合人身和财产安全的要求。

(3)标明其真实名称和标记的义务,即网上经营者须对自己的信息作出详细披露,使消费者对其能够充分了解。

(4)不做虚假宣传、不得从事不公平交易和不合理交易的义务,即保证其以广告和产品介绍方式向消费者提供的质量状况与产品实际质量状况相符,不得侵害消费者的公平交易权和自主选择权。

(5)承担"三包"和其他责任的义务。

(6)保护网上消费者个人信息的义务,这是由电子商务活动的特殊性决定的,它要求网上经营者不得滥用消费者的个人信息并保证这些信息的安全。

3.2.2 网络广告主体的责任和义务

依照《广告法》第二条的规定,商业广告活动中有四种角色:广告主、广告经营者、广告发布者、广告代言人,不同的角色对应不同的定义、职责和法律责任。

1. 网络广告主

《广告法》第二条第二款规定,"广告主,是指为推销商品或者服务,自行或者委托他人设计、制作、发布广告的自然人、法人或者其他组织。"网络广告依托的技术形式、展现方式等都在不断发生创新和革命,广告发布者、广告经营者之间的界限变得模糊,会给主体认定和权利义务承担带来很多困扰,但唯独广告主没变。广告的表现形式始终围绕广告和广告主的需求变化,因此厘清网络广告法律关系,首先要明确广告主的法律责任。

1)网络广告主的主体认定

广告主的界定应遵循以下几条标准。

(1)广告主必须是以推销商品或服务为目的的自然人、法人和其他组织。

(2)广告主可以自行设计、制作广告,不必认定为广告经营者,此时广告经营者身份被广告主身份吸收。

(3)广告主可以自行或委托他人发布广告,不必认定其为广告发布者。《暂行办法》第十条第三款规定"广告主可以通过自设网站或者拥有合法使用权的互联网媒介自行发布广告,也可以委托互联网广告经营者、广告发布者发布广告"。此处"自设网站"指广告主利用自己的官网发布广告,"拥有合法使用权的互联网媒介"指广告主的官方微博或者官方微信公众号、头条号等自媒体营销渠道。此情况下广告发布者的身份被广告主的身份吸收。

(4)广告主对通过他人媒介资源发布的广告内容进行实质性修改的,应当以书面等可被确认的方式通知互联网广告经营者、发布者,但不必通知网络信息服务提供者。因为网络信息服务提供者仅提供信息媒介平台,不参与具体的广告经营活动,因此不是通知对象。

2)网络广告主的法定义务

广告主的义务应当至少包括以下内容。

(1)广告主应当对广告内容的真实性负责,是虚假广告的第一责任人。

(2)广告主应当有真实、合法、有效的行政许可等证明文件。

(3)广告主自行或者委托他人进行设计、制作、代理,应当具有相应资格或者提供相应证明文件。

(4)广告主应当通过有资质的广告经营者、发布者开展广告活动。

(5)广告主应当承担民事责任的情形包括:在广告中损害未成年人或者残疾人的身心健康的,假冒他人专利的,贬低其他生产经营者商品、服务的,在广告中未经同意使用他人名义、形象的,其他侵犯他人合法民事权益的。

(6)网络广告主委托发布、修改广告时,应当以书面等可以被确认的方式通知受委托的网络广告经营者、发布者。《暂行办法》规定了广告主的通知义务,进一步明确了广告主的第一责任人地位。

2. 网络广告经营者、发布者

随着网络广告的技术创新和市场的细分发展,大数据精准投放、广告主对目标客户的定位、广告联盟的诞生,以及多样化的广告费用计算模式等因素,使得我们对网络广告经营者、发布者的认定变得更为复杂。

1) 对网络广告经营者的认定

《广告法》第二条第三款规定,"广告经营者,是指接受委托提供广告设计、制作、代理服务的自然人、法人或者其他组织。"区分广告经营者、发布者与广告主的关键点是"是否接受他人委托"。归根结底,广告经营者、发布者要接受广告主的委托,为广告主提供服务,并为推销广告主的商品或服务开展后续工作。

2) 对网络广告发布者的认定

《广告法》第二条第四款规定,"广告发布者,是指为广告主或者广告主委托的广告经营者发布广告的自然人、法人或者其他组织。"由此,为广告主或受委托的广告经营者发布广告。若为自己发布广告则为广告主。随着互联网信息技术的发展,自媒体成为广告发布的渠道,因此,新《广告法》增加了自然人主体。与传统媒体发布广告不同,网络广告发布者不是在自己的广告展现平台上发布广告,而是利用自设网站和拥有合法使用权的互联网媒介帮助别人发布广告。

3) 网络广告发布者、广告经营者的法定义务

网络广告发布者、广告经营者的法定义务至少包括以下内容。

(1) 建立健全网络广告业务的承接登记、审核和档案管理制度。

(2) 审核查验并登记广告主的名称、地址、有效联系方式等主体身份信息,建立登记档案并定期核实更新。

(3) 应当查验有关证明文件,核对广告内容,不得设计、制作、代理、发布内容不符或者证明文件不全的广告。

(4) 应当配备熟悉广告法规的广告审查人员,有条件的应当设立专门机构,负责网络广告的审查。

3. 网络广告代言人

近年来,名人代言虚假广告的情况时有发生,因此,《广告法》修订时专门在总则部分增加了相关规定,并进行定义,包含的意思是:广告代言人是广告主以外的人,利用自己的独立人格,以自己的名义或形象对商品、服务做证明、推荐,这是区分广告代言和广告表演的重要界限,而且主体类型多样,可以是自然人、法人或其他组织。

1) 对广告代言人的界定

对网络广告代言人的界定,应区分以下情况。

(1) "以自己的名义""利用自己的独立人格"指在广告中明确表明自己的身份,名人或普通人都可以做代言人。

(2) 对某些知名度较高的明星、名人,虽然在广告中没有明确表明自己的身份,但对广告受众而言,可以辨认其身份的,也属于广告代言人。

(3) 对于利用名人卡通形象的,同第二点理由相同,只要对广告受众而言可以辨认其身份的,也属于以自己形象代言。

(4)如果在广告中既没有标明身份,对受众而言也难以辨认其身份的,属于广告表演,不承担代言人的法定义务和责任。

"推荐""证明"既包括直接以语言、行动,也包括以间接、隐蔽、引诱性的方式向消费者推荐某商品、服务,并证明其效果的。

2)广告代言人在网络广告中的特殊问题

广告代言人利用网络自媒体发布商品、服务的推荐、证明,如何认定是不是广告?关键看广告代言人是否接受了委托,是否收受了费用或其他有偿利益。如果是接受委托后发布的,为代言人;如果没有接受委托,只是自发、自觉地认为某种商品或服务的质量好、价格优等特点为其广告告知,属于体验式言论,是普通民事行为,不应认定为代言。

网络自媒体平台没有与该代言人签订广告合作协议,没有广告费用分成的,此时网络自媒体资源的提供者就是网络信息服务提供者,仅按照《广告法》第四十五条在"明知或应知"的情况下承担法律责任。

3.2.3 网络广告的法律责任

网络广告的法律责任是指广告主、广告经营者、广告发布者和广告代言人对其在广告活动中实施的违法违规行为及其造成的危害应当承担的带有强制性的法律责任,包括:民事责任、行政责任、刑事责任。

1. 民事责任

1)承担赔偿损失责任

违反广告法承担的民事责任的形式主要是赔偿损失。根据《广告法》的规定,有下列行为之一并给对方造成一定损失的,承担赔偿损失的责任。

(1)发布虚假广告,欺骗和误导消费者,并且使购买商品或者接受服务的消费者的合法权益受到损害的,由广告主依法承担民事责任。

(2)广告经营者、广告发布者明知或者应知广告虚假,仍设计、制作、发布的,依法承担连带责任。

(3)广告经营者、广告发布者不能提供广告主的真实名称、地址的,应当承担全部民事责任。

(4)关系消费者生命健康的商品或者服务的虚假广告,造成消费者损害的,其广告经营者、广告发布者、广告代言人应与广告主承担连带责任。

(5)社会团体或其他组织,在虚假广告中向消费者推荐商品或服务,使消费者的合法权益受到损害的,应依法承担连带责任。

2)承担民事责任

广告主、广告经营者、广告发布者违反规定,有下列侵权行为之一的,亦须依法承担民事责任。

(1)在广告中损害未成年人或者残疾人身心健康的。

(2)假冒他人专利的。

(3)贬低其他生产经营者的商品、服务的。

(4)在广告中未经同意使用他人名义或者形象的。

(5)其他侵犯他人合法民事权益的。

2. 行政责任

1)广告监督管理机关的行政处罚

广告主、广告经营者、广告发布者有下列情形之一,除法律有特别规定之外,由广告监督管理机关责令停止发布广告、公开更正、消除影响,并根据情节单处或者并处,没收广告费用、非法所得,处以广告费用1倍以上5倍以下的罚款;情节严重的,依法停止其广告业务。

(1)违法发布医疗、药品、医疗器械、保健食品、酒类、房地产、教育或培训广告的。

(2)在广告中涉及疾病治疗功能,以及使用医疗用语或者易使推销的商品与药品、医疗器械相混淆的用语的。

(3)违法发布农药、兽药、饲料、饲料添加剂、农作物种子、林木种子、草种子、种畜禽、水产苗种和种养殖广告的。

(4)违法发布招商等有投资回报预期的商品或者服务广告的。

(5)利用不满十周岁的未成年人作为广告代言人的。

(6)在中小学校、幼儿园内或者利用与中小学生、幼儿有关的物品发布广告的。

(7)发布针对不满十四周岁的未成年人的商品或者服务的广告的。

(8)未经审查发布广告的。

2)有关行政管理部门的行政处分

违反广告法有关规定的,行政管理部门可以采取的处理措施有:责令改正,没收广告费用或违法所得,罚款,暂停广告发布业务,吊销营业执照,吊销广告发布登记证件,一定期限内不受理其广告审查申请,以及记入信用档案,并依照有关法律、行政法规规定予以公示。

拒绝、阻挠市场监督管理部门监督检查,或有其他构成违反治安管理行为的,依法给予治安管理处罚;构成犯罪的,依法追究刑事责任。

3. 刑事责任

(1)利用广告对商品或者服务做虚假宣传,构成犯罪的,应当依法追究刑事责任。利用虚假广告推销假药、劣药、违法食品、伪劣农药,构成犯罪的,依法追究刑事责任。

(2)发布广告中有广告法严格禁止的情形,构成犯罪的,依法追究刑事责任。

(3)广告监督管理机关和广告审查机关的工作人员玩忽职守、滥用职权、徇私舞弊,情节严重,构成犯罪的,依法追究刑事责任。

▶ 3.3 网络促销法律法规

3.3.1 网络促销概述

1. 网络促销的定义及其法律适用

网络促销是指利用计算机及网络技术向虚拟市场传递有关商品和劳务的信息,以引发消费者需求,唤起购买欲望和促成购买行为的各种活动。

《规范促销行为暂行规定》是国家市场监督管理总局为规范经营者的促销行为,维护公平竞争的市场秩序,保护消费者、经营者合法权益而制定的部门规章。其第二条规定:"经营者在中华人民共和国境内以销售商品、提供服务(以下所称商品,包括提供服务)或者获取竞争优势为目的,通过有奖销售、价格、免费试用等方式开展促销,应当遵守本规定。"

关于网络促销监管,分别在第三条和第四条作出规定:"县级以上市场监督管理部门依法对经营者的促销行为进行监督检查,对违反本规定的行为实施行政处罚。""鼓励、支持和保护一切组织和个人对促销活动中的违法行为进行社会监督。"

2. 网络促销的特点

网络促销突出表现为以下几个明显的特点。

(1)网络促销是通过网络技术传递产品和服务的存在、性能、功效及特征等信息的。它是建立在现代计算机与通信技术基础之上的,并且随着计算机和网络技术的不断改进而改进。

(2)网络促销是在虚拟市场上进行的。这个虚拟市场就是互联网。互联网是一个媒体,是一个连接世界各国的大网络,它在虚拟的网络社会中聚集了广泛的人口,融合了多种文化。作为一个连接世界各国的大网络,它聚集了全球的消费者,融合了多种生活和消费理念,显现出全新的无地域、时间限制的电子时空观。在这个环境中,消费者的概念和消费行为都发生了很大变化。他们普遍实行大范围的选择和理性的消费,许多消费者还直接参与生产和流通的循环,因此,网络营销者必须突破传统实体市场和物理时空观的局限性,采用全新的思维方法,调整自己的促销策略和实施方案。

(3)在全球统一大市场中进行。互联网虚拟市场的出现,将所有的企业——无论其规模的大小——都推向了一个统一的全球大市场。传统的区域性市场正在被逐步打破,企业不得不直接面对激烈的国际竞争。全球性的竞争迫使每个企业都必须学会在全球统一大市场上做生意。如果一个企业不想被淘汰,就必须学会在这个虚拟市场中做生意。

(4)多媒体技术提供了近似于现实交易过程中的商品表现形式,双向的、快捷的信息传播模式,将互不见面的交易双方的意愿表达得淋漓尽致,也留给对方充分思考的时间。在这种环境下,传统的促销方法显得软弱无力,这种建立在计算机与现代通信技术基础上的促销方式还将随着这些技术的不断发展而改进。因此,网络营销者不仅要熟悉传统的营销技巧,而且需要掌握相应的计算机和网络技术知识,以一系列新的促销方法和手段,促进交易达成。

3. 网络促销的优点

相较于传统的促销方式,互联网背景下不同的促销方式更能够提高交易效率,更顺应现代大多数人利用互联网进行购买的潮流和趋势,对于提升消费者购买行为具有不同于传统促销方式的影响意义。

(1)市场范围更大。互联网的全球性使得互联网背景下的促销方式所面临的顾客也是全球性的,企业或者商家可以通过互联网将产品卖到世界的各个地方,通过互联网平台来宣传和推销自己的商品,并进行一系列的促销活动。利用互联网的促销方式,不局限于某个地方的消费者,而是能够对不同顾客群体的购买行为产生影响,从而发现世界各地的潜在顾客。互联网背景下的促销方式能够使企业的消费者市场范围进一步扩大。

(2)营销成本更低。互联网的出现打破了经过厂家、批发商和经销商等多渠道环节的传统营销模式。互联网为生产企业和消费者提供了虚拟平台,使得生产企业与经销商、消费者的交互性增强。企业通过互联网虚拟平台进行促销,大大降低了生产成本、渠道成本、存货成本。具体来说,企业与经销商进行交互,降低了生产成本;企业和消费者之间通过互联网建立直接联系的平台,减少了中间联系的渠道,大大降低了渠道成本;企业与消费者实现直接对接后,企业可以按照社会需求和消费者的个性化需要进行生产,避免出现大量库存,从而减少存货成本。企业在减少成本的同时,既可以实现企业本身利润的最大化,又可以适当降低销售价格。

价格往往是消费者是否产生购买行为的主导因素,销售价格更低,则可为消费者创造购买需求,提升购买行为。

(3)信息沟通更加高效。互联网是一个开放的信息交流平台,消费者可以通过网络平台反映个性需求,同时企业也可以通过网络搜集到消费者对于该企业产品和服务的评价,并根据市场的需要和消费者的需求及时做出调整,从而更加有效地提升企业的服务质量和产品的适应性。传统的促销方式基本上是使商家和消费者处于面对面的状态,并且从生产商到零售商要经过多个中间过程,信息传递缓慢;互联网则给消费者提供了一个全面了解产品和服务的信息平台,这些信息的传递是及时的,极大缩短了信息传递的时间,使信息的沟通传递更加高效。消费者在互联网平台上能够及时、全面地了解到一些商家的促销活动,从而提升消费者的购买欲望。

(4)消费者的选择空间更广。传统的促销活动被限制在一片固定的地域中,然而,在现代网络营销中,企业和商家可以利用互联网平台将自己的产品卖到世界的各个地方,当然,顾客也可以了解并买到来自全球各地的产品和服务,能对相同产品的各个商家不同的促销活动进行横向对比,这种全球范围内的市场可以加大消费者的选择空间,消费者能够在较大程度上缩短交易时间并降低交易成本。另外,企业利用互联网可以实现与消费者之间的"一对一"沟通交流,了解消费者的个性化需求,通过自身对产品和服务的改善来满足消费者,为消费者制定合适的促销活动,也提升了产品和服务的质量。

4. 网络促销方式选择

(1)网络广告。网络广告是网络营销最常提到的促销方式,它是指在网络上对产品和服务进行宣传的经营性广告。随着网络的高速发展和完善,网络广告已渐入人们的工作和生活,特别是网络广告具有交互性强、受众范围广、成本低、不受时间和空间的限制等优势,已经成为互联网背景下提升购买行为的重要促销方式。互联网的特点就是具有较强的交互性,浏览者在点击阅读具有有用信息的广告时,商家也可以随时收到反馈,全面了解消费者的需求;成本低,网络广告的投放成本比传统广告的投放成本要低得多;最重要的是,网络广告缩短了媒体的投放进程,消费者在看到网络广告上的促销活动时,就可以马上实施购买行为。

(2)公共关系。公共关系也称公关。它是指与企业相关者建立良好的社会关系,为企业经营管理者营造良好的营销环境。网络公共关系的优点在于,传统环境下传播的由新闻媒体报道的公共信息,在网络环境下可以由企业自己产生。企业通过网络上的各种存在形式,以及采取各种措施与网络公众增进了解,发放企业产品和服务的促销信息,引起消费者的购买行为,从而促进推广企业产品、服务,以及品牌的影响力。

(3)销售促进。销售促进是指企业合理组合运用各种营销手段,传递和沟通企业与顾客之间的信息,加深顾客对企业及产品的理解,帮助顾客在短时期内对产品形成好感,以促进产品销售。网络销售促进与传统促销方式大同小异,主要有展售会、展览会、赠品、折价券、虚拟商展、抽奖等方式,很多商家就采用"满××就送"和折扣促销活动;不同之处在于,网络销售促进以互联网为载体,并集结互联网平台具有的信息传递高效、可即刻产生购买行为等优势,实现提升消费者购买行为的目的。

(4)站点推广。站点推广是企业在网络上进行营销活动的阵地,站点能够吸引大量的访问者,是企业营销活动成功的关键。网络站点就是企业利用站点进行宣传,达到吸引互联网用户访问的目的,从而使用户对与该站点相关的企业及其产品和服务进行了解,达到推广产品和服务的目的。站点推广的方式主要有两种：一种是通过改进网站内容和服务吸引顾客访问；另一种是通过大量的广告进行宣传。

4. 网络促销的程序

根据国内外网络促销的大量实践，网络促销的实施程序可以由六个方面组成。

(1)确定网络促销对象。网络促销对象是针对可能在网络虚拟市场上产生购买行为的消费者群体提出来的。随着网络的迅速普及，这一群体也在不断增长，主要包括三部分人员：产品的使用者、产品购买的决策者、产品购买的影响者。

(2)设计网络促销内容。网络促销的最终目标是希望引起消费者的购买，这要通过设计具体的信息内容来实现。消费者的购买过程是一个复杂的、多阶段的过程，促销内容应当根据购买者所处购买决策过程的不同阶段和产品所处的寿命周期的不同阶段来决定。

(3)决定网络促销组合方式。网络促销活动主要通过网络广告促销和网络站点促销两种促销方法展开。但由于企业的产品种类不同，销售对象不同，促销方法与产品种类和销售对象之间将会产生多种网络促销的组合方式。企业应当根据网络广告促销和网络站点促销两种方法各自的特点和优势，根据自己产品的市场情况和顾客情况，扬长避短，合理组合，以达到最佳的促销效果。

网络广告促销主要实施"推战略"，其主要功能是将企业的产品推向市场，获得广大消费者的认可。网络站点促销的主要功能是吸引顾客，保持稳定的市场份额。

(4)制订网络促销预算方案。在网络促销实施过程中，企业感到最困难的是预算方案的制订。网上促销是一个新问题，价格、条件都需要在实践中不断学习、比较和体会，不断总结经验。只有这样，才可能用有限的精力和有限的资金收到尽可能好的效果，做到事半功倍。

(5)衡量网络促销效果。网络促销的实施过程到了这一阶段，必须对已经执行的促销内容进行评价，衡量促销的实际效果是否达到了预期的促销目标。

(6)加强网络促销过程的综合管理。在网络促销方案推进的过程中，要加强促销过程的综合管理，及时捕捉市场信息，根据情况制订相应对策，做出快速反应。

5. 我国网络促销环境的现状

(1)网络促销存在大量欺骗消费者的虚假信息。近年来，对于网络促销经营者而言，"双11""6·18"等大型狂欢节促销活动正是其增加销售量、增加收入的好时机。在实际活动中，很多经营者借助"双11""6·18"等活动对商品进行假定价、低打折或虚假打折等行为来诱导消费者消费的现象不断出现。对于网络运营商而言，商品评估的程度不仅可以反映运营商的商品质量，还可以表明运营商的个人声誉。在互联网上，买家经常把商品的质量等同于所售商品的数量和反馈信息的数量，这表明"好评"对商家有很大影响。绝大多数运营商都在绞尽脑汁提高良好评价率，以增加销售，提高收入。

(2)消费者隐私泄露。随着网络购物的兴起，潜伏在网络购物背后的诸多隐患渐渐浮出水面。最突出的莫过于消费者个人信息泄露，这就侵犯了在网络购物中消费者的隐私权，使得消费者的合法权益遭受侵害。在网络购物中，消费者隐私权遭到最严重侵害的当属个人身份信息的泄露，如姓名、身份证号码、家庭住址等；随着数字网络的发展，大数据技术的不健全影响着消费者个人信息的泄露。

(3)消费者维权渠道不通畅。司法管辖权不足、维权成本高，而且消费者从经营者身上取证困难等成为消费者维权的障碍。发票在网上消费中很少出现,这是我国的一种常见现象,但这种现象背后隐藏着保障消费者权益的崎岖道路。网络购物的兴起为消费者带来了购物方便简易的优势,使得消费者不出门就能轻松购物。消费者不仅可以轻松购物还能购买到性价比较高的商品,因此价格低廉成了网络购物的一大特色,但是这也使得消费者在发生购物纠纷时往往不知道如何维权,另一方面消费者也会因金额较少而选择不了了之。诸多方面综合到一起,使得消费者的维权之路难上加难。

3.3.2 网络促销规范

2020年10月,市场监督管理总局依据反不正当竞争法、消费者权益保护法、价格法等法律规定,制定出台《规范促销行为暂行规定》(以下简称《规定》),自2020年12月1日起施行。随后,该局又发布了《关于加强网络直播营销活动监管的指导意见》。2020年11月6日,市场监督管理总局、中央网信办、税务总局三部门召集27家主要互联网平台企业,举行规范线上经济秩序行政指导会,并从9个方面对互联网平台企业提出明确要求,进一步规范经营者促销行为,维护市场竞争秩序,进一步优化市场环境,保障消费者的合法权益。

1.《规定》的出台背景

(1)促销已经成为企业扩大销售量的重要手段,加强促销行为规范势在必行。随着经济社会快速发展,特别是网络经济的蓬勃发展,促销活动日益普遍,促销手段日渐多元,已成为引领市场竞争的新热点,在今后的市场竞争中仍将是一种重要的经营方式。巨奖销售、虚假促销、不履行优惠承诺等不正当促销手段日益多发,影响公平公正的市场竞争秩序,损害诚信经营者的合法权益。要加强对促销行为的规范,有效维护市场竞争秩序,为企业健康发展创造良好的市场环境很有必要。

(2)促销已经成为拉动消费的新型方式,加强消费者权益保护日益迫切。近年来,经营者通过促销活动让利于消费者,"6·18""双11"等促销季的电商平台成交量不断刷新,反映出促销对消费的强大拉动效果。与此同时,经营者利用互联网等新兴技术,使促销规则更加复杂,促销花样不断翻新,促销行为真假难辨。严厉打击各类不正当促销行为,真正让消费者在促销中"买不了吃亏、买不了上当",打造让群众放心的消费环境势在必行。

(3)市场监管规则需要不断完善,形成监管合力。市场监督管理总局成立后,不断加强市场监管规则整合力度,取得了显著成效。当前,我国对经营者促销行为的法律规范散见于反不正当竞争法、消费者权益保护法、价格法等多部法律。原《关于禁止有奖销售活动中不正当竞争行为的若干规定》难以全面体现上位法的新要求,迫切需要梳理、细化具体法律条款,制定一部规范促销行为的专门性规章。

2.《规定》的指导思想和基本原则

《规定》的目的在于规范促销行为,维护公平竞争,为持续优化市场化、法治化、国际化的营商环境,建设高标准的市场体系。其基本原则是坚持公平竞争,优化营商环境。营商环境就是生产力、竞争力。以公平公正监管,净化市场竞争环境,促使企业提升商品和服务质量,提高市场竞争力,通过市场竞争实现优胜劣汰,推动高质量发展。概述如下。

(1)坚持以人民为中心,保障消费者权益。顺应消费升级趋势,改善消费环境,释放消费潜力,推进国内市场建设,促进国内大循环。把维护广大消费者利益作为市场监管的重要任务,不断实现人民对美好生活的向往。

(2)坚持包容审慎,促进数字经济健康发展。鼓励消费新模式新业态在创新中发展、在规范中完善。把规范互联网促销活动作为着力点,破解线上消费痛点、堵点,提升我国线上经济竞争力,扩大竞争优势。

(3)坚持优化整合,提升市场综合监管能力。全面梳理规范促销行为的规定和规则,将不同法律法规中关于促销的要求进一步深化、细化,增强针对性和可操作性,形成规范透明的监管规则,提高市场监管执法效能。

3.《规定》的起草过程和主要内容

市场监督管理总局成立后,为适应市场监管工作的新形势新要求,加强市场监管法律规则整合,发挥监管合力,依据相关法律法规,研究起草《规范促销行为暂行规定》。为保证实效,坚持开门立法,聚焦重点难点问题,广泛开展实地调研,召开座谈会、专家论证会。先后多次征求其他相关部门、市场监管部门、专家学者、行业协会、企业代表、消费者保护组织的意见,向社会公开征求意见共计132条。在广泛吸收各界意见、反复研究论证的基础上,形成了《规定》全文。

《规定》共计6章31条,分别为总则、促销行为一般规范、有奖销售行为规范、价格促销行为规范、法律责任和附则。主要内容如下所示。

第一章总则部分,主要是对《规定》的立法目的、上位法依据、基本原则等作出原则性规定。

第二章促销行为一般规范,主要对促销活动中经营者应当遵守的基本规范提出明确要求,如不得利用虚假信息欺骗、误导消费者或相关公众等。还规定了电子商务平台经营者作为交易场所提供者,在组织平台内经营者开展相关促销活动时应遵守的规则,以及协助市场监管部门开展监督检查的义务。

第三章有奖销售行为规范,对经营者采取有奖销售方式进行促销的经营行为作出进一步规定。明确了有奖销售的类别,细化了不正当有奖销售行为的认定标准,将抽奖式有奖销售的最高奖金额由原来的五千元提高到五万元,并对经营者在有奖销售过程中的义务进行了规定,为企业合规促销提供更加明确的指引。

第四章价格促销行为规范,主要规定了经营者开展价格促销活动应遵守的规定。明确了经营者开展价格促销活动有附加条件或者期限的,应当显著标明。针对经营者在开展促销时"先提价、再打折"的现象,明确规定折价、降价的基准。

第五章法律责任,加强与反不正当竞争法、价格法等法律法规的衔接。明确法律适用相关问题,如促销行为中构成虚假宣传、商业贿赂、不正当有奖销售的,适用反不正当竞争法的相关规定处罚。

第六章附则,对《规定》的实施日期作出规定。

4. 落实《规定》的相关措施

随着网络购物快速发展,企业间竞争日趋激烈,打折、秒杀、抢拍、返券、赠积分、免运费等促销手段渐趋常态化,活跃了市场,刺激了消费。但是,也出现了销售侵权、盗版商品、以次充好、虚假打折、线下服务和线上促销承诺不一致、网络团购缺乏规范等问题。为规范网络购物促销行为,营造良好的消费环境,促进网络购物持续健康发展,认真落实《规定》,要积极推进如下主要措施。

(1)引导企业依法促销。引导企业按照反垄断法、消费者权益保护法、广告法、商标法、价格违法行为行政处罚规定、零售商促销行为管理办法等有关法律法规,依法开展促销活动。遵循合法、公平、诚实信用的原则,遵守商业道德,不得开展违反社会公德的促销活动,不得扰乱市场竞争秩序和社会公共秩序,不得侵害消费者和其他经营者的合法权益。

(2)保证促销商品的质量。推动企业在促销活动中,事先向消费者说明促销商品或者服务的名称、种类、数量、质量、价格、运费、配送方式、支付形式、退换货方式等主要信息,采取安全保障措施,确保促销行为安全可靠,并按照承诺提供商品或者服务。

(3)保护消费者合法权益。杜绝各种价格欺诈和虚假促销行为,严禁虚构原价打折、使用误导性标价形式或价格手段,欺骗、诱导消费者,不得降低促销商品(包括有奖销售的奖品、赠品)的售后服务水平,不得以促销为由拒绝退换货或者为消费者退换货设置障碍,不得以保留最终解释权为由,损害消费者的合法权益。

(4)严厉查处不实宣传。加强部门配合协作,开展联合检查,要求促销广告内容真实、合法、清晰、易懂,不得使用含糊、易引起误解的语言、文字、图片或影像;明示促销活动的各种限制性条件,禁止各种迷惑欺骗消费者的不实宣传行为。

(5)加强知识产权保护。结合打击侵犯知识产权和制售假冒伪劣商品专项行动,开展联合督查,加强对网络购物平台及经营者的监督力度,打击促销活动中侵犯知识产权和制售假冒伪劣商品的行为。加强宣传教育,引导网络购物平台和企业履行社会责任,开展诚信促销、规范经营,自觉抵制侵犯知识产权和制售假冒伪劣商品的违法犯罪行为。

(6)引导科学合理消费。加强与新闻媒体沟通合作,引导网络购物企业在促销活动中倡导文明、绿色、低碳、安全、健康的消费理念,推动建立可持续的消费模式。

(7)建立长效机制。认真研究网络购物促销中存在的主要问题,提出解决方案,完善相关政策标准,建立网络购物促进消费的长效机制。支持相关行业协会和企业开展行业自律,健全商品(服务)先行赔付制度,研究制定符合网络购物特点的促销规范。网络购物平台要从自身特点和需求出发,健全相应的促销规则和售后服务保障措施。

促销活动已成为网络购物企业的常规经营手段,关系到网络购物持续健康发展,关系到消费者的切身利益,监管部门要高度重视,在鼓励网络购物企业开展促销扩大消费的同时,积极会同发展改革(价格)、公安、工商、质检等部门,加强宣传引导,开展监督检查,规范网络购物促销行为。对违法行为,要会同有关部门严肃处理。

3.3.3 网络促销中的消费者权益保护立法现状

1. 我国网络促销中消费者权益保护立法的现状

因电子商务起步较晚,所以相关的法律法规也出台较晚,我国于2005年4月1日正式施行《电子签名法》。2014年3月15日,由全国人大修订的新版《中华人民共和国消费者权益保护法》(简称"新消法")正式实施,这是我国第一次以立法的形式全面确认消费者的权利。对保护消费者的权益,规范经营者的行为,维护社会经济秩序,促进社会主义市场经济健康发展具有十分重要的意义。随后又相继出台了《网络安全法》,包含支付、物流、信息安全等相关法律法规内容。2018年8月31日,十三届全国人大常委会第五次会议表决通过《电子商务法》,自2019年1月1日起施行。该法的施行,正式规范约束电商行业。2020年10月,市场监管总局制定出台《规范促销行为暂行规定》,自2020年12月1日起施行。随后,该局又发布了《关于加强网络直播营销活动监管的指导意见》,进一步规范经营者的促销行为,维护市场竞争秩序,保障消费者合法权益,进一步优化市场环境。由国家市场监督管理总局制定出台的《网络交易监督管理办法》,在央视2021年"3·15"晚会现场正式发布。该《办法》是贯彻落实电子商务法的重要部门规章,对相关法律规定进行细化和完善,制定了一系列规范交易行为、压实平台主体责任、保障消费权益的具体制度规范。

2. 国外网络促销中消费者权益保护立法现状

(1)美国相关规定。世界上较早在网上购物中保护消费者权益的国家是美国。其立法成果丰富,内容较完善。不仅联邦一级,而且各州也有立法规定,从网络交易合同、行业自律,到消费者个人隐私保护,都有相应的法律规范,形成了健全的制度体系。就消费者隐私而言,早在20世纪80年代,美国就制定了《隐私法》,该法明确规定了对消费者隐私的保护,个人隐私问题受到极大关注。该法的出台也是对社会需求的回应。美国《统一电子交易法》和《统一计算机信息交易法》已在网络交易和合同格式方面作出相对完善的规定。《统一计算机信息交易法》为计算机交易提供了统一的合同模式,其中包括计算机编程、数字在线访问和网上在线信息销售。合同格式标准中的默示条款和含糊条款只有在买方点击同意授权的情况下才被接受,而当标准条款不同于一般条款时,一般法律条款就是标准条款。2000年美国通过的《国际和国内电子签名法》中规定,当交易信息传达给消费者后,有消费者的明确同意才能进行。如果交易信息发生了改变,消费者有无条件撤销权。

(2)欧盟相关规定。欧盟电子商务消费者保护立法的主要特征是统一,这符合欧盟倡导的自由贸易概念。为了加强对电子商务中消费者权益的保护,促进电子商务的发展,欧盟提出了一系列欧盟成员国的实施建议,旨在规范在承包过程中侵犯消费者权益和经营者利益的行为。针对电子商务发展中新出现的侵犯消费者权益的行为,制定《国内市场电子商务若干法律问题》,内容主要涉及信息服务参与者在电子商务交易过程中的重要性。关于隐私方面,1995年欧盟通过的个人数据保护指令适用于所有经济部门。该指令要求成员国立法保护隐私、合同中不平等条款等。

3.3.4 网络促销中的法律责任

《规定》对违规者的法律责任作出了明确规定。

构成虚假宣传的,由市场监督管理部门依据反不正当竞争法的规定进行处罚。

不能兑现优惠承诺、在促销活动中提供的奖品或者赠品不符合国家有关规定的,法律法规有规定的,从其规定;法律法规没有规定的,由县级以上市场监督管理部门责令改正;可处违法所得三倍以下罚款,但最高不超过三万元;没有违法所得的,可处一万元以下罚款。

未公示促销规则、促销期限,以及对消费者不利的限制性条件,法律法规有规定的,从其规定;法律法规没有规定的,由县级以上市场监督管理部门责令改正,可处一万元以下罚款。

构成商业贿赂的,由市场监督管理部门依据反不正当竞争法的规定进行处罚。

构成价格违法行为的,由市场监督管理部门依据价格监管法律法规进行处罚。

市场监督管理部门做出行政处罚决定后,应当依法通过国家企业信用信息公示系统向社会公示。

交易场所提供者发现平台内经营者在统一组织的促销活动中出现违法行为的,应当依法采取必要处置措施,保存有关信息记录,依法承担相应的义务和责任,并协助市场监督管理部门查处违法行为。

【本章小结】

本章首先介绍了电子商务信息发布的方式、网络广告的类型与规范;其次,介绍了网络广告的主体与责任;最后,以《规范促销行为暂行规定》为基础,介绍了网络促销规范及网络促销中的法律责任。

【思考题】

1. 简述网络广告的概念
2. 简述网络广告的分类。
3. 简述《广告法》的调整对象及其法律关系。
4. 简述网络促销的相关规定。
5. 简述网络促销的优点。

拓展内容(3)

第4章 电子商务支付相关法律法规

【典型案例】

客户资金被第三方支付渠道转走

客户M先生在银行开立的借记卡账户于2018年3月8日分两笔被转走7900元,交易摘要为"某付宝"。M先生称上述交易非本人发起,从未将银行账户与第三方支付公司绑定。在发生资金转出后,M先生4次拨打了银行客服电话,客服提供了"某付宝"的联系电话。M先生认为银行客服提供的"某付宝"客服电话有误、无法正常接通,导致其未能及时追回盗刷款,故投诉至监管部门要求银行赔偿其经济损失。

银行通过系统查询以及某付宝公司提供的调查结果了解到:2018年3月5日,投诉人在银行开立借记卡账户;2018年3月7日,"某付宝"账户注册,同时签订快捷支付电子协议,绑定投诉人银行账户;2018年3月8日,投诉人银行账户发生了投诉所称的盗刷交易,账户资金分两笔转出到"某付宝"账户(即"某宝钱包"),共计7900元;其后,投诉人拨打了4次银行客服热线,银行客服多次建议投诉人挂失止付,并告知投诉人某付宝在银行预留的服务电话并建议拨打"114"查询商户电话,但投诉人拒绝客服建议;最终,资金从"某宝钱包"通过消费方式转至某付宝平台二级商户。

接到投诉后,银行对账户系统查询结果、客服通话录音、某付宝调查结果等资料进行综合分析,发现无法确认M先生投诉所涉资金盗刷是否属实。

银行向投诉人提出以下两方面疑问:一是某宝钱包账户被他人冒名开户签约绑定银行卡的操作可能性存疑。开户签约需提供身份证原件照片、银行卡账号、银行预留安全手机号码、短信验证码等多项信息。投诉人多项信息如何在账户开立两天内被他人窃取并用于注册第三方平台账户?二是投诉人能有效止损却拒绝执行。银行客服指引投诉人拨打"114"查询商户客服热线并冻结银行账户进行止损。在时间充裕,且资金尚未从某宝钱包账户转出的情况下,为何投诉人拒绝执行?

面对上述疑问,投诉人采取回避态度,故银行建议其通过司法渠道主张权利。其后,投诉人以银行违反保护储户资金安全法定义务为由,将银行起诉至法院,要求银行赔偿其全部损失。法院认为"本案争议焦点为被告(即银行)在原告(即投诉人)资金自银行借记卡转向某宝钱包的过程中无过错",最终法院以"银行告知了投诉人资金走向,提出了止损建议,且在投诉人资金被转移过程中不存在过错"为由,判决驳回M先生全部诉讼请求。

4.1 电子支付结算的法律法规

4.1.1 电子支付结算概述

1. 电子支付结算的定义与内容

电子支付结算(electronic funds transfer,EFT)是指单位、个人直接或授权他人通过电子终端发出支付指令,实现货币支付结算与资金转移的行为。

《电子支付指引(第一号)》规定,发出支付指令的电子终端包括客户使用的计算机、电话、移动通信工具、销售点终端、自动柜员机和其他电子设备等,也就是说电子支付可以通过使用计算机、电话等方式实现支付的"无纸化"。简单来说,电子支付就是消费者、厂商和金融机构之间使用安全电子手段,通过网络传递支付信息进行货币支付或资金流转的行为。

2. 电子支付结算的类型与特征

1)电子支付结算的类型

中国人民银行《电子支付指引(第一号)》规定,电子支付结算根据发起电子支付指令终端的不同,可以分为网上支付、电话支付、移动支付、销售点终端交易、自动柜员机交易等。

(1)网上支付是以互联网为基础,利用银行支持的数字金融工具,发生在购买者和销售者之间的金融交换,而实现从购买者到金融机构、商家之间的在线货币支付、现金流转、资金清算、查询统计等过程,由此为电子商务服务和其他服务提供金融支持。

(2)电话支付是电子支付的一种线下实现形式,是指消费者使用电话或其他类似电话的终端设备,通过银行系统就能从个人银行账户里直接完成付款的方式。

(3)移动支付是使用移动设备通过无线方式完成支付的一种新型的支付方式。移动支付所使用的移动终端可以是手机、电子计算机等。最常见的有通过移动短信确认来完成的支付,款项直接从手机中扣除。

(4)销售点终端交易是使用信用卡等各种联名卡在电子商务设备刷卡付款,款项在相关银行卡中扣收的电子支付结算方式。

(5)自动柜员机交易是指持卡人可以到银行设的自动柜员机使用信用卡或储蓄卡,输入密码根据相应提示办理转账支付等电子支付结算业务。

2)电子支付结算的特征

电子支付有数字化、低成本、高效快捷等特点。与传统支付方式相比,电子支付具有以下特征。

(1)电子支付是采用先进的技术通过数字流转来完成信息传输的,其各种支付方式都是通过数字化的方式进行的;而传统的支付方式则是通过现金的流转、票据的转让及银行的汇兑等物理实体来完成款项支付的。

(2)电子支付的工作环境基于一个开放的系统平台(即互联网);而传统支付则是在较为封闭的系统中运作。

(3)电子支付使用的是最先进的通信手段,如互联网、外联网等,而传统支付使用的则是传统的通信媒介;电子支付对软、硬件设施的要求很高,一般要求有联网的微机、相关软件及其他一些配套设施,而传统支付则没有这么高的要求。

(4)电子支付具有方便、快捷、高效、经济的优势。用户只要拥有一台可供上网的电子计算机,便可足不出户,在很短的时间内完成整个支付过程。支付的费用仅相当于传统支付的几十分之一,甚至几百分之一。

4.1.2 电子支付结算的法律关系介绍

1. 电子支付对电子商务的价值和规制的需要

1)电子支付对电子商务的价值

电子支付对电子商务的价值主要体现在引导银行介入我国电子商务交易资金的支付清算、促进联合发展和加强信任环境等方面。

(1)引导银行介入我国电子商务交易资金的支付清算。我国目前主要有三种清算模式:第一种是经营电子商务的企业自行办理交易资金支付结算业务;第二种是经营电子商务的企业通过第三方交易资金支付清算公司办理交易资金支付结算业务,同时,由银行充当第三方交易资金支付清算公司这一角色,为企业提供交易资金支付结算服务;第三种清算模式是最近几年来才兴起的,是直接将银行引入电子商务的清算模式。电子商务的发展要求信息流、资金流和物流三流畅通,以保证交易速度。在电子商务交易中,如果依赖传统的支付方式,如现金、支票等,就不可能完成在线的实时支付。

(2)促进联合发展。我国电子商务网上支付业务最大的障碍已经不再是技术限制,而是如何形成一个良性的商业循环体系。而在线支付正是电子商务良性循环体系的核心所在,在线支付将电子商务的商家、消费者、银行、第三方支付公司,以及网络运营商等多个涉及电子商务的对象联系到了一起,只有各个对象联合发展、和谐发展,最终才能够实现电子商务的同创共赢。

(3)加强信任环境。支付安全问题一直都是电子商务发展的重要阻碍。随着电子商务的快速发展,在线支付得到了空前释放,为电子商务交易信任环境建立了强有力的保障。另外,随着第三方支付平台的迅速兴起,在线支付交易已经成为电子商务交易最为安全便捷的通道,在线支付业务的发展,不仅促进了电子商务信任环境的加强,而且促进了整个网络信任环境的加强。在线支付解除了电子商务发展的阻碍,并为电子商务迅猛发展的态势增加了新的动力。

2)电子支付对电子商务的规制需要

电子支付对电子商务的规制需要主要集中在电子支付信息的规制和电子支付安全保障的规制这两方面。

(1)电子支付信息的规制。根据《电子商务法》第五十三条的规定:电子商务当事人可以约定采用电子支付方式支付价款。电子支付服务提供者为电子商务提供电子支付服务,应当遵守国家规定,告知用户电子支付服务的功能、使用方法、注意事项、相关风险和收费标准等事项,不得附加不合理的交易条件;电子支付服务提供者应当确保电子支付指令的完整性、一致性、可跟踪稽核和不可篡改性;电子支付服务提供者应当向用户免费提供对账服务及最近三年的交易记录。

(2)电子支付安全保障的规制。根据《电子商务法》第五十四条的规定:电子支付服务提供者提供电子支付服务不符合国家有关支付安全管理要求,造成用户损失的,应当承担赔偿责任。第五十五条:用户在发出支付指令前,应当核对支付指令所包含的金额、收款人等完整信息。支付指令发生错误的,电子支付服务提供者应当及时查找原因,并采取相关措施予以纠正。造成用户损失的,电子支付服务提供者应当承担赔偿责任,但能够证明支付错误非自身原因造成的除外。第五十七条：用户应当妥善保管交易密码、电子签名数据等安全工具。用户发现安全工具遗失、被盗用或者未经授权支付的，应当及时通知电子支付服务提供者。未经授权支付造成的损失，由电子支付服务提供者承担；电子支付服务提供者能够证明未经授权的支付是因用户的过错造成的，则不承担责任。电子支付服务提供者发现支付指令未经授权，或者收到用户支付指令未经授权的通知时，应当立即采取措施防止损失扩大。电子支付服务提供者未及时采取措施导致损失扩大的，对损失扩大部分承担责任。

2. 电子支付结算的关系解读

电子支付中的法律关系根据其性质主要可以分为三大类：民事法律关系、行政法律关系和刑事法律关系。其中电子支付服务提供者和客户之间的关系为民事法律关系，电子支付服务提供者与监管部门之间的关系为行政法律关系。

1）电子支付结算中的民事法律关系

由于电子支付使用了技术手段和技术系统，导致电子支付的当事人不同于传统支付的当事人。电子支付的当事人可以分为五方主体：付款人、收款人、银行及网上支付平台、认证机构、网络服务提供者。

（1）银行与收款人的法律关系。电子支付中，银行和发出支付指令的客户之间是一种委托合同关系，在这个以银行和委托支付客户为主体的委托关系中，银行由于在技术和操作环节上处于优势地位，因此，当双方出现纠纷时常常是处于易于逃避责任的强势地位，而相对来说，客户处于一个弱者地位。银行在电子支付中的基本义务是按照客户的指示，准确、及时地完成电子支付的指令。

（2）银行之间的法律关系。电子支付银行之间的权利义务受到一系列相互关联的合同的约束。当支付指令发出通过网络并依照客户的要求发出资金划转信息时，作为客户的代理人，发出银行按时足量地将资金划转到接受银行，构成了客户对接受银行的一个要约，当接受银行收到这个要约并确认后，就视同该接受银行做出了对该要约的承诺，于是信息发出行和信息接受银行之间就发生了合同关系。

（3）银行与网络服务提供商之间的法律关系。开展电子支付业务的银行与网络服务提供商之间是合同关系。网络传输服务提供商的义务主要有：按正确的模式，依据银行之间的协议传递信息；采取各种安全措施防止信息传递的失误及信息的丢失；确保传递信息的准确性，使其准确地为接受人收到；保证信息的机密性和安全性。

（4）收款人之间的法律关系。资金的转移是因为客户之间存在的债权债务关系。一般是合同的买方向银行发出支付指令，银行向卖方划转资金，但是，如果资金并未到达卖方账户，那买方的付款义务并不因其发出支付指令而完成，而应该以资金到达并被卖方确认方可认定买方支付义务的解除。

2）电子支付结算中的行政法律关系

电子支付中的行政法律关系主要是因银行业监管机构对电子银行业务和主体进行监管所形成的。主要可以分为行政许可法律关系和行政处罚法律关系。在中国目前的法律框架下，行政许可法律关系主要针对银行业金融机构，依据《网上银行业务管理暂行办法》和《电子银行业务管理办法》，申请开办网上银行业务和电子银行业务会形成相应的行政许可法律关系。行政处罚法律关系则是由于银行业金融机构在办理网上银行业务和电子银行业务时违反相应的法律法规，被行政处罚时所形成的法律关系。

3）电子支付结算中的刑事法律关系

相关行为人由于在电子支付中或利用电子支付实施了破坏金融秩序、进行金融诈骗、盗窃财产、破坏计算机信息系统或实施网上赌博行为而形成相应的刑事法律关系。具体可见中国《刑法》第一百七十一条至第二百条的关于破坏金融秩序罪、金融诈骗罪的有关规定，以及第二百六十四条关于盗窃罪，第二百六十六条关于诈骗罪，第二百八十六条关于破坏计算机信息系统罪，第三百零三条关于赌博罪的有关规定。

4.1.3 电子支付结算的相关法律法规

1. 电子支付结算的流程

1）电子支付结算的申请

（1）对办理电子支付业务的银行的要求。

按照相关法律法规和《电子支付指引（第一号）》的规定，办理电子支付结算的银行，应当符合以下相关要求和规定。

第一，符合要求，公开信息。银行开展电子支付业务应当遵守国家有关法律、行政法规的规定，不得损害客户和社会公共利益。银行与其他机构合作开展电子支付业务的，其合作机构的资质要求应符合有关法规制度的规定，银行要根据公平交易的原则，签订书面协议并建立相应的监督机制。

《电子支付指引（第一号）》第八条规定，办理电子支付业务的银行应公开披露以下信息：一是银行名称、营业地址及联系方式；二是客户办理电子支付业务的条件；三是所提供的电子支付业务品种、操作程序和收费标准等；四是电子支付交易品种可能存在的全部风险，包括该品种的操作风险、未采取的安全措施、无法采取安全措施的安全漏洞等；五是客户使用电子支付交易品种可能产生的风险；六是提醒客户妥善保管、使用或授权他人使用电子支付交易存取工具（如卡、密码、密钥、电子签名制作数据等）的警示性信息；七是争议及差错处理方式。

第二，签订合同。银行应根据审慎性原则，确定办理电子支付业务客户的条件。银行应认真审核客户申请办理电子支付业务的基本资料，并以书面或电子方式与客户签订协议。银行应按会计档案的管理要求妥善保存客户的申请资料，保存期限至该客户撤销电子支付业务后5年。

第三，业务办理。银行为客户办理电子支付业务，应根据客户性质、电子支付类型、支付金额等，与客户约定适当的认证方式，如密码、密钥、数字证书、电子签名等。认证方式的约定和使用应遵循《电子签名法》等法律法规的规定。银行要求客户提供有关资料信息时，应告知客户所提供信息的使用目的和范围、安全保护措施，以及客户未提供或未真实提供相关资料信息的后果。

（2）办理电子支付结算的要求。

第一，开立银行结算账户。客户办理电子支付业务应在银行开立银行结算账户，账户的开立和使用应符合《人民币银行结算账户管理办法》《境内外汇账户管理规定》等规定。客户可以在其已开立的银行结算账户中指定办理电子支付业务的账户。该账户也可用于办理其他支付结算业务。客户未指定的银行结算账户不得办理电子支付业务。

第二，签订合同的内容。《电子支付指引（第一号）》第十三条规定，客户与银行签订的电子支付协议应包括以下内容：一是客户指定办理电子支付业务的账户名称和账号；二是客户应保证办理电子支付业务账户的支付能力;三是双方约定的电子支付类型、交易规则、认证方式等;四是银行对客户提供的申请资料和其他信息的保密义务;五是银行根据客户要求提供交易记录的时间和方式;六是争议、差错处理和损害赔偿责任。

第三,发生特殊情形的申请。《电子支付指引(第一号)》第十四条规定,有以下情形之一的,客户应及时向银行提出电子或书面申请:一是终止电子支付协议的;二是客户基本资料发生变更的;三是约定的认证方式需要变更的;四是有关电子支付业务资料、存取工具被盗或遗失的;五是客户与银行约定的其他情形。

2)电子支付指令的发起和接收

(1)电子支付指令的发起。

根据《电子支付指引(第一号)》第十七条至第十九条的规定,电子支付指令的发起应建立必要的安全程序,对客户身份和电子支付指令进行确认,并形成日志文件等记录,保存至交易后5年;应采取有效措施,在客户发出电子支付指令前,提示客户对指令的准确性和完整性进行确认;应确保正确执行客户的电子支付指令,对电子支付指令进行确认后,应能够向客户提供纸质或电子交易回单;执行通过安全程序的电子支付指令后,客户不得要求变更或撤销电子支付指令。

(2)电子支付指令的接收。

《电子支付指引(第一号)》第二十二条规定,电子支付指令需转换为纸质支付凭证的,其纸质支付凭证必须记载以下事项(具体格式由银行确定):第一,付款人开户行名称和签章;第二,付款人名称、账号;第三,接收行名称;第四,收款人名称、账号;第五,大写金额和小写金额;第六,发起日期和交易序列号。

(3)电子支付指令的发起和接收要求。

《电子支付指引(第一号)》第二十条规定,发起行、接收行应确保电子支付指令传递的可跟踪稽核和不可篡改。第二十一条规定,发起行、接收行之间应按照协议规定及时发送、接收和执行电子支付指令,并回复确认。

3)电子支付结算的安全控制

(1)电子支付结算系统的安全。

银行开展电子支付业务采用的信息安全标准、技术标准、业务标准等应当符合有关规定。银行应针对与电子支付业务活动相关的风险建立有效的管理制度。

(2)电子支付结算的金额控制。

银行应根据审慎性原则针对不同客户,在电子支付类型、单笔支付金额和每日累计支付金额等方面做出合理限制。银行通过互联网为个人客户办理电子支付业务,除采用电子认证证书、电子签名等安全认证方式外,单笔金额不应超过1000元人民币,每日累计金额不应超过5000元人民币。银行为客户办理电子支付业务,单位客户从其银行结算账户支付给个人银行结算账户的款项,其单笔金额不得超过50000元人民币,但银行与客户通过协议约定,能够事先提供有效付款依据的除外。银行应在客户的信用卡授信额度内,设定用于网上支付交易的额度供客户选择,但该额度不得超过信用卡的预借现金额度。

(3)电子支付结算的客户信息安全。

银行应确保电子支付业务处理系统的安全性,保证重要交易数据的不可抵赖性、数据存储的完整性、客户身份的真实性,并妥善管理在电子支付业务处理系统中使用的密码、密钥等认证数据。银行使用客户资料、交易记录等,不得超出法律法规许可和客户授权的范围。银行应依法对客户的资料信息、交易记录等保密。除国家法律、行政法规另有规定外,银行应当拒绝除客户本人以外的任何单位或个人的查询。

银行应妥善保管电子支付业务的交易记录,对电子支付业务的差错应作详细备案登记。记录内容应包括差错时间、差错内容与处理部门及人员姓名、客户资料、差错影响或损失、差错原因、处理结果等。银行保管、使用不当,导致客户资料信息泄露或被篡改的,银行应采取有效措施防止因此造成的客户损失,并及时通知和协助客户补救。

(4)电子支付交易数据的完整性、可靠性和电子支付交易数据保密。

第一,电子支付交易数据的完整性和可靠性。《电子支付指引(第一号)》第二十九条规定,银行应采取必要措施保护电子支付交易数据的完整性和可靠性:一是制定相应的风险控制策略,防止电子支付业务处理系统发生有意或无意的危害数据完整性和可靠性的变化,并具备有效的业务容量、业务连续性计划和应急计划;二是保证电子支付交易与数据记录程序的设计发生擅自变更时能被有效侦测;三是有效防止电子支付交易数据在传送、处理、存储、使用和修改过程中被篡改,任何对电子支付交易数据的篡改都能通过交易处理、监测和数据记录功能被侦测发现;四是按照会计档案管理的要求,对电子支付交易数据,以纸介质或磁性介质的方式进行妥善保存,保存期限为5年,并方便调阅。

《电子商务法》第五十四条规定,电子支付服务提供者提供电子支付服务不符合国家有关支付安全管理要求,造成用户损失的,应当承担赔偿责任。

第二,电子支付交易数据保密。《电子支付指引(第一号)》第三十条规定,银行应采取必要措施为电子支付交易数据保密:一是对电子支付交易数据的访问须经合理授权和确认;二是电子支付交易数据须以安全方式保存,并防止其在公共、私人或内部网络上传输时被擅自查看或非法截取;三是第三方获取电子支付交易数据必须符合有关法律法规的规定以及银行关于数据使用和保护的标准与控制制度;四是对电子支付交易数据的访问均须登记,并确保该登记不被篡改。

4)电子支付结算的差错处理

《电子商务法》第五十五条规定,用户在发出支付指令前,应当核对支付指令所包含的金额、收款人等完整信息。支付指令发生错误的,电子支付服务提供者应当及时查找原因,并采取相关措施予以纠正。造成用户损失的,电子支付服务提供者应当承担赔偿责任,但能够证明支付错误非自身原因造成的除外。

2. 互联网金融的健康发展

互联网金融是传统金融机构与互联网企业利用互联网技术和信息通信技术实现资金融通、支付、投资和信息中介服务的新型金融业务模式。互联网金融的主要业态包括互联网支付、网络借贷、股权众筹融资、互联网基金销售、互联网保险、互联网信托和互联网消费金融等。互联网金融的发展对促进金融包容具有重要意义,为大众创业、万众创新打开了大门,在满足小微企业、中低收入阶层投、融资需求,提升金融服务质量和效率,引导民间金融走向规范化,以及扩大金融业对内对外开放等方面可以发挥独特的功能和作用。

依托于互联网金融的快速发展,其影响范围越来越广泛,逐渐成为主要的金融模式。其促进了金融创新,提高了金融资源配置效率,但也存在一些问题和风险隐患。从金融业健康发展的全局看,为进一步推进金融改革创新和对外开放,促进互联网金融健康发展,根据《关于促进互联网金融健康发展的指导意见》的规定,提出以下三点见解。

(1)促进创新,保证互联网金融稳步发展。

互联网与金融深度融合是大势所趋,其发展将对金融产品、业务、组织和服务等方面产生更加深刻的影响。互联网金融对促进小微企业发展和扩大就业发挥了现有金融机构难以替代的积极作用。促进互联网金融健康发展,有利于提升金融服务质量和效率,深化金融改革,促进金融创新发展,扩大金融业对内对外开放,构建多层次的金融体系。

(2)协同指导,履行互联网金融监管责任。

互联网金融本质仍属于金融,没有改变金融风险隐蔽性、传染性、广泛性和突发性的特点。加强互联网金融监管,是促进互联网金融健康发展的内在要求。同时,互联网金融是新生事物和新兴业态,要制定适度宽松的监管政策,为互联网金融创新留有余地和空间。通过鼓励创新和加强监管相互支撑,促进互联网金融健康发展,更好服务实体经济。互联网金融监管应遵循"依法监管、适度监管、分类监管、协同监管、创新监管"的原则,科学合理界定各业态的业务边界及准入条件,落实监管责任,明确风险底线,保护合法经营,坚决打击违法和违规行为。

(3)健全制度,规范互联网金融市场秩序。

发展互联网金融要以市场为导向,遵循服务实体经济、服从宏观调控和维护金融稳定的总体目标,切实保障消费者合法权益,维护公平竞争的市场秩序。要细化管理制度,为互联网金融健康发展营造良好环境。

▶ 4.2 第三方支付结算的法律法规

4.2.1 第三方支付结算的结构

1. 广义的第三方支付结算

广义的第三方支付结算,又称非金融机构支付结算,是指非金融机构在收付款人之间作为中介机构提供资金的支付、结算和转移的一种支付结算方式。

广义的第三方支付结算包括网络支付、预付卡的发行与受理、银行卡收单和中国人民银行确定的其他支付服务的部分或全部货币资金转移服务的业务。其中,网络支付,是指依托公共网络或专用网络在收付款人之间转移货币资金的行为,主要包括货币汇兑、互联网支付、移动电话支付、固定电话支付、数字电视支付等。预付卡,是指以盈利为目的发行的、在发行机构之外购买商品或服务的预付价值,主要包括采用磁条、芯片等技术以卡片、密码等形式发行的预付卡。银行卡收单,是指通过销售点(point of sales,POS)终端等为银行卡特约商户代收货币资金的行为。但是,预付卡不包括仅限于发放社会保障金的预付卡、仅限于乘坐公共交通工具的预付卡、仅限于缴纳电话费等通信费用的预付卡和发行机构与特约商户为同一法人的预付卡。

2. 狭义的第三方支付结算

狭义的第三方支付结算,又称网络支付结算、第三方支付平台支付结算或者电子商务第三方支付结算,是指依法取得《支付业务许可证》的非银行第三方支付结算机构,获准办理互联网支付、移动电话支付、固定电话支付、数字电视支付等网络支付业务的一种支付结算方式。

3. 第三方结算的四种方式

(1)平台依托型。此类互联网金融公司拥有成熟的电商平台和庞大的用户基础,通过与各大银行、通信服务商等合作,搭建"网上线下"全覆盖的支付渠道,在牢牢把握支付终端的基础上,经过整合、包装商业银行的产品和服务,从中赚取手续费,并进一步推广其他增值金融服务。代表企业包括阿里巴巴集团旗下的支付宝、腾讯旗下的财付通、盛大集团旗下的盛付通等。

(2)行业应用型。流动资金是企业生存发展的命脉。在信息技术高速发展的今天,电子商务的应用范畴已经由最初的 B2C 零售扩展到更为广阔的 B2B 领域,越来越多的传统企业依托电子商务来改善产、供、销整体效率,以提高竞争力。此类第三方支付机构主要面向企业用户,通过深度行业挖掘,为供应链上下游提供包括金融服务、营销推广、行业解决方案等一揽子服务,获取服务费、信贷滞纳金等收入。代表企业包括汇付天下、快钱和易宝等。

(3)银行收单型。银行收单型,也可称为 POS 收单型。所谓 POS 收单,即通过销售终端收取账单的支付方式,而随着支付方式及功能的不断扩大,定义也不断进行扩大解释,现在 POS 收单统指通过 POS 机进行的消费、预授权、余额查询和转账等交易。此类模式在发展初期是互联网金融公司通过电子账单处理平台和银联 POS 终端为线上商户提供账单号收款、账户直充等服务,获得支付牌照后转为银行卡收单盈利模式。目前国内拉卡拉为其中较为成功的典型。

(4)预付卡型。预付卡,是指发卡机构以特定载体和形式发行的,可在发卡机构之外购买商品或服务的预付价值。通过发行面向企业或者个人的预付卡,向购买人收取手续费,与银行产品形成替代,挤占银行用户资源。代表企业包括资和信、商服通、百联集团等。

4.2.2 第三方支付结算的机构及其准入

1. 第三方支付结算的机构

根据中国人民银行颁发的《非金融机构支付服务管理办法》,第三方支付结算机构作为收款方与付款方之间的桥梁,并为双方提供资金划拨与清算、结算、技术服务等,主要包括网络支付、线下收单、预付卡等业务。

根据《非金融机构支付服务管理办法》第二条规定,非金融机构支付服务是指非金融机构在收付款人之间作为中介机构提供下列部分或全部货币资金转移服务:网络支付、预付卡的发行与受理、银行卡收单、中国人民银行确定的其他支付服务。

网络支付,是指依托公共网络或专用网络在收付款人之间转移货币资金的行为,包括货币汇兑、互联网支付、移动电话支付、固定电话支付、数字电视支付等;预付卡,指以营利为目的发行的、在发行机构之外购买商品或服务的预付价值,包括采取磁条、芯片等技术以卡片、密码等形式发行的预付卡;银行卡收单,是指通过销售点终端等为银行卡特约商户代收货币资金的行为。

根据《非金融机构支付服务管理办法》第四条、第五条的规定,支付机构之间的货币资金转移应当委托银行业金融机构办理,不得通过支付机构相互存放货币资金或委托其他支付机构等形式办理。支付机构不得办理银行业金融机构之间的货币资金转移,经特别许可的除外。且支付机构应当遵循安全、效率、诚信和公平竞争的原则,不得损害国家利益、社会公共利益和客户合法权益。支付机构应当遵守反洗钱的有关规定,履行反洗钱义务。

2. 第三方支付结算的机构准入

根据《非金融机构支付服务管理办法》第三条规定,非金融机构提供支付服务,应当依据本办法规定取得《支付业务许可证》,成为支付机构。支付机构依法接受中国人民银行的监督管理。未经中国人民银行批准,任何非金融机构和个人不得从事或变相从事支付业务。

在《非金融机构支付服务管理办法》第二章中规定,第三方支付结算的机构申请与许可必须遵从《非金融机构支付服务管理办法》及其细则。

1)申请

非金融机构申请《支付业务许可证》,需经所在地中国人民银行分支机构审查后,报中国人民银行批准。本办法所称中国人民银行分支机构,是指中国人民银行副省级城市中心支行以上的分支机构。

2)条件

《非金融机构支付服务管理办法》第八条规定,《支付业务许可证》的申请人应当具备下列条件:第一,在中华人民共和国境内依法设立有限责任公司或股份有限公司,且为非金融机构法人;第二,有符合本办法规定的注册资本最低限额;第三,有符合本办法规定的出资人;第四,有5名以上熟悉支付业务的高级管理人员;第五,有符合要求的反洗钱措施;第六,有符合要求的支付业务设施;第七,有健全的组织机构、内部控制制度和风险管理措施;第八,有符合要求的营业场所和安全保障措施;第九,申请人及其高级管理人员最近3年内未因利用支付业务实施违法犯罪活动或为违法犯罪活动办理支付业务等受过处罚。

关于以上条件的具体要求如下。

(1)关于注册资本最低限额的规定。申请人拟在全国范围内从事支付业务的,其注册资本最低限额为1亿元人民币;拟在省(自治区、直辖市)范围内从事支付业务的,其注册资本最低限额为3000万元人民币。注册资本最低限额为实缴货币资本。本办法所称在全国范围内从事支付业务,包括申请人跨省(自治区、直辖市)设立分支机构从事支付业务,或客户可跨省(自治区、直辖市)办理支付业务的情形。中国人民银行根据国家有关法律法规和政策规定,调整申请人的注册资本最低限额。外商投资支付机构的业务范围、境外出资人的资格条件和出资比例等,由中国人民银行另行规定,报国务院批准。

(2)关于出资人的规定,申请人的主要出资人(包括拥有申请人实际控制权的出资人和持有申请人10%以上股权的出资人)应当符合以下条件:第一,为依法设立的有限责任公司或股份有限公司;第二,截至申请日,连续为金融机构提供信息处理支持服务2年以上,或连续为电子商务活动提供信息处理支持服务2年以上;第三,截至申请日,连续盈利2年以上;第四,最近3年内未因利用支付业务实施违法犯罪活动或为违法犯罪活动办理支付业务等受过处罚。

(3)关于5名以上熟悉支付业务的高级管理人员的规定。有5名以上熟悉支付业务的高级管理人员,是指申请人的高级管理人员(包括总经理、副总经理、财务负责人、技术负责人或实际履行上述职责的人员)中至少有5名人员具备下列条件:第一,具有大学本科以上学历或具有会计、经济、金融、计算机、电子通信、信息安全等专业的中级技术职称;第二,从事支付结算业务或金融信息处理业务2年以上或从事会计、经济、金融、计算机、电子通信、信息安全工作3年以上。

(4)关于符合要求的反洗钱措施的规定。反洗钱措施,具体包括反洗钱内部控制、客户身份识别、可疑交易报告、客户身份资料和交易记录保存等预防洗钱、恐怖融资等金融犯罪活动的措施。

(5)关于符合要求的支付业务设施的规定。支付业务设施,具体包括支付业务处理系统、网络通信系统,以及容纳上述系统的专用机房。

(6)关于组织机构的规定。组织机构,具体包括具有合规管理、风险管理、资金管理和系统运行维护职能的部门。

3)提交的文件和资料

根据《非金融机构支付服务管理办法》第十一条规定,申请人应当向所在地中国人民银行分支机构提交下列文件和资料:第一,书面申请,载明申请人的名称、住所、注册资本、组织机构设置、拟申请支付业务等;第二,公司营业执照(副本)复印件;第三,公司章程;第四,验资证明;第五,经会计师事务所审计的财务会计报告;第六,支付业务可行性研究报告;第七,反洗钱措施验收材料;第八,技术安全检测认证证明;第九,高级管理人员的履历材料;第十,申请人及其高级管理人员的无犯罪记录证明材料;第十一,主要出资人的相关材料;第十二,申请资料真实性声明。

4)受理公告

根据《非金融机构支付服务管理办法》第十二条规定,申请人应当在收到受理通知后按规定公告下列事项:第一,申请人的注册资本及股权结构;第二,主要出资人的名单、持股比例及其财务状况;第三,拟申请的支付业务;第四,申请人的营业场所;第五,支付业务设施的技术安全检测认证证明。

5)颁发《支付业务许可证》

根据《非金融机构支付服务管理办法》第十三条规定,中国人民银行分支机构依法受理符合要求的各项申请,并将初审意见和申请资料报送中国人民银行。中国人民银行审查批准的,依法颁发《支付业务许可证》,并予以公告。

《支付业务许可证》自颁发之日起,有效期5年。支付机构拟于《支付业务许可证》期满后继续从事支付业务的,应当在期满前6个月内向所在地中国人民银行分支机构提出续展申请。中国人民银行准予续展的,每次续展的有效期为5年。支付机构不得转让、出租、出借《支付业务许可证》。

第三方支付机构变更规定事项的,应当在向公司登记机关申请变更登记前经中国人民银行同意。申请终止支付业务的,应当向所在地中国人民银行分支机构提交规定的文件、资料。准予终止的,支付机构应当按照中国人民银行的批复完成终止工作,交回《支付业务许可证》。

4.2.3 第三方支付结算的运行管理

2015年12月28日,中国人民银行发布《非银行支付机构网络支付业务管理办法》,自2016年7月1日起施行。为规范非银行支付机构网络支付业务,根据《中华人民共和国人民银行法》《非金融机构支付服务管理办法》等规定,对第三方支付结算机构做出以下规定。

"支付机构从事网络支付业务,适用本办法。本办法所称支付机构是指依法取得《支付业务许可证》,获准办理互联网支付、移动电话支付、固定电话支付、数字电视支付等网络支付业务的非银行机构。本办法所称网络支付业务,是指收款人或付款人通过计算机、移动终端等电子设备,依托公共网络信息系统远程发起支付指令,且付款人电子设备不与收款人特定专属设备交互,由支付机构为收付款人提供货币资金转移服务的活动。本办法所称收款人特定专属设备,是指专门用于交易收款,在交易过程中与支付机构业务系统交互并参与生成、传输、处理支付指令的电子设备。"

其中,《非银行支付机构网络支付业务管理办法》第三章规定,在第三方支付结算运行管理过程中,支付机构不得经营或者变相经营证券、保险、信贷、融资、理财、担保、信托、货币兑换、现金存取等业务。

在具体业务管理中,应遵守以下规定。

1. 关于扣划银行账户资金的规定

支付机构向客户开户银行发送支付指令,扣划客户银行账户资金的,支付机构和银行应当执行下列要求:第一,支付机构应当事先或在首笔交易时自主识别客户身份并分别取得客户和银行的协议授权,同意其向客户的银行账户发起支付指令扣划资金;第二,银行应当事先或在首笔交易时自主识别客户身份并与客户直接签订授权协议,明确约定扣款适用范围和交易验证方式,设立与客户风险承受能力相匹配的单笔和单日累计交易限额,承诺无条件全额承担此类交易的风险损失先行赔付责任;第三,除单笔金额不超过200元的小额支付业务、公共事业缴费、税费缴纳、信用卡还款等收款人固定并且定期发生的支付业务,以及符合第三十七条规定的情形以外,支付机构不得代替银行进行交易验证。

2. 关于客户账户管理的规定

支付机构应根据客户身份对同一客户在本机构开立的所有支付账户进行关联管理,并按照下列要求对个人支付账户进行分类管理:第一,对于以非面对面方式通过至少一个合法安全的外部渠道进行身份基本信息验证,且为首次在本机构开立支付账户的个人客户,支付机构可以为其开立Ⅰ类支付账户,账户余额仅可用于消费和转账,余额付款交易自账户开户起累计不超过1000元(包括支付账户向客户本人同名银行账户转账);第二,对于支付机构自主或委托合作机构以面对面方式核实身份的个人客户,或以非面对面方式通过至少三个合法安全的外部渠道进行身份基本信息多重交叉验证的个人客户,支付机构可以为其开立Ⅱ类支付账户,账户余额仅可用于消费和转账,其所有支付账户的余额付款交易年累计不超过10万元(不包括支付账户向客户本人同名银行账户转账);第三,对于支付机构自主或委托合作机构以面对面方式核实身份的个人客户,或以非面对面方式通过至少五个合法安全的外部渠道进行身份基本信息多重交叉验证的个人客户,支付机构可以为其开立Ⅲ类支付账户,账户余额可以用于消费、转账,以及购买投资理财等金融类产品,其所有支付账户的余额付款交易年累计不超过20万元(不包括支付账户向客户本人同名银行账户转账)。客户身份基本信息外部验证渠道包括但不限于政府部门数据库、商业银行信息系统、商业化数据库等。其中,通过商业银行验证个人客户身份基本信息的,应为Ⅰ类银行账户或信用卡。

支付机构办理银行账户与支付账户之间转账业务的,相关银行账户与支付账户应属于同一客户。支付机构应按照与客户的约定及时办理支付账户向客户本人银行账户的转账业务,不得对Ⅱ类、Ⅲ类支付账户向客户本人银行账户转账设置限额。

支付机构为客户办理本机构发行的预付卡向支付账户转账的,应当按照《支付机构预付卡业务管理办法》(中国人民银行公告〔2012〕第12号公布)相关规定对预付卡转账至支付账户的余额单独管理,仅限其用于消费,不得通过转账、购买投资理财等金融类产品等形式进行套现或者变相套现。

3. 关于交易信息的规定

支付机构应当确保交易信息的真实性、完整性、可追溯性,以及在支付全流程中的一致性,不得篡改或者隐匿交易信息。交易信息包括但不限于下列内容:第一,交易渠道、交易终端或接口类型、交易类型、交易金额、交易时间,以及直接向客户提供商品或者服务的特约商户名称、编码和按照国家与金融行业标准设置的商户类别码;第二,收付款客户名称,收付款支付账户账号或者银行账户的开户银行名称及账号;第三,付款客户的身份验证和交易授权信息;第四,有效追溯交易的标识;第五,单位客户单笔超过5万元的转账业务的付款用途和事由。

4. 关于客户支付操作管理的规定

因交易取消(撤销)、退货、交易不成功或者投资理财等金融类产品赎回等原因需划回资金的,相应款项应当划回原扣款账户。

对于客户的网络支付业务操作行为,支付机构应当在确认客户身份及真实意愿后及时办理,并在操作生效之日起至少五年内,真实、完整保存操作记录。客户操作行为包括但不限于登录和注销登录、身份识别和交易验证、变更身份信息和联系方式、调整业务功能、调整交易限额、变更资金收付方式,以及变更或挂失密码、数字证书、电子签名等。

4.2.4 第三方支付结算的风险管理

在第三方支付结算领域中,信息不对称现象普遍存在,不论是第三方支付结算机构与商户之间还是与客户之间,这都使第三方支付结算面临着巨大的潜在风险。且第三方支付结算目前面对的主要风险有系统风险、信用风险、洗钱风险等,为防范支付风险,《非银行支付机构网络支付业务管理办法》第四章第十七条规定,支付机构应当综合客户类型、身份核实方式、交易行为特征、资信状况等因素,建立客户风险评级管理制度和机制,并动态调整客户风险评级及相关风险控制措施。支付机构应当根据客户风险评级、交易验证方式、交易渠道、交易终端或接口类型、交易类型、交易金额、交易时间、商户类别等因素,建立交易风险管理制度和交易监测系统,对疑似欺诈、套现、洗钱、非法融资、恐怖融资等交易,及时采取调查核实、延迟结算、终止服务等措施。

第三方支付结算机构可以采用以下措施进行风险管理。

(1)警示潜在风险。支付机构应当向客户充分提示网络支付业务的潜在风险,及时揭示不法分子新型作案手段,对客户进行必要的安全教育,并对高风险业务在操作前、操作中进行风险警示。支付机构为客户购买合作机构的金融类产品提供网络支付服务的,应当确保合作机构为取得相应经营资质并依法开展业务的机构,并在首次购买时向客户展示合作机构信息和产品信息,充分提示相关责任、权利、义务及潜在风险,协助客户与合作机构完成协议签订。

(2)建立健全风险应对制度。支付机构应当建立健全风险准备金制度和交易赔付制度,并对不能有效证明因客户原因导致的资金损失及时先行全额赔付,保障客户合法权益。支付机构应于每年1月31日前,将前一年度发生的风险事件、客户风险损失发生和赔付等情况在网站对外公告。支付机构应在年度监管报告中如实反映上述内容和风险准备金计提、使用及结余等情况。

(3)从根本上提供信息保护。支付机构应当依照中国人民银行有关客户信息保护的规定,制定有效的客户信息保护措施和风险控制机制,履行客户信息保护责任。支付机构不得存储客户银行卡的磁道信息或芯片信息、验证码、密码等敏感信息,原则上不得存储银行卡有效期。因特殊业务需要,支付机构确需存储客户银行卡有效期的,应当取得客户和开户银行的授权,以加密形式存储。支付机构应当以"最小化"原则采集、使用、存储和传输客户信息,并告知客户相关信息的使用目的和范围。支付机构不得向其他机构或个人提供客户信息,法律法规另有规定,以及经客户本人逐项确认并授权的除外。

4.2.5 第三方支付结算的客户权益管理

第三方网络支付的客户权益保护在实践中面临许多问题。涉及的具体问题有格式合同问题、客户备付金的孳息归属问题、未授权支付的责任承担问题等,在宏观上还存在立法缺失、法律协调难、监管及退出机制不完善等问题。这些问题的出现,使第三方网络支付的客户权益保护显得尤为重要。为规范第三方支付结算机构,保护客户合法权益,根据《非银行支付机构网络支付业务管理办法》第一章第三条、第四条规定,第三方支付结算机构应当遵循主要服务电子商务发展和为社会提供小额、快捷、便民小微支付服务的宗旨,基于客户的银行账户或者按照本办法规定为客户开立支付账户,提供网络支付服务。支付机构基于银行卡为客户提供网络支付服务的,应当执行银行卡业务相关监管规定和银行卡行业规范。支付机构对特约商户的拓展与管理、业务与风险管理应当执行《银行卡收单业务管理办法》等相关规定。支付机构网络支付服务涉及跨境人民币结算和外汇支付的,应当执行中国人民银行、国家外汇管理局相关规定。支付机构应当依法维护当事人的合法权益,遵守反洗钱和反恐怖融资的相关规定,履行反洗钱和反恐怖融资义务。

1. 关于客户管理的规定

支付机构应当遵循"了解你的客户"原则,建立健全客户身份识别机制。支付机构为客户开立支付账户的,应当对客户实行实名制管理,登记并采取有效措施以验证客户身份基本信息,按规定核对有效身份证件并留存有效身份证件复印件或者影印件,建立客户唯一识别编码,并在与客户业务关系存续期间采取持续的身份识别措施,确保有效核实客户身份及其真实意愿,不得开立匿名、假名支付账户。

支付机构应当与客户签订服务协议,约定双方责任、权利和义务,至少明确业务规则(包括但不限于业务功能和流程、身份识别和交易验证方式、资金结算方式等)、收费项目和标准,查询、差错争议及投诉等服务流程和规则,业务风险和非法活动防范及处置措施,客户损失责任划分和赔付规则等内容。支付机构为客户开立支付账户的,还应在服务协议中以显著方式告知客户,并采取有效方式确认客户充分知晓并清晰理解下列内容:"支付账户所记录的资金余额不同于客户本人的银行存款,不受《存款保险条例》保护,其实质为客户委托支付机构保管的、所有权归属于客户的预付价值。该预付价值对应的货币资金虽然属于客户,但不以客户本人名义存放在银行,而是以支付机构名义存放在银行,并且由支付机构向银行发起资金调拨指令。"支付机构应当确保协议内容清晰、易懂,并以显著方式提示客户注意与其有重大利害关系的事项。

获得互联网支付业务许可的支付机构,经客户主动提出申请,可为其开立支付账户;仅获得移动电话支付、固定电话支付、数字电视支付业务许可的支付机构,不得为客户开立支付账户。支付机构不得为金融机构,以及从事信贷、融资、理财、担保、信托、货币兑换等金融业务的其他机构开立支付账户。

2. 关于客户权益保护的规定

支付机构应当通过协议约定禁止特约商户存储客户银行卡的磁道信息或芯片信息、验证码、有效期、密码等敏感信息,并采取定期检查、技术监测等必要监督措施。特约商户违反协议约定存储上述敏感信息的,支付机构应当立即暂停或者终止为其提供网络支付服务,采取有效措施删除敏感信息,防止信息泄露,并依法承担因相关信息泄露造成的损失和责任。

支付机构可以组合选用下列三类要素,对客户使用支付账户余额付款的交易进行验证:第一,仅客户本人知悉的要素,如静态密码等;第二,仅客户本人持有并特有的,不可复制或者不可重复利用的要素,如经过安全认证的数字证书、电子签名,以及通过安全渠道生成和传输的一次性密码等;第三,客户本人生理特征要素,如指纹等。支付机构应当确保采用的要素相互独立,部分要素的损坏或者泄露不应导致其他要素损坏或者泄露。

支付机构采用数字证书、电子签名作为验证要素的,数字证书及生成电子签名的过程应符合《中华人民共和国电子签名法》《金融电子认证规范》等有关规定,确保数字证书的唯一性、完整性及交易的不可抵赖性。支付机构采用一次性密码作为验证要素的,应当切实防范一次性密码获取端与支付指令发起端为相同物理设备而带来的风险,并将一次性密码有效期严格限制在最短的必要时间内。支付机构采用客户本人生理特征作为验证要素的,应当符合国家、金融行业标准和相关信息安全管理要求,防止被非法存储、复制或重放。

3. 关于支付安全的规定

支付机构应根据交易验证方式的安全级别,按照下列要求对个人客户使用支付账户余额付款的交易进行限额管理:第一,支付机构采用包括数字证书或电子签名在内的两类(含)以上有效要素进行验证的交易,单日累计限额由支付机构与客户通过协议自主约定;第二,支付机构采用不包括数字证书、电子签名在内的两类(含)以上有效要素进行验证的交易,单个客户所有支付账户单日累计金额应不超过5000元(不包括支付账户向客户本人同名银行账户转账);第三,支付机构采用不足两类有效要素进行验证的交易,单个客户所有支付账户单日累计金额应不超过1000元(不包括支付账户向客户本人同名银行账户转账),且支付机构应当承诺无条件全额承担此类交易的风险损失赔付责任。

支付机构网络支付业务相关系统设施和技术,应当持续符合国家、金融行业标准和相关信息安全管理要求。如未符合相关标准和要求,或者尚未形成国家、金融行业标准,支付机构应当无条件全额承担客户直接风险损失的先行赔付责任。

支付机构应当在境内拥有安全、规范的网络支付业务处理系统及其备份系统,制定突发事件应急预案,保障系统安全性和业务连续性。支付机构为境内交易提供服务的,应当通过境内业务处理系统完成交易处理,并在境内完成资金结算。

支付机构应当采取有效措施,确保客户在执行支付指令前可对收付款客户名称和账号、交易金额等交易信息进行确认,并在支付指令完成后及时将结果通知客户。因交易超时、无响应或者系统故障导致支付指令无法正常处理的,支付机构应当及时提示客户;因客户原因造成支付指令未执行、未适当执行、延迟执行的,支付机构应当主动通知客户更改或者协助客户采取补救措施。

支付机构应当通过具有合法独立域名的网站和统一的服务电话等渠道,为客户免费提供至少最近一年以内交易信息查询服务,并建立健全差错争议和纠纷投诉处理制度,配备专业部门和人员据实、准确、及时处理交易差错和客户投诉。支付机构应当告知客户相关服务的正确获取途径,指导客户有效辨识服务渠道的真实性。支付机构应当于每年1月31日前,将上一年度发生的客户投诉数量和类型、处理完毕的投诉占比、投诉处理速度等情况在网站对外公告。

支付机构应当充分尊重客户自主选择权,不得强迫客户使用本机构提供的支付服务,不得阻碍客户使用其他机构提供的支付服务。支付机构应当公平展示客户可选用的各种资金收付方式,不得以任何形式诱导、强迫客户开立支付账户或者通过支付账户办理资金收付,不得附加不合理条件。

支付机构因系统升级、调试等原因,需暂停网络支付服务的,应当至少提前5个工作日予以公告。支付机构变更协议条款、提高服务收费标准或者新设收费项目的,应当于实施之前在网站等服务渠道以显著方式连续公示30日,并于客户首次办理相关业务前确认客户知悉且接受拟调整的全部详细内容。

4.3 网络金融及其风险防范

4.3.1 网络金融及其发展

1. 网络金融的发展阶段

1)金融互联网阶段

第一阶段是2005年以前,这一阶段主要是通过互联网技术帮助金融机构做传统业务。

2)第三方支付崛起

第二阶段是从2005年到2012年,网络开始在我国逐渐普及,在这个过程中,第三方支付机构随着电子商务的发展逐渐成长起来,互联网与金融的结合开始从技术领域深入到金融业务领域,这一阶段的标志性事件是2011年中国人民银行开始发放第三方支付牌照,由此,第三方支付机构进入快速发展的轨道,为网络支付、结算等方面带来很大便利。随着电子商务和网络支付的发展,电子货币也得到发展。

3)互联网金融爆发式发展阶段

第三阶段是从2012到2013年,应该说2013年是互联网金融得到爆发式发展的一年,从这一年开始,P2P网络贷款平台发展迅速,各类依托互联网的"众筹"融资平台开始起步,第一家从事网络保险的公司获批,一些银行、电商以互联网为依托对传统业务模式进行互联网改造,加速建设线上创新平台。

4)互联网金融开始向全方位金融服务方向发展

从2014年开始,互联网金融的发展进入到第四阶段,主要是互联网金融开始向全方位金融服务方向发展。移动支付、云计算、社交网络、搜索引擎等新兴技术与传统金融深入结合,催生出形态各异的互联网金融模式,可以为客户提供全方位、无缝、快捷、安全高效的金融服务。目前互联网金融的创新运营模式层出不穷,比如第三方支付平台模式、P2P网络信贷模式、P2B模式(个人向小型企业提供贷款)、"众筹"模式,以及随着电子商务崛起而产生的虚拟货币及交易等,以及电商发起创立的互联网银行模式。还有搜索比价模式,即通过金融产品搜索引擎的方式,在一个金融平台把有投资理财需求的个人和有资金需求的中小银行和贷款机构进行对接,使得商业银行能通过互联网渠道批量获得客户。

2. 网络银行

1)网络银行的定义与内容

网络银行是指设在互联网上的金融站点,没有银行大厅,没有营业网点,只需通过与互联网连接的计算机进入站点就能够在任何地方24小时进行银行各项业务的一种金融机构,又被称作"虚拟银行"。

一般意义上的网络银行包括三个要素：一是需要具备互联网或其他电子通信网络；二是基于电子通信的金融服务提供者；三是基于电子通信的金融消费者。这种全新的为客户服务的方式，可以使客户不受地理、时空的限制，只要能上网，就能够在家里、办公室或旅途中方便快捷地管理自己的资产，了解各种信息及享受到银行的各种服务。

2) 网络银行的分类

(1) 按照有无实体网点分类。

一类是完全依赖于互联网的无形的电子银行，也叫"虚拟银行"。所谓虚拟银行，就是指没有实际的物理柜台支持的网络银行，这种网络银行一般只有一个办公地址，没有分支机构，也没有营业网点，采用国际互联网等高科技服务手段与客户建立密切联系，提供全方位的金融服务。

另一类是在现有的传统银行的基础上，利用互联网开展传统的银行业务交易服务，即传统银行利用互联网作为新的服务手段为客户提供在线服务，实际上是传统银行服务在互联网上的延伸。这是网络银行存在的主要形式，也是绝大多数商业银行采取的网络银行发展模式。

(2) 按照服务对象分类。

一类是个人网络银行。个人网络银行主要适用于个人和家庭的日常消费、支付与转账。客户可以通过个人网络银行服务，完成实时查询、转账、网上支付和汇款功能。个人网络银行服务的出现，标志着银行的业务触角直接伸展到个人客户的家庭电子计算机桌面上，方便使用，真正体现了家庭银行的风采。

另一类是企业网络银行。企业网络银行主要针对企业与政府部门等企事业客户。企事业组织可以通过企业网络银行服务实时了解企业财务运作情况，及时在组织内部调配资金，轻松处理大批量的网络支付和工资发放业务，并可处理信用证相关业务。

3) 网络银行的特点

(1) 全面实现无纸化交易。传统的票据和单据大部分被电子支票、电子汇票和电子收据所代替；原有的纸币被电子货币，即电子现金、电子钱包、电子信用卡所代替；原有纸质文件的邮寄变为通过数据通信网络进行传送。

(2) 高安全性。网络银行与银行系统内部的互联网与公网完全隔离，提高了网络安全性。系统采用一级防火墙，将外部网与银行内部网隔离。系统采用二级防火墙，对银行内部网与账务主机之间进行网络隔离。系统还采用硬件防火墙进行实时入侵检测，对检测到的入侵，可报警或直接与路由器联动，阻挡入侵者。

(3) 服务方便、快捷、高效、可靠。通过网络银行，用户可以享受到方便、快捷、高效和可靠的全方位服务。任何时候使用网络银行服务，不受时间、地域的限制。

(4) 经营成本低廉。由于网络银行采用了虚拟现实信息处理技术，网络银行可以在保证原有的业务量不降低的前提下，减少营业点的数量。

3. 其他网络金融服务

其他网络金融服务包括第三方支付、P2P 网络贷款平台、"众筹"和大数据金融等。

1) 第三方支付

第三方支付是运用通信、计算机和通信安全技术建立的电子支付模式。按照运营模式第三方支付可分两大类：一类是以快钱、易宝支付为代表的独立的第三方支付模式，完全独立于电子商务网站，不负有担保功能，仅仅为用户提供支付产品和支付系统解决方案；另一类是以支付宝为代表的依托自有电子商务网站,并提供担保功能的第三方支付模式,拥有自有电子商务的巨大用户资源。

2) P2P 网络贷款

P2P 网络贷款是个人、法人等通过独立的第三方网络平台直接进行相互借贷,典型代表有拍拍贷、人人贷等。由于准入门槛、行业标准等一系列监管体制仍未完善,P2P 运营模式较多且尚未完全定型,行业质量参差不齐,仍面临着用户认知程度不足和风控体系不健全等一系列发展障碍,但 P2P 凭着其自身的互联网特性,降低了市场信息的不对称性,以个人与中小企业为主要服务对象,对推动惠普金融及利率市场化有重要意义。

3) 众筹

"众筹"是利用互联网传播的特性,集中大家的资金,为小企业、个人进行某项活动或某个项目或创办企业,向大众筹集必要资金的一种融资服务模式。所需资金的个人和团队需设定筹资目标和筹资时间,并承诺一定的回报,在"众筹"平台上发布自己的项目。"众筹"由于国内严格的公开募资规定以及容易涉及非法集资,现阶段相对冷清,未来"众筹"网站应更注重自身的差异化,避免千篇一律,出现一窝蜂兴起又一大片倒闭的局面。

4) 大数据金融

大数据金融是依托海量、非结构化的数据,通过互联网和"云计算"等对数据进行专业化的挖掘和分析,在此基础上创新性开展相关资金融通的模式。其运营模式有以阿里小额信贷为代表的平台模式和以京东、苏宁为代表的"供应链金融"模式,都是通过分析客户交易消费信息,掌握消费习惯,并准确预测客户行为,凭借对这些海量数据的核查评定,做到精细化服务,并增加对风险的可控性。

4.3.2　网络金融的相关法律法规

1. 互联网银行法规

2006 年 1 月 26 日,中国银保监会颁布《电子银行业务管理办法》,该办法所称电子银行业务,是指商业银行等银行业金融机构利用面向社会公众开放的通讯通道或开放型公众网络,以及银行为特定自助服务设施或客户建立的专用网络,向客户提供的银行服务。

电子银行业务包括利用计算机和互联网开展的银行业务,利用电话等声讯设备和电信网络开展的银行业务,利用移动电话和无线网络开展的银行业务,以及其他利用电子服务设备和网络,由客户通过自助服务方式完成金融交易的银行业务。《电子银行业务管理办法》是互联网银行的重要监管法规。

2. P2P 监管法规

2011 年 8 月 23 日,银保监会发布《关于人人贷有关风险提示的通知》,该通知指出,在当前银行信贷偏紧的情况下,人人贷(简称 P2P)信贷服务中介公司呈现快速发展的态势。这类中介公司收集借款人、出借人信息,评估借款人的抵押物,如房产、汽车、设备等,然后进行配对,并收取中介服务费。有关媒体对这类中介公司的运作及影响作了大量报道,引起多方关注。对此,银保监会组织开展了专门调研,发现大量潜在风险并予以提示。由此可见,该通知只是对人人贷的一个风险提示文件。

在 2013 年 11 月 25 日举行的九部委处置非法集资部际联席会议上,央行对 P2P 网络借贷行业非法集资行为进行了清晰的界定,主要包括三类情况:资金池模式、不合格借款人导致的非法集资风险,以及庞氏骗局。

3. "众筹"融资法规

美国证券交易委员会(SEC)批准了对"众筹"融资进行监管的草案,面向公众的"众筹"融资在2012年得到了《促进创业企业融资法案》的认可,即在互联网上为各种项目、事业甚至公司筹集资金得到法律确认。这是美国政府对"众筹"融资进行监管的重要措施。

2013年9月16日,中国证监会通报了"淘宝网"上,部分公司涉嫌擅自发行股票的行为并予以叫停。叫停依据是《国务院办公厅关于严厉打击非法发行股票和非法经营证券业务有关问题的通知》,其中规定,"严禁任何公司股东自行或委托他人以公开方式向社会公众转让股票"。该"众筹",即利用网络平台向社会公众发行股票的行为被首次界定为"非法证券活动"。虽然这种"众筹"模式有利于解决中小企业融资难的顽疾,但考虑到现行法律框架,国内的"众筹"网站不能简单复制美国模式,必须走出一条适合中国国情的"众筹"之路才更具现实意义。

依据《最高人民法院关于审理非法集资刑事案件具体应用法律若干问题的解释》的规定,"众筹"模式在形式上很容易踩压违法的红线,即未经许可、通过网站公开推荐、承诺一定的回报、向不特定对象吸收资金,构成非法集资的行为。美国为"众筹"立法,我们可借鉴美国的JOBS法案对"众筹"模式进行规范,但还须一个循序渐进的过程。

4. 虚拟货币法规

2009年6月4日,文化和旅游部与商务部联合发布了《关于加强网络游戏虚拟货币管理工作的通知》,该通知规定要严格市场准入,加强对网络游戏虚拟货币发行主体和网络游戏虚拟货币交易服务提供主体的管理。从事"网络游戏虚拟货币交易服务"业务须符合商务主管部门关于电子商务(平台)服务的有关规定。除利用法定货币购买之外,网络游戏运营企业不得采用其他任何方式向用户提供网络游戏虚拟货币。2009年7月20日,文化和旅游部发布《"网络游戏虚拟货币发行企业""网络游戏虚拟货币交易企业"申报指南》,为开展经营性互联网文化单位申请从事"网络游戏虚拟货币发行服务"业务的申报和审批工作提供可操作性指导规则。

2008年9月28日,国家税务总局《关于个人通过网络买卖虚拟货币取得收入征收个人所得税问题的批复》,明确了虚拟货币的税务处理,即个人通过网络收购玩家的虚拟货币,加价后向他人出售取得的收入,属于个人所得税应税所得,应按照"财产转让所得"项目计算缴纳个人所得税。

4.3.3 网络金融的风险防控

1. 网络金融的风险

传统金融行业面临的风险在网络金融行业依然存在。信用风险、信息安全风险、流动性风险、法律风险、技术风险等仍然是互联网金融企业需要面对的风险。

(1)信用风险。信用风险指交易对手没有能力继续履约而给其交易对手带来的风险。从互联网金融企业看,由于互联网企业大数据主要是基于电子商务交易的数据,数据来源单一,数据有效性、真实性不足,其数据质量的可靠性存疑。此外,在目前社会信用体系建设仍不完善的情况下,互联网企业不具备类似银行的风控、合规机制,其风控机制往往要服从便捷性等用户体验优先的设计,一定程度上也制约了对客户尽职调查的深度。从互联网金融企业客户看,互联网交易客户具有分散的特点、交易双方地域分布分散化,这种信息不对称的问题导致潜在信用风险更加严重。现实中,大部分互联网金融网络贷款平台对投融资双方的资质审查不严格,在融资端和资产端审查不够,准入门槛低,加之交易平台的信息披露制度普遍不够完善,构成潜在的信用风险。

(2)信息安全风险。信息安全风险是指由于信息系统安全系数的不足,存在一定的漏洞,进而导致风险发生。此处是指在网络金融业务开展的过程中,由于信息系统自身的缺陷和不足,以及人为破坏和攻击,带来不可预测的风险和无法挽回的损失。长时间以来,信息安全风险是金融行业始终无法回避的风险,无论是经营多年的商业银行还是新兴的网络金融平台,都面临着此类风险。现实中由于网络金融开展业务,都是借助计算机网络和程序来完成的,一旦计算机系统出现问题,如病毒侵袭、黑客攻击等都可能会造成金融系统的全面瘫痪,导致原有的业务无法正常开展。

(3)流动性风险。流动性风险是金融资产流动性不足或负债发生波动而造成的风险。互联网金融的融资方经常在高杠杆比率下经营,无抵押无担保状态下的借款比较多。为了开拓市场,吸引更多投资者,互联网金融平台纷纷推出高收益、高流动性的产品,看似诱人的回报背后实际隐藏着期限错配问题,容易导致流动性风险。

(4)法律风险。法律风险是金融企业经营过程中违反法律法规和监管政策导致的风险。互联网金融企业的经营必须符合国家的法律法规,但在互联网金融发展初期,互联网金融处于无准入门槛、无监管机构、无行业规则的"三无"状态。为了适应互联网金融的发展,监管部门已经颁布《关于促进互联网金融健康发展的指导意见》。近期,征求意见的《网络借贷信息中介机构业务活动管理暂行办法》及《互联网金融风险专项整治工作实施方案》等一系列的监管政策已经为互联网金融行业的发展,奠定了合规经营的基本准则。

(5)技术风险。对于操作风险而言,由于互联网企业具有的网络科技特性,互联网金融的技术风险比较突出。互联网金融平台依靠电脑、移动终端,以及网络开展交易,其核心交易数据存储于IT系统。一方面,其硬件设备可能存在漏洞;另一方面,互联网金融交易依托网络传输数据也存在安全隐患。如果受到黑客攻击,互联网金融企业的运营受到影响,客户的资金和信息安全均受到威胁。此外,技术的不成熟,会导致信息泄露、丢失、被截取、被篡改,影响到信息的保密性、完整性、可用性。这些信息安全问题进而又会造成客户隐私泄露,威胁客户资金安全。

2. 网络金融风险防控

明确互联网金融行业的准入门槛。发起人应当具有一定的稳健经营年限,具有一定规模的资产,有相应的风险承受能力。同时,从事互联网金融必须有一定金融工作经验和信息技术的团队,具有健全的管理制度,股东的基本信息应予以充分披露。

(1)完善经营规则。互联网金融企业应当制定符合行业特点的经营准则,针对其风险特征制定相应制度。针对信用风险,完善金融机构信息披露的责任和机制,拓宽平台的信用数据收集渠道。针对流动性风险和法律风险,金融机构应当建立自身的流动性管理体系和法律风险管理体系,对流动性风险和法律风险实时监测评估;针对操作风险,金融企业要建立规范的技术标准,采用防火墙、数据加密等安全技术,采用密码等身份验证方式,还要建立业务操作规范和系统,保障技术安全。

(2)完善信息披露制度。互联网金融机构应当对客户进行充分的信息披露,及时向投资者公布其经营活动和财务状况的相关信息,以便投资者充分了解机构运作状况,促使从业机构稳健经营和控制风险。针对具体的交易产品,互联网金融机构应当向各方详细说明交易模式、参与方的权利和义务,并进行充分的风险披露,全面、客观、清晰地披露相关业务和产品的信息,及时提示风险,充分保障消费者的知情权。

(3)完善消费者保护制度。《关于加强金融消费者权益保护工作的指导意见》规定,从事金融相关业务的机构应当遵循平等自愿、诚实守信等原则,充分尊重并自觉保障金融消费者的知情权、自主选择权、公平交易权、依法求偿权、受教育权、受尊重权、信息安全权等基本权利和财产安全。互联网金融企业应当充分认识客户利益第一的原则,从保护客户上述权益出发,依法、合规开展经营活动。相关部门也要根据互联网企业的特点,进一步完善监督管理机制,规范金融机构的行为,保障消费者权益,优化金融环境。

【本章小结】

首先,本章介绍了电子支付结算有关内容,其中包括电子支付的定义与特征及其相关法律关系与相关法律法规。其次,介绍了第三方支付结算的相关法律法规。再次,介绍了网络金融的相关法律法规与其风险防范。电子支付结算是实现电子商务的基础,电子支付结算主要讲述电子支付结算的基本知识,简要地介绍了电子支付结算与第三方支付结算的相关法律法规,包括电子支付结算的定义与内容、类型与特征、流程、互联网金融的健康发展,与第三方支付结算的结构、机构及准入、运行管理、风险管理与客户权益管理。最后,介绍了网络金融相关知识,从网络金融本身与其发展流程出发,讲解了网络金融的相关法律法规。在此基础上,概要地介绍了目前网络金融面对的风险与其风险防控途径。

【思考题】

1. 试述我国电子商务法对电子支付结算的意义。
2. 思考电子支付对电子商务发展的具体价值。
3. 简述第三方支付结算的准入要求。
4. 讨论第三方支付结算结构的运作流程。
5. 试述第三方支付结算中风险管理的具体措施。
6. 简述网络金融的发展历程。
7. 思考网络金融风险防控的重大意义。

拓展内容(4)

第5章 电子商务物流相关法律法规

【典型案例】

物流法律规范调整对象案例

2017年10月,北京某商品采购中心向上海某水泥公司采购了10吨水泥,并将其交给物流公司运输至天津的配送中心。

由于暴雨导致交通阻断,该物流公司迟延2天送达,在商品入库时,采购中心依据采购协议进行检验,发现货物没有达到合同规定的质量标准,提出退货和赔偿要求。同时,该批货物由于违反国家规定的强制环保标准,被当地执法部门依法查封。

5.1 物流法律法规概述

5.1.1 物流及物流业

根据《中华人民共和国国家标准物流术语》的定义:物流是指物品从供应地向接收地的实体流动过程,根据实际需要,将运输、储存、装卸、搬运、包装、流通加工、配送、信息处理等基本功能实施有机结合来实现用户要求的过程。

物流业是融合运输业、仓储业、货代业和信息业的复合型服务产业,是国民经济的重要组成部分,涉及领域广,吸纳就业多,促进生产、拉动消费作用大,在促进产业结构调整、转变经济发展方式和增强国民经济竞争力等方面发挥着重要作用。

运输、仓储、搬运装卸、包装、流通加工、配送、信息管理等物流"七要素"构成了物流系统,随着现代化水平的提高,物流业从传统的仓储、运输等功能性环节朝着系统化、综合化的方向发展,必须要建立健全相关的法律法规。

5.1.2 物流法律法规及其类型

物流法律法规是指调整在物流活动中产生的以及与物流活动相关的社会关系的法律规范的总和。物流活动的每一个环节都有相应的法律法规加以规范,其中所涉及的法律制度包括多式联运、物流合同、物流过程中的物流保险,以及相关单项立法所特有的法律制度。

按调整方式,可以把物流法律法规分为管制法规与交易法规。管制法规中大部分为经济法规;交易法规主要为民商事法律规范,即平等主体之间自由的财产流转法。

按法律效力,可以将当前的物流法律法规分为三种:一是国家制定的与物流相关的法律法规,如铁路法、海商法等;二是涉及物流与公路、海港、航道相关的管理条例等行政法规,主要包括公路、水路、铁路、航空货运合同的实施细则、航道管理条例及海港管理暂行条例、公路管理办法、联合运输问题的暂行规定等;三是由中央各部委颁布的与物流有关的规章制度,如货物搬运的规定、商品包装的暂行规定、商业运输管理办法、国际铁路货物联运的规定、铁路运输管理办法等，这些都属于我国的物流法律法规。

5.1.3 物流法律法规的调整对象

物流法律法规的调整对象是指物流法作为特殊的法律规范体系对现实生活发生作用的范围。物流法律法规的调整对象是由物流活动产生并与物流活动有关的社会关系。

依据物流法规所调整的社会关系性质的不同，可以将其调整对象分为两个部分：一是物流活动当事人之间的关系；二是国家行政主体与物流活动当事人之间的关系。同时，也覆盖了以下三种关系：政府对物流市场的宏观调控关系、政府对物流经营主体的监管关系、物流作业过程中发生的物流主体之间的特定社会关系。

5.1.4 物流法律关系

物流法律关系是以物流主体权利与义务为内容的法律关系。物流法律关系如同民事法律关系一样，由主体要素、内容要素和客体要素组成。

物流法律关系主体主要是三类：物流企业（服务、供应商）、客户和政府；物流法律关系的客体就是物流企业提供的服务；物流法律关系的内容是指物流法律关系主体在物流活动中享有的权利和承担的义务。

权利是指权利主体能够凭借法律的强制力或合同的约束力，在法定限度内自主为或不为一定行为，以及要求义务主体为或不为一定行为，以实现其实际利益的可能性。

义务是指义务主体依照法律规定或应权利主体的要求必须为或不为一定行为，以协助或不妨碍权利主体实现其利益的必要性。

1. 物流法律关系的主体

主体是物流法律关系中权利和义务的承担者，有权利主体和义务主体。享受权利的一方为权利主体，承担义务的一方为义务主体。在大多数情况下，当事人双方既享受权利，又承担义务，既是权利主体，又是义务主体。但在某些场合下，一方只享受权利，另一方只承担义务。如在赠与关系中，赠与人只负担将赠与财产交归受赠人所有的义务，受赠人只享受接受赠与的权利。权利主体和义务主体的人数既可以是单一的，也可以是多数的；既可以是特定的，也可以是不特定的。如债权关系中，债权人和债务人每一方既可以是一人，也可以是几个人；在所有权关系中，权利主体是特定的，义务主体是不特定的。

法律关系的主体，应该具有权利能力和行为能力。权利能力指依法得以参加某种法律关系，并在该法律关系中享有权利和承担义务的资格。行为能力指以自己的行为行使权利和履行义务的能力。行为能力需要有法律所认可的权利能力的存在为前提。

权利主体包括自然人、法人和其他组织。

1）自然人

自然人包括本国公民、外国人和无国籍人。自然人具有主体资格，可以作为物流法律关系的主体。自然人成为物流服务的提供者将受到很大的限制，可以通过接受物流服务，而成为物流法律关系的主体。

2）法人

法人是指具有民事权利能力和民事行为能力，依法享有民事权利和承担民事义务的组织。

3)其他组织

其他组织是指合法成立、具有一定组织机构和财产,但不具备法人资格,不能独立承担民事责任的组织。如,依法登记领取营业执照的个体工商户、个人独资企业、合伙组织;依法登记领取营业执照的合伙型联营企业;依法登记领取我国营业执照的中外合作经营企业、外资企业;经民政部门批准登记领取社会团体登记证的社会团体;依法设立并领取营业执照的法人分支机构;经核准登记领取营业执照的乡镇、街道、村办企业等。

2. 物流法律关系的客体

法律关系的客体又称权利客体,是指法律关系主体的权利和义务指向的对象。在现实生活中,由于人们在物质和精神上的需要是多方的,因而法律关系的客体也是多种多样的。但一般来说,法律关系的客体包括物、非物质财富和行为结果三类。其中物是指物质财富,包括自然物,如森林、河流,也包括人造物,如房屋、汽车;非物质财富是指脑力劳动的知识性成果以及其他与人身相联系的非财产性财富,如文艺作品、商标,以及公民的肖像、名誉;行为结果,即行为的结果或行为所造就的状态,如各种服务。

3. 物流法律关系的发生、变更和终止

物流法律关系的发生又称法律关系的设立,是指因某种物流法律事实的存在而在物流主体之间形成了权利和义务关系。物流法律关系发生的原因,首先取决于某种物流法律事实的存在。物流法律事实是指由民法典所规定的,引起物流法律关系发生、变更和消灭的现象,分为事件和行为两大类。

物流法律关系的变更,是指因某种物流法律事实的出现而使物流主体之间已经发生的物流法律关系的某一要素发生改变。变更的原因是法律规定或者合同约定的某种物流法律事实的出现。

物流法律关系的终止,是指因某种物流法律事实的出现而导致业已存在的物流法律关系归于消灭。终止的原因,是因为出现了某种规定或约定的物流法律事实,其法律后果是原本存在的某种物流法律关系不复存在。

▶ 5.2 物流采购法律法规

5.2.1 物流采购法律法规概述

采购是指个人或单位在一定的条件下从供应市场获取产品或服务作为自己的资源,为满足自身需要或保证生产、经营活动正常开展的一项经营活动。

采购,既是一个商流过程,也是一个物流过程。采购的基本作用,就是将资源从资源市场的供应者手中转移到用户手中的过程。在这个过程中,一是要实现将资源的物质实体从供应商手中转移到用户手中。前者是一个商流过程,主要通过商品交易、等价交换来实现商品所有权的转移;后者是一个物流过程,主要通过运输、储存、包装、装卸、流通加工等手段来实现商品空间位置和时间位置的完整结合,缺一不可。只有这两个方面都完全实现了,采购过程才算完成。因此,采购过程实际上是商流过程与物流过程的统一。

随着市场经济的发展、技术的进步、竞争的日益激烈,采购已由单纯的商品买卖发展成为一种职能,一种可以为企业节省成本、增加利润、获取服务的资源。

1. 物流采购法律法规

1)《民法典 合同编》

合同是平等主体的自然人、法人和其他组织之间设立、变更、终止民事权利义务关系的协议。《民法典 合同编》是为了调整平等主体之间的交易关系而做出的制度安排,主要规定合同的订立、效力、履行、变更、解除、保全、违约责任等问题。

2)《招标投标法》

招标投标法是国家用来规范招标、投标活动,调整在招标、投标过程中产生的各种关系的法律规范的总称。

3)《政府采购法》

《政府采购法》是为了规范政府的采购行为,提高政府采购资金的使用效益,维护国家利益和社会公共利益,保护政府采购当事人的合法权益,促进廉政建设而制定的法律。

4)联合国国际货物销售合同公约(CISG)

联合国国际货物销售合同公约是联合国大会在第六届特别会议通过的关于建立新的国际经济秩序的各项决议的广泛目标,是在平等互利基础上发展国际贸易,是促进各国间友好关系的重要因素。

2. 采购中涉及的主要法律关系

1)买卖合同关系

《民法典 合同编》第九章中规定,买卖合同是出卖人把标的物的所有权转移给买受人,买受人支付价款的合同。

买卖关系的主体是出卖人和买受人。转移买卖标的物的一方为出卖人,即卖方;受领买卖标的、支付价金的一方是买受人,即买方。

买卖合同的内容一般包括标的物的名称、数量、质量、价款、履行期限、履行地点和方式、包装方式、检验标准和方法、结算方式、合同使用的文字及其效力等条款。

2)承揽合同关系

《民法典 合同编》第九章中规定,承揽合同是承揽人按照定作人的要求完成工作,交付工作成果,定作人给付报酬的合同。承揽包括加工、定作、修理、复制、测试、检验等工作。

在承揽合同中,完成工作并交付工作成果的一方为承揽人;接受工作成果并支付报酬的一方称为定作人。承揽合同是日常生活中除买卖合同外常见和普遍的合同,如果合同中没有以承揽人、定作人指称双方当事人,也不影响对其法律性质的认定。承揽合同的承揽人可以是一人,也可以是数人。在承揽人为数人时,数个承揽人即为共同承揽人,如无相反约定,共同承揽人对定作人负连带清偿责任。

承揽合同的内容一般包括承揽的标的、数量、质量、报酬、承揽方式、材料的提供、履行期限、验收标准和方法等条款。

3)租赁合同关系

《民法典 合同编》第九章中规定,租赁合同是指出租人将租赁物交付给承租人使用、收益,承租人支付租金的合同。

在当事人中,提供物的使用或收益权的一方为出租人;对租赁物有使用或收益权的一方为承租人。租赁合同的成立不以租赁物的交付为要件。凡是当事人需要取得对方标的物的临时使用、收益而无须取得所有权,并且该物不是消耗物时,都可以适用租赁合同。租赁物须为法律允许流通的动产和不动产。租赁合同包括房产租赁合同、汽车租赁合同、土地租赁合同、商铺租赁合同等。

租赁合同的内容一般包括租赁物的名称、数量、用途、租赁期限、租金及其支付期限和方式、租赁物维修等条款。

5.2.2 标的物交付

关于标的物的交付,在《民法典 合同编》及其他相关法律法规中都有详细规定。

1. 标的

为了确定当事人追求的司法效果的基本内容而要求当事人自己必须予以明确确定的内容即是标的,如货物交付、劳务交付、工程项目交付等。它是合同成立的必要条件,是一切合同的必备条款。标的的种类总体上包括财产和行为,其中财产又包括物和财产权利,具体表现为动产、不动产、债权、物权等;行为又包括作为、不作为等。

合同标的是合同法律关系的客体,是合同当事人权利和义务共同指向的对象。标的条款必须清楚地写明标的名称,使标的特定化,以界定权利义务。

2. 标的物

买卖合同的标的物是指卖方所出卖的货物。买卖合同广义上的标的物不仅指物,还包括其他财产权利,如债权、知识产权、永佃权等。我国《民法典 合同编》所规定的标的物采取狭义标准,指实物,不包括权利。买卖合同的标的物,是指能满足人们实际生活需要,能为人力独立支配的财产。除法律禁止或限制外,任何标的物,无论是动产或不动产,种类物还是特定物,消费物还是非消费物,均可作为买卖合同的标的物。

在我国,土地、山脉、河流、海洋只能由国家依法确定使用主体,不能作为买卖合同的标的物。

标的是指合同当事人之间存在的权利义务关系,如在房屋租赁中,标的是房屋租赁关系,而标的物是所租赁的房屋。标的和标的物并不是永远共存的。一个合同必须有标的,而不一定有标的物。如在提供劳务的合同中,标的是当事人之间的劳务关系,没有标的物。

3. 标的物所有权

标的物所有权是指标的物所有人依法对其财产享有占有、使用、收益和处分的权利。

在一切民事商事活动中,财产所有权是一项最基本的民事权利。人们只有拥有财产,才能从事各种各样的民事商事活动。财产所有权具有排他性,即财产所有人对其拥有的财产享有充分的独占权和支配权,同一财产只能设定一项所有权,依法设定后,其他任何人(或单位)都不得侵犯这种权利。当然,这种排他性并不意味着同一财产只能由一个人享有所有权,两个或者两个以上的共有人可以对同一财产享有同一个所有权。

物权转移即标的物所有权转移,是指买卖合同的标的物自出卖人转移归买受人所有。因为买卖合同是指转移标的物所有权的合同,买受人的目的是支付价款以取得标的物的所有权,出卖人的目的是出让标的物的所有权以取得价款。

标的物所有权转移是买卖合同的基本问题,关系着当事人切身利益的实现。标的物的所有权转移到买方后,如果买方拒付价款或者遭遇破产,卖方将会受到重大损失。除非卖方保留了标的物的所有权,或者在标的物上设定了某种担保权益。否则,一旦买方在付款前破产,卖方就只能以普通债权人的身份参与破产财产的分配,其所得可能会大大少于应收的价款。因此,讨论买卖合同标的物所有权转移,主要就是弄清标的物所有权转移的时间。

4. 标的物交付

出卖人在交付标的物时应按照合同规定的数量、质量、期限、方式和时间完成交付。交付标的物是出卖人的首要义务,也是买卖合同最重要的合同目的。

1)标的物交付时间

卖方应按约定的时间交付标的物。合同有约定的,依照合同约定;法律有规定的,依照法律规定;法律没有规定且当事人也没有约定的,按以下规则确定交付时间。

(1)债务人(义务主体)可以随时履行,债权人(权利主体)也可以随时要求履行,但应当给对方必要的准备时间。

(2)合同的标的物在合同订立前已被买方实际占有的,合同生效时间即为给付时间。即买卖合同订立之前买受人已经实际占有标的物的情况下,合同生效即视为标的物已交付。

(3)需要办理特别手续的,办完法定手续的时间为交付时间,如批准、登记等。

(4)卖方送货的,卖方将标的物运到预订地点,由买方验收后,视为交付。

(5)买方自己提货的,卖方通知的提货时间即为交付时间,但卖方通知的时间应给买方留有必要的在途时间。

(6)卖方代为邮寄或托运的,卖方办完托运或邮寄手续后,视为交付。

一般情况下,交付时间即为标的物所有权转移的时间。即在买卖中,交付标的物与转移所有权往往为同一行为,也就是说,买卖中交付标的物与标的物所有权转移往往是同时发生的。但是,在少数情况下,交付标的物的时间并不是标的物所有权转移的时间。因此,在买卖中,虽然习惯上人们把交付标的物视为标的物所有权转移,但这两种行为是不能画等号的。有些买卖合同,如城市房屋买卖,即使双方签订了买卖合同,买受人也付了款并占有了该房屋,但只要没有向城市房屋管理部门办理该房屋所有权转让并取得登记手续,房屋所有权在法律上仍为出卖人享有。

另外,需要指出的是,买卖的标的物所有权是否发生转移并不一定是以买受人是否付款为标准,而是以是否实现交付或者法律、合同特别规定的转移时间条件为准。只要具备了这种时间条件,即使买受人没有按照合同规定付款,该物的所有权在法律上已为买受人享有。当然,买受人没有按照合同约定付款,是买受人违约,应当承担违约赔偿责任。

2)标的物交付地点

卖方应按约定地点交付标的物。合同有约定的,依照合同约定;法律有规定的,依照法律规定;法律没有规定且当事人也没有约定的,按以下规则确定交付地点。

(1)给付货币的,在接受货币一方所在地履行;交付不动产的,在不动产所在地履行;属于其他标的的,在履行义务一方所在地履行。

(2)标的物需要运输的,出卖人应将标的物交付给第一承运人给买受人;标的物不需要运输的,出卖人和买受人订立合同时知道标的物在某一地点的,出卖人应当在该地点交付标的物;不知道标的物在某一地点的,应当在出卖人订立合同时的营业地交付标的物。

(3)卖方送货的,卖方将标的物运到预订地点,由买方验收后,视为交付。卖方代为邮寄或托运的,卖方办完托运或邮寄手续后,视为交付。

(4)买方自己提货的,卖方通知的提货时间即为交付时间,但卖方通知的时间应给买方留有必要的在途时间。

3)标的物交付方式

(1)现实交付。

出卖人将标的物置于买受人的实际控制之下,即标的物直接占有的移转,此为交付的常态。现实交付依交货方式的不同,可以再分为三种情形:送货上门、上门提货和代办托运。

(2)观念交付。

观念交付分为以下三种。

拟制交付:即交付提取标的物的单证,以代替标的物现实交付的交付方式。标的物的单证,即物权凭证,包括仓单、提单等。

简易交付:即买卖合同订立前,买受人已经通过租赁、借用、保管等合同关系实际占有标的物,标的物的交付系于合同生效的交付方式。

占有改定:即由双方当事人签订协议,使买受人取得标的物的间接占有,以代替标的物直接占有的移转的交付方式。我国相关法律未确认这种交付方式,此处仅作学理探讨。

根据电子商务的特点,《电子商务法》第五十一条和第五十二条规定了合同标的的交付方式和对应的交付时间:合同标的为交付商品并采用快递物流方式交付的,收货人签收时间为交付时间;合同标的为提供服务的,生成的电子凭证或者实物凭证中载明的时间为交付时间;前述凭证没有载明时间或者载明时间与实际提供服务时间不一致的,实际提供服务的时间为交付时间。

合同标的为采用在线传输方式交付的,合同标的进入对方当事人指定的特定系统并且能够检索识别的时间为交付时间。合同当事人对交付方式、交付时间另有约定的,从其约定。

电子商务当事人可以约定采用快递物流方式交付商品。快递物流服务提供者应当遵守法律、行政法规的规定,并应符合承诺的服务规范和时限。快递物流服务提供者在交付商品时,应当提示收货人当面查验;交由他人代收的,应当经收货人同意。

5.2.3 国际货物买卖

1. 国际货物买卖的特点

国际货物买卖合同是营业地在不同国家的当事人之间所签订的货物买卖合同,与国内货物买卖合同相比,具有以下特点。

1)具有涉外性

一方面,当事人的营业地分别处在不同的国家。《联合国国际货物销售合同公约》(以下简称《公约》)第一条规定:"本公约适用于营业地在不同国家的当事人之间所订立的货物销售合同。"当事人的营业地是否在不同的国家是区分一份买卖合同是否具有国际性的主要标准;另一方面,国际货物买卖合同的订立可能在不同的国家完成,或者合同订立虽在一个国家完成,但是合同的履行却在另一个国家。

2)国际货物买卖的标的物的排除性规定

根据《公约》规定,仅供私人和家庭使用的货物、拍卖的货物、股票、投资证券、流通票据或货币、船舶或飞机、电力等不得作为国际货物买卖合同的标的物。

3)法律适用的复杂性

国际货物买卖合同适用的法律不仅有国内法,还有国际条约及国际惯例。

4)争议管辖的多样性

国际货物买卖发生纠纷时,合同双方当事人可以选择,或根据有关的规定、合同的内容及合同的不同类型来确定管辖法院或仲裁机构。被确定的法院或仲裁机构可能是双方所属国的,也可能是双方选择的第三国的,同时不排除第四国根据专属管辖权原则进行实际管辖。

2. 国际货物买卖合同的主要内容

国际货物买卖合同主要包括:约首、基本条款和约尾三部分。

(1)约首:一般包括合同名称、合同编号、缔约双方名称和地址、联系方式等。

(2)基本条款:包括合同标的的名称、规格、质量、数量;合同的价款,单价、总价、币种、汇率风险的规避等;买卖双方的义务;包装条款;价款的支付方式;合同的履行;保险条款;检验条款;不可抗力条款;争议解决的方式。

(3)约尾:合同的最后一部分,一般包括订约日期、订约地点和双方当事人签字等内容。

3. 国际货物买卖合同的形式

《涉外经济合同法》第七条规定:当事人就合同条款以书面形式达成协议并签订,即为合同成立。《关于适用<涉外经济合法>若干问题解答》第三条规定:订立合同未用书面形式的无效。我国在参加《联合国国际货物销售合同公约》时对国际货物买卖合同的形式做了保留,在我国,国际货物买卖合同必须采用书面形式,口头合同是无效的。

书面合同主要包括正式合同与确认书。

(1)正式合同:主要包括进口合同(import contract)和出口合同(export contract)。书面合同对买卖双方的权利和义务,以及发生争议后的处理明确约定,在大宗、复杂、贵重或成交金额较大的商品交易中普遍采用。

(2)确认书:主要包括销售确认书(sales confirmation)和购买确认书(purchase confirmation)。这是一种简式合同,所包括的条款比正式合同简单,只列明几项主要或基本的条款。这种合同形式适用于金额较小、批数较多的商品交易或在已订有代理、包销等长期协议的情况。虽然确认书内容上比较简单,但在法律上与正式合同具同等效力,对买卖双方均具有约束力。

4. 国际货物买卖合同法律法规

国际货物买卖合同是一种具有跨越国界性的法律关系,它至少涉及买方和卖方两个国家的法律,有时还涉及第三国的法律及国际惯例,因此国际货物买卖合同所涉及的法律规范比国内买卖合同要复杂得多。

1)国内法

国际货物买卖合同首先必须符合国内法的规定。国内法是指由某一国家制定或认可并在该国主权管辖范围内生效的法律。国际货物买卖合同涉及的国内法主要包括合同双方当事人所在国法律和合同相关国家的法律。各国国内法一般都规定了国际货物买卖合同的法律适用的基本原则。我国《民法典 合同编》规定,涉外合同当事人可选择处理同争议所适用的法律。当事人没有选择的,适用与合同有最密切联系的国家的法律。

2)双边或多边国际条约

在对外订立和履行货物买卖合同时,还应符合与合同有关的国际条约的规定。国际货物买卖合同所涉双边或多边国际条约主要包括国与国之间缔结的贸易协定、支付协定、年度议定书、共同交货条件及国际公约。其中最重要、影响最大的国际公约是《联合国国际货物销售合同公约》。1980年3月,该《公约》在联合国外交会议上通过,并于1988年1月1日起生效。联合国国际货物买卖合同公约共分四个部分:适用范围、合同的成立、货物买卖、最后条款,全文共一百零一条。

根据《公约》第一条的规定,该公约适用于营业地点处在不同国家的当事人之间所订立的货物买卖合同。公约强调它确定某项买卖合同是否具有国际性的时候,仅以合同当事人的营业地是否处于不同国家作为唯一标准。至于双方当事人的国籍是否不同,不予考虑。因此,只要买卖双方当事人的营业地处于不同的国家,即使他们具有相同国籍,他们所订立的买卖合同亦认为是国际货物买卖合同,可以适用该公约。合同当事人拥有一个以上营业地点的,则以与该合同及合同的履行有着最密切联系的地点作为该当事人的营业地所在地。

我国是《公约》的首批参加国之一,于1986年12月核准了该公约,并向联合国秘书长交存了核准书。但我国根据具体情况提出了两条保留条款:一是关于合同形式的保留。我国认为国际货物买卖合同的订立、修改和终止都必须采用书面方式,书面方式可以包括电报和电传。二是关于《公约》适用范围的保留。《公约》规定若合同当事人的营业地所在国是《公约》的非缔约国,但根据国际私法规则导致适用某一缔约国的法律,则《公约》对该合同也适用。我国不同意扩大公约的适用范围,仅同意公约适用于缔约国的当事人之间签订的买卖合同。《公约》不具有强制性,双方当事人可以在合同中排除其约束,或在一定条件下变更其效力。

不适用《公约》的情况:仅供私人和家庭使用的货物买卖合同;以拍卖方式进行的买卖;根据某国法律的执行令状或其他令状进行的买卖;股票、投资证券、流通票据或货币的买卖;船舶或飞机的买卖;电力的买卖等。

3) 国际贸易惯例

国际贸易惯例主要指国际组织、商业团体所制定的成文的"规则""解释""定义""惯例"等。这些"规则""惯例"等往往对国际贸易中的某一方面内容作出规定,是国际贸易法的主要渊源之一。国际贸易惯例包括成文的与不成文的惯例。相对于国内法和国际惯例的法律约束力而言,国际贸易惯例遵从当事人"意愿自治"的原则,因此不具有普遍约束力。但是,一旦双方当事人在合同中采用了某项惯例,就成为合同的一部分,对双方当事人具有约束力。或者某些惯例被纳入国内法,或者当事人在合同中未约定也未排除使用某项惯例,而法庭或仲裁庭引用了该惯例作为判决或裁决的依据,在这种情况下,国际贸易惯例同样具有法律约束力。目前在国际上影响较大的关于国际货物买卖的惯例主要有:国际法协会制定的《1932年华沙—牛津条约》、美国一些商业团体共同拟定的《1941年美国对外贸易定义修正本》和国际商会制定的《2000年国际贸易术语解释通则》等。

5. 国际货物买卖合同的磋商订立

国际货物买卖交易的程序,一般包括交易前的准备、磋商订立合同和履行合同三个阶段。其中交易磋商(business negotiation)是整个国际货物买卖过程的前提。国际货物买卖交易磋商主要包括询盘(Enquiry)、发盘(Offer)、还盘(Counter offer)和接受(Acceptance)4个环节,其中发盘和接受是不可缺少的基本环节。

1) 询盘

询盘在实务中称"询价",又称"要约邀请",是指买方或卖方为了购买或销售某种商品向对方询问交易条件的行为。询盘的内容可以涉及价格、规格、品质、数量、包装、装运,以及索取样品等和交易相关的事项,大多数情况下,询盘只询问价格。

询盘分为卖方询盘和买方询盘。在实际业务中,询盘只是探询交易的可能性,不具有法律上的约束力,也不是每笔交易都要经历的程序。询盘可采用口头方式,亦可采用书面方式。询盘可由买方发出,称为"邀请发盘(invitation to make an Offer)",也可以由卖方发出,称为"邀请递盘(invitation to make a Bid)"。

2) 发盘

发盘又称报盘、报价、发价,在法律上称为"要约",是买方或卖方向对方提出各项交易条件,并愿意按照这些条件达成交易、签订合同的一种表示。发盘既是一种商业行为又是一种法律行为。发盘的当事人为发盘人(Offerer)和受盘人(Offeree),又称为发端人(Originator)和收件人(Addressee)。发盘可以分为卖方发盘,即售货发盘(selling offer);买方发盘,即购货发盘(buying offer)。由卖方提出的发盘常被称为卖方发盘;由买方提出的发盘常被称为买方发盘。根据发盘对发盘人是否具有法律约束力,可以分为实盘和虚盘。实盘是指含有确定意思,对发盘人具有法律拘束力的发盘;虚盘是发盘人有保留地愿意按一定条件达成交易的一种意思表示,发盘人可以随时撤回或修改虚盘的内容,因此,虚盘对发盘人没有法律约束力。内容不明确、主要交易条件不完备、发盘人有保留条件的发盘都属于虚盘。

发盘的有效要件

(1) 发盘必须是向特定的人发出的,即发盘必须指定受盘人。《公约》第十四条第二款规定:"非向一个或一个以上特定的人提出的建议,仅应视为邀请发盘,除非提出建议的人明确表示相反的意向。"为了把发盘同普通商业广告等区别开来,规定发盘必须向特定的人提出。"特定的人",指要在发盘中指明受盘人个人姓名或公司名称。受盘人可以是一个,也可以是多个。

(2) 发盘必须是向受盘人提出的订立合同的建议,即只要受盘人完全接受发盘人在发盘中提出的条件,就可以订立合同。

(3) 发盘的内容必须十分确定。《公约》第十四条第一款规定:"一项建议如果表明货物的名称并且明示或暗示规定数量和价格或规定如何确定数量和价格,即为十分确定"。因此,一项发盘只要包含商品的名称、数量、价格或数量与价格的确定方法,就是内容完整确定的发盘。而其他交易条件,如货物的包装、交货或查验等,可在合同成立后,按双方约定、惯例、《公约》有关规定加以完善。

(4) 发盘必须表明发盘人受其约束,即发盘人在发盘时向对方表示,在得到有效接受时,双方即可按发盘的内容订立合同。发盘必须表明明确的订约意旨,即表明发盘经受盘人接受,发盘人即承受约束的意思。发盘的目的是为了与对方订立合同,因此,发盘一旦被接受,合同就成立,发盘人应受到约束。发盘人受约束的表示方式既可以是明示,如在发盘中明确写明"实盘(Firm Offer)",也可以是暗示。

(5) 发盘必须要送达受盘人才能生效。《公约》第十五条规定,"发盘于送达被发盘人时生效。"因此,发盘在未送达受盘人之前,即使受盘人已获悉该发盘内容,也不能接受该发盘。受盘人在发盘送达前作出的对该发盘的接受,不是真正的接受,只能够看作是新的发盘。

发盘的撤回与撤销

(1) 发盘的撤回是指发盘人发出发盘后,在发盘未到达受盘人之前,即在发盘尚未生效之前,将发盘收回,阻止它的生效。《公约》第十五条第二款规定:"一项发盘,即使是不可撤销的发盘,可以撤回,只要撤回的通知在发盘到达受盘人之前或与其同时到达受盘人"。

(2) 发盘的撤销是指发盘人在其发盘已经到达受盘人,即在发盘已经生效的情况下,将发盘取消,解除发盘的效力。各国法律对已送达受盘人的发盘是否可以撤销有不同规定:我国国内法认为,一项发盘一经送达受盘人,即生效后,就不得撤销,除非发盘人在发盘中注明不受约束;英、美、法等国认为,发盘在被接受之前可以随时撤销。而《公约》主张,如果撤销的通知在受盘人发出接受通知前送达受盘人,可予撤销。但下列情况下,发盘不能撤销:发盘是在已规定有效期或以其他方式表明为不可撤销;如受盘人有理由信赖该项发盘是不可撤销的,并已本着对该发盘的信赖采取了行动。

发盘的失效

(1)发盘因过期而失效。

(2)发盘被发盘人依法撤销。

(3)被收盘人拒绝或还盘之后。

(4)发盘因不可抗力而失效,如政府发布禁令或限制措施造成发盘失效;发盘人或受盘人在发盘被接受前丧失行为能力(如死亡)或法人破产。

发盘的有效期间

发盘的有效期间是指受盘人对发盘表示接受的时间期限。当采取口头方式发盘时,《公约》规定,除发盘人另有声明外,受盘人只能当场表示接受。而采用信函或电文等书面方式发盘时,发盘的有效期为发盘中明确确定的时间。明确规定发盘有效期主要有规定最迟接受的期限和规定一段时间两种方式。规定最迟接受期限发盘:如限 7 日。规定一段接受时间:如发盘有效 5 天。

3)还盘(Counter Offer)

还盘又称还价,是受盘人对发盘内容提出修改或变更的意思表示,实际上是受盘人以发盘人的地位所提出的新发盘。还盘主要包括两种形式:对发盘表示有条件地接受;或受盘人对货物的价格、支付、品质、数量、交货时间与地点、一方当事人对另一方当事人的赔偿责任范围或解决争端的办法等提出更改。

还盘应注意的事项包括以下内容。

(1)注意还盘的形式。还盘可以以明示的方式作出,如在还盘中明确使用"还盘"字样,也可以只是在内容中表示对发盘条件的实质性修改。

(2)还盘是受盘人向原发盘人提出的新发盘。因此,原受盘人变成新发盘的发盘人,而原发盘人则变成了新发盘的受盘人。

(3)还盘的内容。主要包括变更条件的内容,未经还盘修改的原还盘内容,对原发盘人仍有约束力。

(4)发盘人核对内容。发盘人接到还盘后要与原发盘条款进行核对,找出还盘中提出的新内容,再根据自己的交易意图处理。

4)接受(Acceptance)

《公约》第十八条规定:"受盘人声明或做出其他行为表示同意一项发盘,即为接受。"我国《民法典 合同编》规定:"承诺是受要约人同意要约的意思表示。"接受即承诺是买方或卖方同意对方发盘中提出的交易条件,并愿意按这些条件与对方达成交易、订立合同的一种肯定表示。接受既属于商业行为,也属于法律行为。接受既可以由买方作出也可以由卖方作出。

构成接受的有效要件

(1)接受必须由特定受盘人做出。发盘必须向特定受盘人发出,因此,接受也只能由特定受盘人做出才具有效力。受盘人的合法代理人代受盘人做出接受也视为有效。

(2)接受的内容必须与发盘的内容相符。原则上说，接受应是无条件的、无保留的。《公约》将接受中对发盘的条件所做的变更分为：实质性变更(material alteration)和非实质性变更(non-material alteration)。对发盘内容做出实质性修改视为还盘，如果发盘人对此不予确认，合同不能成立。至于非实质性修改，除发盘人在不过分延迟的时间内表示反对其间的差异外，一般视为有效接受，而且合同的条件以该发盘和接受中所提出的某些更改为准。

6. 国际货物买卖合同的风险责任

1) 出卖方的风险责任

国际货物买卖合同是营业地处于不同国家境内的买卖双方当事人之间，就货物买卖达成的协议。货物风险责任的承担即货物的风险何时由卖方移转到买方，是货物买卖合同中非常重要的问题，直接涉及买卖双方的基本义务。《公约》第三十条规定："卖方必须按照合同和本公约的规定交付货物、移交一切与货物有关的单据并转移货物所有权。"由此可见，在国际货物买卖合同中，出卖方的义务主要包括交付货物、移交单据、转移货物所有权。

(1)货物交付。

在货物交付环节中的卖方风险承担主要有以下三种。

货物交付即转移风险。当合同要求卖方发运货物时，在合同没有规定卖方在特定目的地交付货物的情况下，卖方将货物妥善地交付给承运人后，风险即转移给买方。

交付货物相关凭证转移风险。当货物已经存放在货物保管人处，不需要移动货物就能实现交付时，当买方收到货物的流通所有权凭证，或货物保管人能确认买方拥有货物的所有权，或买方拥有不可流通所有权凭证或其他交货指示书，货物损失风险转移至买方。

除了前述两种情形，如果卖方是商人，则风险在买方收到货物后转移至买方；否则，风险在提示交付时转移至买方。

(2)移交货物单据。

根据《公约》第三十四条规定："如果卖方有义务移交与货物有关的单据，他必须按照合同所规定的时间、地方和方式移交这些单据。如果卖方在那个时间以前已移交这些单据，他可以在那个时间到达前纠正单据中任何不符合同规定的情形，但是，此权利的先例不得使买方遭受不合理不便或承担不合理开支。买方保留本公约所规定的要求损害赔偿的任何权利。"在国际货物买卖合同中，单据是买方对货物的占有法律上的依据，而风险的承担也理所当然地从卖方转移到买方。如果卖方不按合同约定移交单据或移交单据不符合同约定，买方可以拒收货物导致交付不成，则仍由卖方承担风险责任。

(3)货物的检验。

买方在货物到达合同约定交付地点后，应根据合同约定对货物进行检验。国际货物买卖合同主要有三种检验条款。

(1)以离岸品质数量为准。装运港实际交货(如 FAS 条件)采用此种条款。

(2)以到岸品质数量为准。目的港交货(如 DES、DEQ 条件)采用此种条款。

(3)以装运港检验证书作为议付凭证，买方保留目的港的复检权。象征性交货(如 FOB、CIF、CER 条件)采用此种条款。

国际货物买卖合同风险承担的例外：卖方交货不符合合同约定。如货物数量不符合合同的约定；货物本身的瑕疵导致的货物损失。如违反合同包装规定包装；货物在运输途中由于不可归责于买卖双方的事由遭受损失,从而使买方收到的货物的损失程度远甚于卖方最初交货不符的损失。在这三种情形下,倘若卖方交货不符,使买方有权且合理地拒收货物或解除合同,则货物意外损失的风险视为自始没有转移,即由买方承担又变为卖方承担。

2) 买受方的风险责任

(1) 支付价款。

《公约》第五十三条规定:"买方必须按照合同和本公约规定支付货物价款和收取货物。"支付价款是买方收取货物取得货物所有权所付出的对应代价。货物风险承担在支付价款后转移至买方。但是由于国际货物买卖的结算实际操作情况,卖方也不能完全避免风险的承担。在国际货物买卖中常用的结算方式有三种:买方直接付款,如电汇(T/T);银行托收,如承兑单(D/A)、付款交单(D/P);银行信托(L/C)。从买方权益角度出发,T/T方式对买方最为有利,它能保证买方在收取并检验货物是否相符后才付出款项;而一手交钱一物交货的D/P方式则相对交易双方来说都比较公平;在L/C方式下,卖方根据合同在交货托运后即可凭单至银行兑现,买方则承担最大的风险,因为货物是否与合同相符则已经是后话。从另一方面来说,T/T对卖方的风险最大,其次是D/A,它们都可能导致卖方货款两空;在D/P方式下,在买方拒绝提货的情况下,可以保护卖方对货物的所有权;L/C则对卖方的收汇最有保障。

(2) 收取货物。

收取货物是买方的义务也是权利,行使不当将使买方财货两空。正常情况下,买方根据合同约定检验货物以决定是否收取货物。如果货物不符,买方可拒收货物,此时风险责任不发生转移,仍由卖方承担。但是卖方交付不符并不意味着货物风险责任一概不发生转移。

卖方交付不符时,买方承担义务的两种情况:一是卖方交付的虽然是与合同不符的货物,但该货物只存在轻微缺陷,且经卖方及时补救,可以减轻货物不符的程度,在这种情况下,买方无权拒收货物或解除合同,对于收货前已发生或收货后可能发生的意外损失,均因风险已自交付转移而由买方承担风险责任;二是虽然卖方交货严重不符,但是买方自愿接受货物。买方一旦选择接受货物,也就等于选择接受了货物的风险责任。值得注意的是,在上述两种情况下买方承担风险责任并不等于免除了卖方交货不符的品质责任。品质责任不能因买方风险责任的承担而免除。

▶ 5.3 货物运输法律法规

5.3.1 货物运输法律法规概述

1. 货物运输法律法规及国际公约

1) 陆路运输方式下适用的法律法规和国际公约

陆路运输方式有铁路和公路运输,公路运输方面国内法规有《公路法》《汽车货物运输规则》《集装箱汽车运输规则》《汽车危险货物运输规则》等。国际公约有《国际公路货物运输合同公约》《国际公路车辆运输公约》等。铁路运输方面的国内法规有《铁路法》《铁路货物运输管理规则》;国际公约有《国际铁路货物联运协议》《铁路货物运输国际公约》等。

2) 水路运输方式下适用的法律法规和国际公约

水路运输方式包括国际海上运输、沿海和内河运输,适用的国内法律法规和国际公约有《海商法》《民法典 合同编》《海运条例及实施细则》《水路货物运输规则》《危险货物运输规则》

《集装箱运输规则》《国际货运代理业管理规则及实施细则》和《统一提单的若干法律规定的国际公约》《修改的统一提单的若干法律规定的国际公约议定书》《联合国海上货物运输公约》《联合国多式联运公约》等。

3）航空运输方式下适用的法律法规和国际公约

有关航空货物运输的国内法律法规有《航空法》《中国民用航空货物国际运输规则》。国际航空货物运输适用的国际公约有《统一国际航空运输某些规则的公约》《海牙议定书》《瓜达拉哈拉公约》等。

4）多式联运方式下适用的法律法规和国际公约

我国有关多式联运的法律法规有《中华人民共和国海商法》,其中第四章海上货物运输中对多式联运作出了规定,交通主管部门制定的国际集装箱多式联运管理规则。国际公约有《联合国国际货物多式联运公约》、国际商会制定的《联运单证统一规则》等。

2.货物运输相关概念

1）货物运输

货物运输是指利用各种运输工具(车、船、飞机等)实现物品空间的位置移动。运输的货物包括各种动产,不限于商品。不动产和无形财产不为货物运输的货物。货物运输是实现国际经济交往目的的必要环节,是物流不可缺少的组成部分,是物流系统的核心环节。

2）货物运输合同

货物运输合同是指当事人为完成一定数量的货运任务,约定承运人使用约定的运输工具,在约定的时间内,将托运人的货物运送到约定地点交由收货人收货并收取一定运费而明确相互权利义务的协议。

3）陆路运输

陆路运输指通过陆路(地上或者地下)运送货物或者旅客的运输业务活动,包括铁路运输和其他陆路运输(公路运输、缆车运输、索道运输、地铁运输、城市轻轨运输等)。

4）水路货物运输

水路货物运输是指承运人收取运费,负责将托运人托运的货物经水路由一港(站、点)运至另一港(站、点)。

5）航空运输

航空运输又称飞机运输,简称"空运",它是在具有航空线路和飞机场的条件下,利用飞机作为运输工具进行货物运输的一种运输方式。

5.3.2 货物运输当事人的责任与义务

1.货物运输当事人的责任

1）托运人

(1)如实申报。托运人在将货物交付运输时,有对法律规定或当事人约定的事项进行如实申报的义务。因托运人申报不实或者遗漏重要情况,造成承运人损失的,托运人应当承担损害赔偿责任。

(2)向承运人提交批准检验文件。在货物运输中,根据运输货物的种类、性质及国家的计划安排,有的货物运输需要得到有关部门批准,有的货物运输需要先经过有关机关的检验方可进行运输。托运人对需要办理审批、检验手续的货物运输,应将办完有关手续的文件提交承运人。

(3)包装。合同中对包装方式有约定的,按照约定方式包装货物。合同中对包装方式没有约定或者约定不明确时,可以协议补充;不能达成补充协议的,按照合同有关条款或者交易习惯确定。

(4)危险物品规范。托运人托运易燃、易爆、有毒、有腐蚀性、有放射性等危险物品时,应当按照国家有关危险物品运输的规定对危险物品妥善包装,作出危险物标志和标签,并将有关危险物品的名称、性质和防范措施的书面材料提交承运人。托运人违反规定的,承运人可以拒绝运输,也可以采取相应措施以避免损失,因此产生的费用由托运人承担。

(5)支付相关费用。在承运人全部、正确履行运输义务的情况下,托运人或收货人须按规定支付运费、保管费及其他运输费用。

2)承运人

(1)安全运输。承运人应依合同约定,将托运人交付的货物安全运输至约定点。运输过程中,货物毁损、灭失的,承运人应承担损害赔偿责任。

(2)通知收货人。货物运输到达后,承运人须及时通知收货人。

3)收货人

(1)及时提货。收货人虽然没有直接参与货物运输合同的签订,但受承运人、托运方双方签订的货物运输合同约束,收货人应及时提货;收货人逾期提货的,应当向承包人支付保管费等费用。

(2)支付相关费用。一般情况下,运费由托运人在发站向承运人支付,但如果合同约定由收货人到站支付或者托运人未支付的,收货人应当支付。

(3)在期限内检验货物。货物运交收货人后,收货人须对货物及时验收,收货人应当按照约定的期限检验货物。

2. 海上货物运输当事人的义务

1)托运人

(1)托运人应当及时办理港口、海关、检验、检疫、公安和其他货物运输所需的各项手续,并将已办理各项手续的单证送交承运人。

(2)托运人托运货物的名称、数量、重量、体积、包装方式、识别标志等,应当与运输合同的约定相符。

(3)需要具备运输包装的货物,托运人应当保证货物的包装符合国家规定的包装标准。没有包装标准的,货物的包装应当保证运输安全和货物质量。需要随附备用包装的货物,托运人应当提供足够数量的备用包装,交承运人随货免费运输。

(4)托运人应当在货物的外包装或者表面正确制作识别标志。识别标志的内容包括发货符号、货物名称、起运港、中转港、到达港、收货人、货物总件数等。

(5)托运危险货物,托运人应当按照有关危险货物运输的规定,妥善包装,制作危险品标志和标签,并将其正式名称和危险性质,以及必要时应当采取的预防措施书面通知承运人。

(6)除另有约定外,运输过程中需要饲养、照料的活动物、有生植物、尖端保密物品、稀有珍贵物品和文物、有价证券,以及货币等,托运人应当向承运人申报并随船押运。托运人押运其货物须经承运人同意。

(7)托运笨重、长大货物和舱面货物所需要的特殊加固、捆扎、烧焊、衬垫、苫盖物料和人工由托运人负责,卸船时由收货人拆除和收回相关物料;需要改变船上装置的,货物卸船后应当由收货人负责恢复原状。

(8)托运人托运易腐货物和活体动物、有生植物时,应当与承运人约定运到期限和运输要求;使用冷藏船(舱)装运易腐货物的,应当在订立运输合同时确定冷藏温度。

(9)托运人托运木(竹)排应当按照与承运人商定的单排数量、规格和技术要求进行编扎。托运船舶或者其他水上浮物,应当向承运人提供船舶或其他水上浮物的吨位、吃水及长、宽、高和抗风能力等技术资料。在船舶或者其他水上浮物上加载货物,应经承运人同意,并支付运输费用。航行中,木(竹)排、船舶或其他水上浮物上的人员(包括船员、排工及押运人员)应当听从承运人的指挥,配合承运人保证航行安全。

(10)承担由于下列原因发生的洗舱费用:托运人提出变更合同约定的液体货物品种;装运特殊液体货物(如航空汽油、煤油、变压器油、植物油等)需要的特殊洗舱;装运特殊污秽油类(如煤焦油等),卸后须洗刷船舱。在承运人已履行船舶适货义务情况下,因货物的性质或者携带虫害等情况,需要对船舱或者货物进行检疫、洗刷、熏蒸、消毒的,应当由托运人或者收货人负责,并承担船舶滞期费等有关费用。

2)承运人

(1)使船舶适航:承运人应当使船舶处于适航状态,妥善配备船员、装备船舶和配备供应品,并使干货舱、冷藏舱、冷气舱和其他载货处所适于并能安全收受、载运和保管货物。

(2)接收和妥善安装货物:承运人应当按照运输合同的约定接收货物。承运人应当妥善装载、搬移、积载、运输、保管、照料和卸载所运货物。

(3)按约定送达货物:承运人应按照约定或者习惯或者地理上的航线将货物运送到约定到达港。承运人为救助或者企图救助人命或者财产而发生的绕航或者其他合理绕航,不属于违反前款规定的行为。承运人应当在约定期间或者在没有这种约定时在合理期间内将货物安全运送到约定地点。货物未能在约定或者合理期间内在约定地点交付的,为迟延交付。对由此造成的损失,承运人应当承担赔偿责任。承运人未能在规定期间届满的次日起六十日内交付货物,有权对货物灭失提出赔偿请求的,可以认为货物已经灭失。

(4)相关情况及时通知:因不可抗力致使不能在合同约定的到达港卸货的,除另有约定外,承运人可以将货物在到达港邻近的安全港口或地点卸载,视为已经履行合同。承运人实施前款规定行为应当考虑托运人或者收货人的利益,并及时通知托运人或收货人。货物运抵到达港后,承运人应当在24小时内向收货人发出到货通知。到货通知的时间,采用信函通知的,以发出邮戳的时间为准;采用电传、电报、传真通知的,以发出时间为准;采用数据电文形式通知的,收件人指定特定系统接收数据电文的,以该数据电文进入该特定系统的时间为通知时间;未指定特定系统的,以该数据电文进入收件人的任何系统的首次时间为通知时间。承运人发出到货通知后,应当每十天催提一次,满三十天收货人不提取或者找不到收货人,承运人应当通知托运人,托运人在承运人发出通知后三十天内负责处理该批货物。

3. 航空货物运输当事人的义务

1)托运人

(1)托运人应认真填写航空货运单,对货运单内容的真实性、准确性负责,并在货运单上签字或盖章。托运人托运政府规定限制运输的货物,以及需向公安、检疫等有关政府部门办理手续的货物,应当随附有效证明。

(2)托运人要求包用飞机运输货物,应先填交包机申请书,并遵守民航主管机关有关包机运输的规定。

(3)托运人对托运的货物,应按照国家主管部门规定的标准包装。没有统一标准的,应当根据保证运输安全的原则,按货物的性质和承载飞机等条件包装。凡不符合上述包装要求的,承运人有权拒绝。

(4)托运人必须在托运的货件上标明发站、到站和托运人单位、姓名和详细地址,按照国家规定标明包装储运指示标志。

(5)托运国家规定必须保险的货物,托运人应在托运时投保货物运输险。对于每千克价值在10元以上的货物,实行保险与负责运输相结合的补偿制度,托运人可在托运时投保货物运输险。

(6)托运人在托运货物时,应接受航空承运人对航空货运单进行查核,在必要时,托运人还应接受承运人开箱进行安全检查。

(7)托运货物内不得夹带国家禁止运输、限制运输的物品和危险物品。如发现托运人谎报品名,夹带上述物品,应按有关规定处理。

(8)托运在运输过程中必须有专人照料、监护的货物,应由托运人指派押运员押运。押运是对货物的安全负责,并遵守民航主管机关的有关规定,承运人应协助押运员完成押运任务。

(9)托运人托运货物,应按照民航主管机关规定的费率缴付运费和其他费用。除托运人和承运人另有协议外,运费及其他费用一律于承运人开具货运单时一次付清。

2)承运人

(1)承运人应按照货运单上填明的地点,按约定的期限将货物运达到货地点。货物错运到货地点,应无偿运至货运单上规定的到货地点,如逾期运到,应承担逾期责任。

(2)承运人应于货物运达到货地点后24小时内向收货人发出到货通知。收货人应及时凭提货证明到指定地点提取货物。货物从发出到货通知的次日起,免费保管3日。

(3)货物从发出提货通知的次日起,经过30日无人提取时,承运人应及时与托运人联系征求处理意见;再经过30日,仍无人提取或者托运人未提出处理意见,承运人有权将该货物作为无法交付的货物,按运输规则处理。对易腐或不易保管的货物,承运人可视情况及时处理。

(4)承运人应按货运单交付货物。交付时,如发现货物灭失、短少、变质、污染、损坏时,应会同收货人查明情况,并填写货运事故记录。收货人在提取货物时,对货物状态或重量无异议,并在货运单上签收,承运人即解除运输责任。

3)收货人

(1)收货人在接到提货通知后,应持提货证明或其他有效证件在规定时间内提取货物,逾期提取货物的,应当向承运人支付保管费。

(2)托运货物发生损失,收货人最迟应在收到货物之日起10日内提出异议。货物发生延误的,收货人最迟应自货物交付或者处理之日起21日内提出异议。收货人应将所提异议写在运输凭证上或者另以书面提出。收货人未在上述规定期限内提出异议的,不能向承运人提起索赔诉讼,但承运人有欺诈行为的情形除外。

5.3.3 邮政快递法律法规

1. 邮政快递法律法规

邮政快递相关的法律主要有中华人民共和国邮政法、民法典、国家安全法、交通安全法、治安管理处罚法、刑法等,相关的法规主要有《邮政法实施条例》《快递业务经营许可证管理办法》《快递市场管理办法》《禁寄物品指导目录及处理办法(试行)》等。

1)《中华人民共和国邮政法》

为了保障邮政普遍服务,加强对邮政市场的监督管理,维护邮政通信与信息安全,保护通信自由和通信秘密,保护用户合法权益,促进邮政业健康发展,适应经济社会发展和人民生活需要。

2)《快递暂行条例》

为了促进快递业健康发展,保障快递安全,保护快递用户合法权益,加强对快递业的监督管理,在我国境内从事快递业务经营、接受快递服务,以及对快递业实施监督管理,适用该条例。

3)《电子商务法》的相关规定

《电子商务法》第五十一条和五十二条,专门规定了快递物流方式的交付时间、交货方式、验货、包装等具体事项。

合同标的为交付商品并采用快递物流方式交付的,收货人签收时间为交付时间。合同标的为提供服务的,生成的电子凭证或者实物凭证中载明的时间为交付时间;前述凭证没有载明时间或者载明时间与实际提供服务时间不一致的,实际提供服务的时间为交付时间。

合同标的为采用在线传输方式交付的,合同标的进入对方当事人指定的特定系统并且能够检索识别的时间为交付时间。合同当事人对交付方式、交付时间另有约定,从其约定。

电子商务当事人可以约定采用快递物流方式交付商品。

快递物流服务提供者为电子商务提供快递物流服务,应当遵守法律、行政法规,并应当符合承诺的服务规范和时限。快递物流服务提供者在交付商品时,应当提示收货人当面查验;交由他人代收的,应当经收货人同意。

快递物流服务提供者应当按照规定使用环保包装材料,实现包装材料的减量化和再利用。快递物流服务提供者在提供快递物流服务的同时,可以接受电子商务经营者的委托提供代收货款服务。

2. 邮政普遍服务

邮政普遍服务是指以合理的资费,为本国境内的所有用户持续提供的符合一定标准的基本邮政服务。邮政法明确规定国家保障中华人民共和国境内的邮政普遍服务,并从四个方面规定了保障邮政普遍服务的制度和措施。

一是规定邮政企业承担提供邮政普遍服务的义务,明确了邮政普遍服务的承担主体,规定各级政府都有义务支持邮政企业提供普遍服务。

二是规定邮政普遍服务的业务范围,包括信件、单件重量不超过5千克的印刷品、单件重量不超过10千克的包裹的寄递,以及邮政汇兑,并明确规定未经邮政管理部门批准,邮政企业不得停止办理或者限制办理邮政普遍服务业务。

三是在规定邮政企业应当加强服务质量管理,为用户提供迅速、准确、方便、安全的服务的同时,从邮政企业的营业时间、投递邮件的频次,以及寄递邮件的时限和服务规范等角度,对邮政普遍服务的质量保障作出了规定,并授权国家邮政管理部门制定邮政普遍服务监督管理的具体办法。

四是规定了支持邮政普遍服务、增强邮政普遍服务能力的具体措施,包括:在邮政设施方面,规定邮政设施的布局和建设应当满足保障邮政普遍服务的需要,地方各级人民政府应当把邮政设施的布局和建设纳入城乡规划,并对邮政设施建设给予必要支持;邮政设施应当按照国家规定的标准设置;撤销涉及邮政普遍服务的邮政营业场所,应当经邮政管理部门批准;征收邮政营业场所和邮件处理场所的,城乡规划主管部门应当根据保障邮政普遍服务的要求,对邮政营业场所的重新设置作出妥善安排。在财力支持方面,规定国家对邮政企业提供邮政普遍服务、特殊服务给予补贴;国家建立邮政普遍服务基金。在提供工作便利方面,规定带有邮政专用标志的车辆运递邮件,确需通过公安机关交通管理部门划定的禁行路段或者确需在禁止停车的地点停车的,经公安机关交通管理部门同意,在确保安全的前提下,可以通行或者停车。为充分调动和发挥地方的积极性,规定地方各级人民政府及有关部门应当采取措施,支持邮政企业提供邮政普遍服务;省、自治区、直辖市应当根据本地区的实际情况,制定支持邮政企业提供邮政普遍服务的具体办法等。

3. 邮政快递业的监督管理

1)邮政快递业的监督管理体系

《邮政法》明确规定:国家邮政管理部门负责全国邮政市场的监督管理工作;省、自治区、直辖市邮政管理机构在国家邮政管理部门的领导下,负责本行政区域邮政市场的监督管理工作。邮政管理部门实施监督管理,遵循公开、公平、公正,以及鼓励竞争、促进发展的原则。同时,对邮政管理部门依法进行监督检查时可以采取的措施、应当遵守的要求,以及有关单位和个人配合监督检查的义务等做了明确规定。

2)邮政快递业务经营许可制度

信件及包裹、印刷品等物品的快递业务,直接关系到用户通信秘密及其他合法权益的保护,涉及国家安全和社会稳定,必须依法加强对快递业务的监管。新版《邮政法》增加了"快递业务"一章,明确规定:未经许可,任何单位和个人不得经营快递业务,外商不得投资经营信件的国内快递业务。同时,从法人资格、服务能力、内部规章制度、业务操作规范、安全保障能力,以及管理人员的守法记录等方面,明确规定了申请快递业务经营许可证应当具备的条件,并规定了申请和审批的程序,以及经营快递业务的行为规范。

3)安全监管的制度和措施

鉴于当前经营信件及包裹、印刷品等物品快递业务的主体多元化,安全监管难度加大,现有安全监管机制覆盖不到位,甚至出现空白的实际情况,邮政法从六个方面补充、完善加强安全监管,确保邮政通信与信息安全,具体包含以下制度和措施。

(1)邮政管理部门、公安机关、国家安全机关和海关应当互相配合,建立、健全安全保障机制,加强对邮政通信与信息安全的监督管理,确保邮政通信与信息安全。

(2)邮政企业的邮件处理场所和快递企业的快件处理场所的设计和建设应当符合国家安全机关和海关依法履行职责的要求。

(3)邮政管理部门在审查快递业务经营许可证申请时,应当考虑国家安全等因素,并征求有关部门的意见。

(4)邮政企业、快递企业应当建立并严格执行收件验视制度。

(5)因国家安全或者追查刑事犯罪需要,国家安全机关、公安机关有权依法查验、扣留有关邮件、快件,要求邮政企业、快递企业及其有关人员提供用户使用邮政服务或者快递服务的信息,邮政企业、快递企业,以及有关单位应当配合,并对有关情况予以保密。

(6)任何单位和个人不得利用邮件、快件传播含有危害国家安全内容的物品。

4)邮政业务资费的制定

邮政法将邮政企业的业务资费分政府定价和市场定价两种情况做了规定,即:邮政普遍服务业务资费、邮政企业专营业务资费、机要通信资费,以及国家规定报刊的发行资费实行政府定价,资费标准由国务院价格主管部门会同国务院财政部门、国家邮政管理部门制定;邮政企业的其他业务资费实行市场调节价,由邮政企业自主确定资费标准。

4. 邮件损失赔偿

邮件损失是指邮件丢失、损毁或者内件短少。对此,《邮政法》和《快递暂行条例》中都制定了专门的规范。

邮政普遍服务业务范围内的邮件和汇款的损失赔偿,适用本规定。邮政普遍服务业务范围以外的邮件的损失赔偿,适用有关民事法律的规定。

邮政企业对平常邮件的损失不承担赔偿责任。但是,邮政企业因故意或者重大过失造成平常邮件损失的除外。

邮政企业对给据邮件的损失依照下列规定赔偿。

(1)保价的给据邮件丢失或者全部损毁的,按照保价额赔偿;部分损毁或者内件短少的,按照保价额与邮件全部价值的比例对邮件的实际损失赔偿。

(2)未保价的给据邮件丢失、损毁或者内件短少的,按照实际损失赔偿,但最高赔偿额不超过所收取资费的三倍;挂号信件丢失、损毁的,按照所收取资费的三倍赔偿。

(3)快件发生延误、丢失、损毁或者内件短少的,对保价的快件,应当按照经营快递业务的企业与寄件人约定的保价规则确定赔偿责任;对未保价的快件,依照民事法律的有关规定确定赔偿责任。

5. 邮政快递法律责任

邮政法主要从三个方面明确了法律责任:一是制定了邮政企业、快递企业,以及其他单位和个人的行为规范。如未经批准擅自停止办理邮政普遍服务和特殊服务业务、未取得许可经营快递业务等,规定了相应的法律责任。二是赋予邮政管理部门对违法行为的行政处罚权。三是针对违法行为的处罚。

经营快递业务,须取得快递业务经营许可,否则,邮政管理部门可依法进行处理。包括罚款、停业整顿,乃至追究刑事责任。

经营快递业务的企业或其分支机构有下列行为之一的,由邮政管理部门责令改正,酌情罚款,并可以责令停业整顿。

(1)开办快递末端网点未向所在地邮政管理部门备案。

(2)停止经营快递业务,未提前10日向社会公告,未书面告知邮政管理部门并交回快递业务经营许可证,或未依法妥善处理尚未投递的快件。

(3)因不可抗力或者其他特殊原因暂停快递服务,未及时向邮政管理部门报告并向社会公告暂停服务的原因和期限,或者未依法妥善处理尚未投递的快件。

(4)两个以上经营快递业务的企业使用统一的商标、字号或者快递运单经营快递业务,未遵守共同的服务约定,在服务质量、安全保障、业务流程等方面未实行统一管理,或者未向用户提供统一的快件跟踪查询和投诉处理服务的,由邮政管理部门责令改正,酌情罚款,并可以责令停业整顿。

(5)冒领、私自开拆、隐匿、毁弃、倒卖或者非法检查他人快件,尚不构成犯罪的,依法给予治安管理处罚。

(6)经营快递业务的企业有前款规定行为,或者非法扣留快件的,由邮政管理部门责令改正,没收违法所得,酌情罚款,并可以责令停业整顿直至吊销其快递业务经营许可证。

经营快递业务的企业有下列行为之一的,由邮政管理部门责令改正,没收违法所得,酌情罚款,并可以责令停业整顿直至吊销其快递业务经营许可证。

(1)未按规定建立快递运单及电子数据管理制度。

(2)未定期销毁快递运单。

(3)出售、泄露或者非法提供快递服务过程中知悉的用户信息。

(4)发生或者可能发生用户信息泄露的情况,未立即采取补救措施,或者未向所在地邮政管理部门报告。

经营快递业务的企业有下列情形之一的,由邮政管理部门依照邮政法、反恐怖主义法的规定处罚。

(1)不建立或者不执行收寄验视制度。

(2)违反法律、行政法规,以及国务院和国务院有关部门关于禁止寄递或者限制寄递物品的规定。

(3)收寄快件未查验寄件人身份并登记身份信息,或发现寄件人提供身份信息不实仍予收寄。

(4)未按照规定对快件进行安全检查。

(5)寄件人在快件中夹带禁止寄递的物品,尚不构成犯罪的,依法给予治安管理处罚。

邮政管理部门和其他有关部门的工作人员在监督管理工作中滥用职权、玩忽职守、徇私舞弊的,依法给予处分。

经营快递业务的企业及其从业人员在经营活动中有危害国家安全行为的,依法追究法律责任;对经营快递业务的企业,由邮政管理部门吊销其快递业务经营许可证。违反规定,构成犯罪的,依法追究刑事责任;造成人身、财产或者其他损害的,依法承担赔偿责任。

5.3.4 国际多式联运

1. 国际多式联运的概念

国际多式联运是指按照多式联运合同,以至少两种不同的运输方式,由多式联运经营人将货物从一国境内接管货物的地点运至另一国境内指定地点交付的货物运输。在多式联运中,物流服务主体可能是组织者,也可能另行寻找合作者完成运输作业。但无论怎样,物流服务主体都会先采用多式联运的方式,再由总承运人进行组织。

国际多式联运的特征。

(1)必须具有一份多式联运合同。

(2)必须使用一份全程多式联运单证。

(3)必须是至少两种不同运输方式的连续运输。

(4)必须是国际间的货物运输。

(5)必须由一个多式联运经营人对货物运输的全程负责。

(6)联运经营人以单一费率向货主收取全程运费。

2. 国际多式联运合同当事人的义务

1)托运人的义务

(1)按照合同约定的货物种类、数量、时间、地点提供货物,并交付给多式联运经营人。

(2)认真填写多式联运单据的基本内容,并对其正确性负责。

(3)按照货物运输的要求妥善包装货物。

(4)按照约定支付各种运输费用。

2)多式联运经营人的义务

(1)及时提供适合装载货物的运输工具。

(2)按规定及时将货物运至目的地。

(3)在货物运输的责任期内安全运输。

(4)在托运人或收货人按约定缴付了各项费用后,向收货人交付货物。

【本章小结】

首先,本章介绍了物流法律规范的调整对象和法律关系、物流采购的法律规范及法律关系、买卖合同双方当事人的义务及风险责任的承担;其次,介绍了国际货物买卖合同的法律规范及风险责任的承担;最后,介绍了货物运输法律规范及当事人的责任与义务,以及邮政快递的法律法规和国际多式联运的相关知识。

【思考题】

1.讨论物流法律关系的发生、变更和终止。

2.试述我国物流法律规范的体系。

3.论述我国邮政快递业的监督管理制度。

拓展内容(5)

第6章 电子商务与知识产权保护

【典型案例】

梅西西部商店有限公司诉北京国网信息有限责任公司侵害网络域名纠纷一案

原告梅西公司诉称：原告是美国著名的连锁百货公司，至今已成立150多年。原告自1858年成立开始就将"MACY'S"作为商标和企业字号在各种商业活动中使用。1910年在美国注册第一件"MACY'S"商标后，陆续在中国、澳大利亚、巴西等国家和地区申请一百多件"MACY'S"商标，并获得核准。此外，原告一直将"MACY'S"作为企业字号，随着原告的产品和服务逐渐遍及世界100多个国家和地区，原告的"MACY'S"字号赢得了广泛的知名度。被告分别在1999年5月7日和2003年3月17日注册了"macys.com."和"macys.cn"域名（简称争议域名），该域名完整包含了原告的"MACY'S"，据此原告请求法院判令：(1)被告将争议域名转移给原告注册和使用；(2)被告赔偿原告经济损失及合理费用共计人民币20万元。

被告国网公司未向法院提交书面答辩状。

北京知识产权法院经审理后认为：本案的争议焦点为被告注册、使用争议域名的行为是否构成商标侵权或不正当竞争行为。

……

综上所述，被告注册争议域名的行为构成不正当竞争，争议域名不应由被告继续拥有、注册或使用，本院对原告所提出的将争议域名转移给原告注册、使用的诉讼请求予以支持。根据《域名解释》第八条的规定，人民法院认定域名注册、使用等行为构成侵权或者不正当竞争的，可以判令被告停止侵权、注销域名，或者依原告的请求判令由原告注册使用该域名；给权利人造成实际损害的，可以判令被告赔偿损失。本案中，原告认可被告在注册争议域名之后并未实际使用，亦未举证证明被告行为给其造成实际损害，故原告关于判令被告赔偿其经济损失的请求不予支持，但对原告在本案中主张的合理支出酌情予以支持。

6.1 电子商务与域名保护

6.1.1 域名及其管理概述

1. 域名

1) 域名的定义

域名是指互联网上识别和定位计算机的层次结构式的字符标识，与该计算机的IP地址相对应。由于IP地址通常采用十进制数字表达，不利于用户记忆和使用，因此将IP地址与域名相互关联起来，采用域名方便网络用户搜索和使用相关网址。与IP地址采用数字表达不同的是，域名采用分层树状的结构呈现,由计算机名、注册人主体名称、网络类型名、顶级域名共同组成。以"www.people.com.cn"为例,其中 www(World Wide Web,万维网)是计算机名,"people"是注册人的主体名称,"com"是网络类型名,"cn"是顶级域名,每一级域名中间用点号分隔开来。

2)域名的特征

(1)唯一性,域名与 IP 地址相互关联和印证,IP 地址的唯一性也体现在域名的唯一性上。域名的使用是全球范围内的,因此与传统知识产权的地域性特征形成鲜明的对比。

(2)排他性,互联网域名的取得采用先申请原则,一旦获得相关机构的核准和授权,该域名就具有专有的排他性。

(3)稀缺性,也正因为需要通过注册才能获得,因此域名存在一定的稀缺性。域名的特殊属性使得电子商务实践中域名的法律保护问题显得更为复杂和棘手。

3)域名的类型

域名的类型有多种划分方式。从范围上可以分为国际域名和国家域名。从结构上,由于域名采用分层树状结构,因此可以分为顶级域名、二级域名和三级域名。从种类上看,域名可以分为类别域名和行政区域名等。

国际顶级域名表示注册者的域名使用不带有国家特征,最常见的".com"是表示与商业有关的网站,".edu"显示是与教育有关的网站,".gov"表示政府部门的网站等。大多数的国际域名争议集中在".com"这一商业域名中。在国际顶级域名下,二级域名是指域名注册人的网上名称,例如 baidu,microsoft,huawei 等。

国家顶级域名是指国家按照国家代码分配的顶级域名,例如中国是".cn",法国是".fr",美国是".us",日本是".jp"等。在中国互联网络的二级域名分为类别域名和行政区域名两类。类别域名有 6 个,分别为:ac—适用于科研机构;com—适用于工、商、金融等企业;edu—适用于教育机构;gov—适用于政府部门;net—适用于互联网络、接入网络的信息中心(NIC)和运行中心(NOC);org—适用于各种非营利性的组织。行政区域名有 34 个,适用于我国的各省、自治区、直辖市,例如 BJ—北京市;SH—上海市等。目前含有中文字元的二级域名的应用也逐步获得推广和应用,例如"新华网.cn""阿里巴巴.com""京东全球购.com"等。三级域名是用字母、数字、连接符等组成,通常采用申请人的英文名(或者缩写)或者汉语拼音名(或者缩写),以保持域名的清晰性和简洁性。

2. 域名管理

1)域名的申请注册

域名的取得根据"先申请先注册"的原则处理。域名注册管理机构及域名注册服务机构对申请人提出的域名申请进行真实身份的核验,以及是否损害第三方的正当权利进行审查。在相同的顶级域名下的二级域名应当是唯一的,但不同顶级域名下的二级域名可以是相同的,例如 baidu 这个二级域名可以在.com 这个国际商业顶级域名中注册,也可以在.cn 这个国家顶级域名中注册。

2)域名的管理机构

互联网名称与数字地址分配机构(The Internet Corporation for Assigned Names and Numbers,简称 ICANN)是管理全球互联网域名系统的非营利性国际组织,该机构协调互联网唯一标识符(如,互联网协议地址)的分配和指定、认证通用顶级域名的注册商,致力于维护互联网的安全性和稳定性,以及可互操作性等。值得注意的是 ICANN 并不负责域名注册,它是管理域名注册服务商和提供注册查询的管理机构。与此同时,ICANN 指定了世界知识产权组织(WIPO)的仲裁和调解中心作为法定权利异议的争议解决机构,为国际域名的申请注册、域名查询、争端解决等提供了全方位的管理和服务。

中国互联网络信息中心(China Internet Network Information Center,简称:CNNIC)是经国家主管部门批准组建的管理和服务机构,行使国家互联网络信息中心的职责,其是我国域名注册管理机构和域名根服务器运行机构,负责运行和管理国家顶级域名、中文域名系统、为用户提供域名注册、域名解析和查询等服务。与管理全球互联网域名系统的 ICANN 不同的是,CNNIC 作为中国国内的域名管理机构,同时也是域名注册机构,接受申请人的域名申请和审核。如图 6-1 所示。

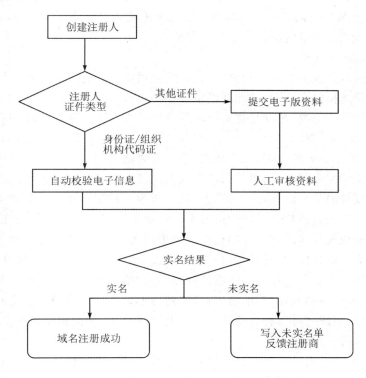

图 6-1 CNNIC 域名审核标准

6.1.2 电子商务中的域名保护

1. 域名保护的相关法律与政策

1)国际组织对域名的法律保护

互联网域名争议解决制度是迄今为止最为成功的在线争议解决机制,从投诉、受理、答辩、审理、裁决与执行等全部在网上完成[①]。互联网域名争议解决机制的成功经验为全球电子商务中域名保护提供了有益的借鉴。

---

① 薛虹.国际电子商务法通论[M].北京:中国法制出版社,2019.

国际组织对域名保护的实践主要来自两个机构,一个是世界知识产权组织(WIPO),另一个是互联网名称与数字地址分配机构(ICANN)。

WIPO 在 1999 年发布的《互联网名称与地址:知识产权议题最终报告》中提出,在 WIPO 的仲裁与调解中心设立统一域名争议解决政策(uniform domain name dispute resolution policy,简称:UDRP),而无须通过法院诉讼即可解决互联网域名争端。根据该政策,WIPO 的仲裁与调解中心已处理了 48000 多个案件①。这一报告被视为是世界范围内第一个对域名保护作出全面规定的国际性法律文件②。

ICANN 在接受 WIPO《互联网名称与地址:知识产权议题最终报告》的基础上,提出了《统一域名争端解决规则》,该规则为国际通用顶级域名争议的解决提供了重要的法律依据。与此同时,ICANN 指定 WIPO 的仲裁和调解中心作为解决域名争议的服务机构,进而从规则到机构上为国际域名争议的有效解决提供了法律保障。

2)国内对域名的法律保护

电子商务中的域名保护是一个贯穿立法、执法到司法实践的系统工程。首先,域名权是作为民事主体的一种新型民事权益,因此在民事法律中有较多相关的规定;其次,由于这项民事权利是通过法律拟制获得的,也就是需要以注册授权的方式加以确认,因此在行政管理法等方面的制度配置也是必不可少的。

(1)民事实体法律方面的规定。《民法典》第三条规定,民事主体的人身权利、财产权利,以及其他合法权益受法律保护,任何组织或者个人不得侵犯。这一原则性规定,为域名的获得和使用提供了民事权益的基础性保障。实践中,域名作为一种字符串标识与作为商标标记的商标存在较多的权利冲突。虽然《商标法》第五十七条规定了侵犯注册商标专用权的情形,其中的兜底条款,即"给他人的注册商标专用权造成其他损害的"是解决商标与域名纠纷的主要援引法条。但该条文不够具体,容易在司法实践中引发争执。因此,最高人民法院出台了《关于审理商标民事纠纷案件适用法律若干问题的解释》,就"给他人的注册商标专用权造成其他损害"的行为作出了进一步的细化,其中第(三)款"将与他人注册商标相同或者相近似的文字注册为域名,并且通过该域名进行相关商品交易的电子商务,容易使相关公众产生误认的"是解决域名与商标纠纷的详细规定。

同时,由于域名具有唯一性、排他性、稀缺性等属性,因此《反不正当竞争法》第二条中关于经营者在生产经营活动中,应当遵循自愿、平等、公平、诚信的原则,遵守法律和商业道德的规定,也对域名注册和使用行为提出一定的规范要求。《最高人民法院关于审理涉及计算机网络域名民事纠纷案件适用法律若干问题的解释》的第四条进一步结合《商标法》和《反不正当竞争法》的规定,明确应当认定注册、使用域名等行为构成侵权或者不正当竞争的条件。以上的规定从消极防御的方面提出规制域名的不当注册和使用行为,以保护商标权人的利益,同时也为域名的保护划定了边界。

(2)域名行政管理方面的法律。为了规范互联网域名服务,保护用户合法权益,保障互联网域名系统安全、可靠运行,相关部门出台了一系列关于域名行政管理及域名争端解决的若干规定。主要包括:《中国互联网络域名注册暂行管理办法》《中国互联网络信息中心域名争议解

---

① https://www.wipo.int/amc/en/domains
② 陈长杰.域名法律保护制度研究[D].武汉:中南财经政法大学,2018.

决办法》《中国互联网络信息中心国家顶级域名争议解决程序规则》《互联网域名管理办法》等规范性文件为域名的注册服务、运行维护、监督管理、法律责任提供了明确的域名管理上的详细规定。

(3)域名争议解决的程序法。域名争议纠纷主要采取两种解决方式。第一种是通过诉讼解决域名纠纷,主要依据《民事诉讼法》《最高人民法院关于审理涉及计算机网络域名民事纠纷案件适用法律若干问题的解释》。第二种是通过仲裁解决域名纠纷。2000 年中国国际经济贸易委员会成立域名争议解决中心,作为 CNNIC 授权的争议解决机构,解决.cn/中文域名争议;作为 ICANN 指定的通用顶级域名争议解决机构之一的亚洲域名争议解决中心的北京秘书处,解决.com、.org、.net 等通用顶级域名和新通用顶级域名争议。关于解决顶级域名的纠纷,中国国际经济贸易委员会根据相关部门规章和规范性文件发布了《国家顶级域名争议解决程序规则》《中国国际经济贸易仲裁委员会关于＜国家顶级域名争议解决办法＞补充规则》,并制作了详细的申请流程。案件程序流程图如图 6-2 所示。

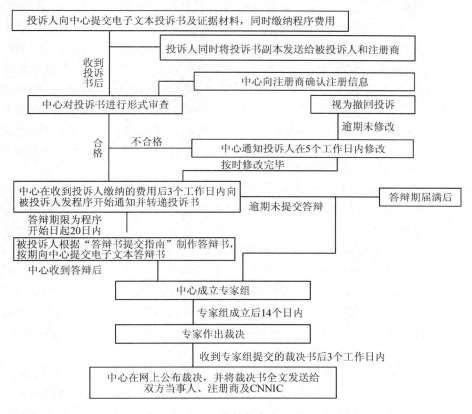

图 6-2 案件程序流程图

2. 域名争议纠纷及其解决

1) 域名与商标

互联网技术的突飞猛进带来了电子商务的迅速发展,域名侵犯商标权是目前电子商务领域里出现的数量最多的与域名相关的争议。商标是文字、图形或数字的组合,而域名是字符串、数字或连接符的组合,因此两者具有十分相似的表达。现实世界里,商标早已成为商业实体拓展市场必须考虑在先的知识产权部署。相比之下,域名的商业价值是随着电子商务的繁荣而逐步为人们所重视的。因此,域名与商标的冲突主要表现为域名申请人将他人在先使用的商标注册为域名所引发的民事纠纷。

通用顶级域名与商标之争的典型案例如新浪与腾讯关于"微博"域名的争议。2013年,腾讯向ICANN提出英文域名(.weibo)和中文域名(.微博)的通用顶级域名的申请,新浪向WIPO仲裁和调解中心提出法定权利异议。新浪主张腾讯如果获准注册英文域名(.weibo)和中文域名(.微博)的通用顶级域名将会损害新浪持有的"微博"注册商标权。腾讯辩称,"微博"一词系通用名称,新浪在中国获得"微博"商标注册本身有恶意之嫌疑。WIPO仲裁和调解中心的专家组在裁决意见中支持了新浪提出的法定权利主张,最终腾讯英文域名(.weibo)和中文域名(.微博)的顶级域名的申请注册未获通过,新浪赢得这两个域名的管理权。

关于中国互联网络二级域名争议纠纷的典型案例,如梅西西部商店有限公司诉北京国网信息有限公司侵害网络域名纠纷案。原告梅西西部商店有限公司享有MACY'S的中国注册商标权,被告北京国网信息有限公司抢注了macys.cn和macys.com的中国网络域名。北京市知识产权法院最终判定被告的抢注域名行为构成不正当竞争,争议域名应转移给原告。

2)域名纠纷的解决

域名纠纷的解决主要采用两种路径,最常见的是通过仲裁机构解决域名纠纷;另外一种是通过诉讼解决域名纠纷。两种纠纷解决机制各有利弊。首先,从管辖上看,仲裁的域名争议解决案件是通过在线提交书面审理,而域名诉讼解决需要考虑法院管辖问题,相应的成本会更高。其次,从效率上看,域名的仲裁争议解决审理效率更高,而诉讼的审限更长,如果含有涉外因素的则审限更难以把握。最后,从救济上看,仲裁解决争议的救济限于域名管理权的确认或转让等确权和流转问题,不支持任何损害赔偿的主张;而诉讼中除了主张转让域名外仍可以就损害赔偿问题提出权利诉求。

ICANN的《统一域名争议解决政策》适用于全球范围内通用顶级域名争议的解决。审理域名争端的事由主要包括:(1)字符串混淆的异议;(2)法定权利冲突的异议;(3)损害限定的公共利益;(4)社群异议等。

《最高人民法院关于审理涉及计算机网络域名民事纠纷案件适用法律若干问题的解释》的第四条规定,人民法院审理域名纠纷案件,对符合以下各项条件的,应当认定被告注册、使用域名等行为构成侵权或者不正当竞争:(1)原告请求保护的民事权益合法有效;(2)被告域名或其主要部分构成对原告驰名商标的复制、模仿、翻译或音译;或者与原告的注册商标、域名等相同或近似,足以造成相关公众的误认;(3)被告对该域名或其主要部分不享有权益,也无注册、使用该域名的正当理由;(4)被告对该域名的注册、使用具有恶意。

审理域名构成侵权或者不正当竞争的判断标准包括主客观因素及其结合[①]。从客观上考察,顶级域名申请人的申请字符是否在外观、读音和含义方面与异议人的注册商标或使用商标相同或近似;主观上考察,顶级域名申请人注册或使用域名是否存在恶意。从主客观结合上考察,域名申请人是否对异议人的正当在先权利构成侵害,该在先权利在多大程度上是为公众所知晓的,如果构成侵害,主观上是善意的还是恶意的。

关于主观因素方面《最高人民法院关于审理涉及计算机网络域名民事纠纷案件适用法律若干问题的解释》的第五条进一步明确,被告的行为被证明具有下列情形之一的,人民法院应

---

① 薛虹.国际电子商务法通论[M].北京:中国法制出版社,2019.

当认定其具有恶意:(1)为商业目的将他人驰名商标注册为域名的;(2)为商业目的注册、使用与原告的注册商标、域名等相同或近似的域名,故意造成与原告提供的产品、服务或者原告网站的混淆,误导网络用户访问其网站或其他在线站点的;(3)曾要约高价出售、出租或者以其他方式转让该域名获取不正当利益的;(4)注册域名后自己并不使用也未准备使用,而有意阻止权利人注册该域名的;(5)具有其他恶意情形的。被告举证证明在纠纷发生前其所持有的域名已经获得一定的知名度,且能与原告的注册商标、域名等相区别,或者具有其他情形足以证明其不具有恶意的,人民法院可以不认定被告具有恶意。值得注意的是,ICANN 的 UDRP 政策中关于"恶意"的描述是"注册和使用域名具有恶意",而我国司法中采用的"恶意"标准为"注册或使用域名存在恶意",尽管只有一字之差,但可见我国对于认定恶意抢注域名行为的认定标准更低,这也是针对电子商务时代打击使用域名侵害他人商标权的一个坚决态度。

▶ 6.2 电子商务与著作权保护

6.2.1 电子商务与著作权侵权

1. 电子商务中著作权侵权行为

网络技术的发展和应用的普及,使得数字化作品成为电子商务交易中的重要内容。著作权侵权逐渐成为诸如购物网站、视频网站、小说 App、数字图书馆等电子商务平台难以回避的问题。电子商务经营者的著作权侵权主要是指未经著作权人许可或缺乏法律依据的情况下直接或者间接实施侵犯权利人的信息网络传播权。网络传播权是指以有线或者无线方式向公众提供作品,使得公众可以在其个人选定的时间和地点获得作品的权利。电子商务中著作权侵权行为主要表现为如下几种形式。

(1)未经著作权人许可或有关权利人的许可,通过电子商务平台向公众传播其作品、表演或者录音录像制品等。

(2)未经著作权人或者与著作权有关的权利人许可,故意删除或者改变作品、录音录像制品等。

(3)在电子商务平台出售假冒他人署名的作品。

电子商务中著作权侵权虽然从广义上属于网络著作权侵权,但却由于电子商务侧重于商务交易活动,通常是电子商务经营者以营利为目的的大规模营销行为,有别于网络发展初期一般网民未经允许上传或下载作品的性质,因此在具体的侵权行为的类型上有必要做更详细的区分和识别。

2. 电子商务中著作权侵权的类型

1)直接侵权

网络著作权是一系列消极的专有权利。以网络传播权为例,不是赋予权利人积极行使作品的网络传播行为,而是要求其他行为人不得擅自实施未经许可的网络传播行为。电子商务中直接侵权主要表现为电子商务平台内经营者未经著作权人或法律的许可而擅自实施网络传播权的行为。首先,电子商务平台内经营者"提供作品",表现为擅自将未经授权的作品上传至网络交易平台中供用户浏览或下载或者出售假冒他人署名的作品等。其次,"个人选定的时间和地点获得作品"是指交互式传播,也就是以"点对点"的方式供用户按需点播。如果电子商务平台内经营者直接将未经他人许可的作品或假冒他人署名的作品上传到电子商务平台中,使得网络用户可以通过"点对点"的方式直接使用这些作品,则电子商务平台内经营者对他人实施了网络著作权的侵害,构成直接侵权。通常情况下,电子商务平台经营者仅为网络用户提供网络信息存储、信息传输等服务,且对于网络用户实施直接侵权行为在主观上并不存在明知或应知的过错的情况下不构成直接侵权,除非其将侵权作品直接上传或以其他方式置于网络服务器上。

2) 间接侵权

与直接侵权相比,间接侵权是更为复杂、常见并且多发的侵权类型。间接侵权是指没有实施受著作权"专有权利"控制的行为(没有实施"直接侵权"),但故意引诱他人实施直接侵权,或者在明知或应知他人即将或正在实施直接侵权时为其提供实质性的帮助,以及特定情况下直接侵权的准备和扩大其侵权后果的行为。① 法律之所以规定间接侵权,其目的是加强对著作权的保护,既可以避免权利人因无法追究直接侵权人的责任而蒙受损害,也可以抑制电子商务平台经营者间接侵权行为的扩大。目前电子商务平台经营者的"间接侵权"可以区分为两种。

第一种是教唆、帮助他人侵权。《民法典》第一千一百六十九条规定:教唆、帮助他人实施侵权行为的,应当与行为人承担连带责任。这也是各国侵权法所普遍认可的规则。这一规则的确立适用到网络著作权侵权中,即便电子商务平台经营者没有实施具体的直接侵害他人著作权的行为,但教唆、帮助他人实施直接侵权的行为也可以构成共同侵权。《最高人民法院关于审理侵害信息网络传播权民事纠纷案件适用法律若干问题的规定》中解释了"教唆侵权"与"帮助侵权"的具体情形。其中,以言语、推介技术支持、奖励积分等方式诱导、鼓励网络用户实施侵害信息网络传播权行为的,应当认定构成教唆侵权行为。电子商务平台经营者明知或者应知网络用户利用网络服务侵害信息网络传播权,未采取删除、屏蔽、断开链接等必要措施,或者提供技术支持等帮助行为的,应当认定构成帮助侵权行为。

第二种是"直接侵权"的预备行为和扩大侵权后果的行为。《信息网络传播权保护条例》第二十三条规定:网络服务提供者为服务对象提供搜索或者链接服务,在接到权利人的通知书后,根据本条例规定断开与侵权的作品、表演、录音录像制品的链接的,不承担赔偿责任;但是,明知或者应知所链接的作品、表演、录音录像制品侵权的,应当承担共同侵权责任。这一规定表明,在明知或应知所提供的链接内容侵权的情况下,仍然保留链接实际上是扩大了侵权的后果,也属于间接侵权。

相关的司法解释进一步明确了"明知"与"应知"的具体情形。《最高人民法院关于审理侵害信息网络传播权民事纠纷案件适用法律若干问题的规定》第十三条规定,网络服务提供者接到权利人以书信、传真、电子邮件等方式提交的通知,未及时采取删除、屏蔽、断开链接等必要措施的,人民法院应当认定其明知相关侵害信息网络传播权行为。第九条规定,人民法院应当根据网络用户侵害信息网络传播权的具体事实是否明显,综合考虑以下因素,认定网络服务提供者是否构成应知。

(1) 基于网络服务提供者提供服务的性质、方式及其引发侵权的可能性大小,应当具备的管理信息的能力。

(2) 传播的作品、表演、录音录像制品的类型、知名度及侵权信息的明显程度。

(3) 网络服务提供者是否主动对作品、表演、录音录像制品进行选择、编辑、修改、推荐等。

---

① 王迁.网络环境中的著作权保护研究[M].北京:法律出版社,2010.

(4) 网络服务提供者是否积极采取预防侵权的合理措施。

(5) 网络服务提供者是否设置便捷程序接收侵权通知,并及时对侵权通知作出合理的反应。

(6) 网络服务提供者是否针对同一网络用户的重复侵权行为采取相应的合理措施。

(7) 其他相关因素。

6.2.2 电子商务中的著作权保护

1. 电子商务中著作权侵权的归责

《电子商务法》第四十一条规定:电子商务平台经营者应当建立知识产权保护规则,与知识产权权利人加强合作,依法保护知识产权。应依何种根据使行为人负责,此种根据体现了法律的价值判断。[①] 电子商务中著作权侵权的归责原则亦应遵循一般侵权中确定行为人承担民事责任的基本准则。简言之,就是确定网络服务提供者民事责任的根据和标准。[②] 纵观侵权责任归责原则的立法可以发现,各国网络著作权侵权存在着严格责任、无过错责任、过错责任等各种不同的法律选择。以美国为例,美国大致经历了未确定统一的实践标准、采用严格责任、严格责任限制三个阶段。[③] 欧盟相关指令在这一法律选择上一直坚持采用过错责任原则。而德国则根据不同的网络服务提供者适用不同的归责原则。我国和大多数国家一样,将过错责任原则作为网络著作权侵权的归责原则。不过,值得注意的是,我国《侵权责任法》第三十六条及沿袭其后的《民法典》第一千一百九十四条都规定了网络服务提供者承担侵权责任的具体规则,为网络侵权(包括著作权侵权)案件提供了法律依据。

1) 一般规则

《民法典》第一千一百九十四条规定:"网络用户、网络服务提供者利用网络侵害他人民事权益的,应当承担侵权责任。"该条可视为网络侵权的一般规则,即网络侵权行为责任规则,也就是通常所说的网络服务提供者直接侵权的责任。该条文源自《侵权责任法》第三十六条的第一款规定,虽然条文本身并没有明确规定网络侵权适用的归责原则,但民法学界的主流观点认为该条款规定的是过错责任,即网络服务提供者因为自己的过错,造成了他人的损害,应当承担侵权责任。[④]首先,从相关法律文件来看,不论是《信息网络传播权保护条例》,还是《最高人民法院关于审理涉及计算机网络著作权纠纷案件适用法律若干问题的解释》都对网络服务提供者的网络著作权侵权采用过错责任原则。其次,从社会危害性的角度来看,网络侵权并不像环境污染、高度危险问题一样具有严重的社会危害性,因此无须通过无过错责任来确定网络服务提供者的侵权责任门槛。再次,从技术角度上看,网络服务提供者无法对海量的网络信息进行全面的事前审查。最高人民法院的司法解释再次明确"网络服务提供者未对网络用户侵害信息网络传播权的行为主动进行审查的,人民法院不应据此认定其具有过错。"最后,从利益平衡的角度来看,侵权归责是法律平衡利益的选择。互联网产业的发展一方面要加强对网络著作权的保护,另一方面也不能对网络服务提供者附加过于严苛的义务负担,否则影响产业的健康发展。不过,也有部分学者从语义学解读《侵权责任法》第三十六条第一款,认为条文中"利

---

① 王利明.侵权行为法归责原则研究[M].北京:中国政法大学出版社,2004.
② 王利明.电子商务法研究[M].北京:中国法制出版社,2002.
③ 申屠彩芳.网络环境中的著作权保护研究[M].杭州:浙江大学出版社,2014.
④ 王利明.中华人民共和国侵权责任法释义[M].北京:中国法制出版社,2010.

用网络侵害他人民事权益"的"利用"一词的含义是"用手段使人或事物为自己服务",利用网络的行为是主动的行为,网络服务提供者主观上当然知道自己在利用网络上载或传输文档。但由此却不能必然得出结论:网络服务提供者主观上一定有过错,进而主张网络服务提供者应当适用无过错责任原则。① 学界对是否以主观过错作为侵权责任的构成要件的看法各有不同,尽管存在不同的观点,但侵权责任归责原则是基于"法律价值的判断",而非"事实的判断",过错责任原则应当是知识产权本身的公共性和政策性的体现和理性选择。②

2)"通知—删除"规则

"通知—删除"规则源自美国《数字千年版权法》首创的"避风港"规则。该规则一方面保护了网络环境中著作权人的利益,另一方面确立了网络服务提供者在法定条件下免除责任的情形。当权利人知道网络用户实施的侵权行为之后,有权通知电子商务平台经营者采取必要措施防止损害后果的进一步扩大;电子商务平台经营者在接到权利人的通知后应当采取必要的措施以防止损害的扩大;如果电子商务平台经营者未对侵权行为采取必要措施,则构成对侵权行为的放任,具有间接故意,应视为与侵权人构成共同侵权,并就损害的扩大部分与侵权的网络用户承担连带责任。但是如果电子商务平台经营者没有接到通知,或者接到通知后即采取了必要措施的,则不需要承担侵权责任。《信息网络传播权条例》就"通知—删除"规则作出了进一步的规定。首先,"通知"应当采用书面形式。其次,"通知"的内容应当包括:(1)权利人的姓名(名称)、联系方式和地址;(2)要求删除或者断开链接的侵权作品、表演、录音录像制品的名称和网络地址;(3)构成侵权的初步证明材料。

"通知—移除"规则是目前网络著作权侵权中适用最为频繁却也存在争议最多的条款。许多电子商务平台经营者成为网络著作权侵权诉讼案件的被告,争讼的事实也基本一致,所涉及的法律争议焦点也基本相同,但法院对适用这一条款中"合格侵权通知"的判断却大相径庭。2008 年"泛亚诉百度案"中,泛亚作为权利人向百度发出了两种内容不同的侵权通知,其中一种列出了侵权歌曲的具体名称和网络地址,另一种则仅列出了侵权歌曲的名称而没有具体的网络地址。法院在审理中指出,就 MP3 搜索而言,搜索引擎的现有技术尚无法实现根据音频文件内容来进行搜索,只能基于关键词进行搜索。在此情况下,如果将原告主张权利的涉案 351 首歌曲按照歌曲名称进行屏蔽,可能会损害其他被许可人的合法权利;如果将歌曲名称作为关键词进行屏蔽或删除,亦可能损害他人的合法权利,出现删除或屏蔽错误的情形。更重要的是,该种通知不符合《信息网络传播权保护条例》第十四条关于通知要件的要求。因此,原告的相关主张于法无据,本院不予支持。然而 2007 年"十一大唱片公司诉阿里巴巴(雅虎)案"中,法院对这一类似争议焦点的判断却截然不同。相似的情况是权利人在"侵权通知"中也未提供侵权作品的具体网络地址,但法院认为尽管原告的"侵权通知"缺乏一定的形式要件,但雅虎公司通过简单可行的技术完全可以对搜索的结果进行过滤,从而定位侵权作品,但雅虎公司没有采取这样的措施,说明其在应知侵权内容的情况下,不愿意采取措施断开链接,为此应当承担侵权责任。

3)"知道"规则

"知道"规则是借鉴美国《千年数字版权法》中的"红旗规则",即当侵权行为宛如鲜艳的红

---

① 刘晓海.《侵权责任法》"互联网专条"对网络服务提供者侵犯著作权责任的影响[J].知识产权,2011(09):12-19.
② 冯晓青.知识产权侵权归责原则之探讨[J].江淮论坛,2011(02):87-94,193.

旗在网络服务提供者面前飘扬以至于处于相同情况下的理性人明显能够发现时,如果网络服务提供者采取"鸵鸟政策",像鸵鸟一样将头深深埋入沙子之中,对侵权事实视而不见,则能够认定网络服务提供者至少"应当知晓"侵权材料的存在,并可以认为存在过错,应当负担侵权责任。正如"红旗规则"是为了防止"避风港规则"被网络服务提供者所滥用,我国《民法典》第一千一百九十七条"知道"规则也是对"通知—删除"规则的一种约束,从而全面平衡网络用户与网络服务提供者,以及著作权人之间的利益。网络服务提供者在知道或应当知道网络用户利用其服务实施侵权行为的情况下,如果没有主动采取必要的措施,则构成对侵权行为的放任,具有间接故意,应就损害与该网络用户承担连带责任。

在"广州中凯文化发展公司诉广州数联软件公司案"中,"知道"规则的适用得到充分的体现。原告享有电影《杀破狼》在中国大陆地区的网络传播权和发行权。被告经营的POCO网站设有"影视交互区"供用户上传和下载影视作品,其中包含了《杀破狼》的详细目录、海报,以及链接信息。法院在判决书中指出:"众所周知,电影作品决定了其制作完成需耗费大量的人力、物力和财力,电影作品的著作权人通常不会将电影作品无偿提供给社会公众欣赏,尤其是新片。涉案电影于2004年9月制作完成,2005年11月在香港首映,而POCO网发布该片下载地址等信息的时间是2005年11月19日,与首映时间基本同步。因此,根据常理判断,这显然是网络用户未经授权擅自传播涉案电影作品。而作为POCO网的设立人和经营者,数联公司理应能识别出涉案侵权行为的存在。而且,数联公司在提供分类搜索与链接服务的过程中,也有机会根据链接指向的内容对其合法性作出判断,但数联公司并没有主动采取任何措施制止前述非法传播侵权电影作品的行为,据此并结合本案案情,可以认定数联公司对网络用户传播涉案侵权电影作品是明知或应知的。"由此可见,当侵权作品被上传和传播的行为已十分明显,而网络传播者却对明显的侵权事实视而不见时,则不能适用"避风港规则"获得免责;相反地,如果网络服务提供者明显违反了"知道"规则,怠于履行"注意义务",则应当承担相应的侵权责任。

2. 电子商务中著作权侵权的法律责任

1) 民事责任

电子商务中著作权侵权的法律责任在《民法典》《电子商务法》《著作权法》等都有所规定。

《电子商务法》第七十四条规定,电子商务经营者销售商品或者提供服务,……造成他人损害的,依法承担民事责任。这里的损害也包括知识产权方面的损害。《民法典》第一百七十九条规定了承担侵权民事责任的主要方式包括:停止侵害,排除妨碍,消除危险,返还财产,恢复原状,赔偿损失,赔礼道歉,消除影响、恢复名誉。这些承担侵权责任的方式,可以单独适用,也可以合并适用。电子商务中著作权侵权最基础的责任承担方式是停止侵害。由于网络信息传播的速度极快、范围极广,因此停止侵害是一种源头治理的救济方式,防止侵权损害的进一步扩大和继续。《民法典》第一千一百九十五条及《电子商务法》第四十二条所要求的"采取删除、屏蔽、断开链接等必要措施"是停止网络侵权的具体表现。但是,针对网络侵权的不可逆性,停止侵害在一定程度上无法挽回被侵权人人身权的损失,因此赔礼道歉、消除影响和恢复名誉成为针对人身权受到侵害的救济方式。此外,对于权利人而言,赔偿损失是一种最有效和主要的权利救济方式。民事责任的目的应是如何保障受害人的人身利益和财产利益得到恢复和弥补。

《著作权法》也就侵犯著作权做出相应的法律责任的规定。其中第四十九条就损害赔偿责任做出具体的确定方法：侵犯著作权或者与著作权有关的权利的，侵权人应当按照权利人的实际损失给予赔偿；实际损失难以计算的，可以按照侵权人的违法所得给予赔偿。赔偿数额还应当包括权利人为制止侵权行为所支付的合理开支。权利人的实际损失或者侵权人的违法所得不能确定的，由人民法院根据侵权行为的情节，判决给予五十万元以下的赔偿。

民事侵权责任的主要目标在于填平被侵权人的损失，实现公平正义。但是现有法律实践表明，传统的民事侵权责任并不能完全抑制恶意侵权人的行为。因此有必要基于特殊的情况采用更具有针对性的法律责任制度。《民法典》第一千一百八十五条规定了对故意侵害他人知识产权，情节严重的，被侵权人有权请求相应的惩罚性赔偿。惩罚性赔偿同样适用于电子商务环境下，如果电子商务经营者出现故意侵害他人网络著作权，情节严重的，被侵权人可以基于《民法典》的特殊规则请求惩罚性赔偿。通过特殊的惩罚性赔偿责任，可以加大对知识产权侵权行为的惩罚和对潜在侵权行为的威慑。

2）行政责任

《电子商务法》第七十五条规定，电子商务经营者违法销售、提供法律、行政法规禁止交易的商品、服务的，依照有关法律、行政法规的规定处罚。第八十四条规定，电子商务平台经营者违反本法第四十二条、第四十五条规定，对平台内经营者实施侵犯知识产权行为未依法采取必要措施的，由有关知识产权行政部门责令限期改正；逾期不改正的，处五万元以上五十万元以下的罚款；情节严重的，处五十万元以上二百万元以下的罚款。

3）刑事责任

《电子商务法》第八十八条规定，违反本法规定，构成违反治安管理行为的，依法给予治安管理处罚；构成犯罪的，依法追究刑事责任。《刑法》第二百一十七条"侵犯著作权罪"规定，以营利为目的，有下列侵犯著作权情形之一，违法所得数额较大或者有其他严重情节的，处三年以下有期徒刑或者拘役，并处或者单处罚金；违法所得数额巨大或者有其他特别严重情节的，处三年以上七年以下有期徒刑，并处罚金。

（1）未经著作权人许可，复制发行其文字作品、音乐、电影、电视、录像作品、计算机软件及其他作品的。

（2）出版他人享有专有出版权的图书的。

（3）未经录音录像制作者许可，复制发行其制作的录音录像的。

（4）制作、出售假冒他人署名的美术作品的。

《刑法》第二百一十八条"销售侵权复制品罪"规定，以营利为目的，销售明知是本法第二百一十七条规定的侵权复制品，违法所得数额巨大的，处三年以下有期徒刑或者拘役，并处或者单处罚金。《最高人民法院、最高人民检察院关于办理侵犯知识产权刑事案件具体应用法律若干问题的解释》对于"以营利为目的"做了进一步的司法解释。

以营利为目的，实施《刑法》第二百一十七条所列侵犯著作权行为之一，违法所得数额在三万元以上的，属于"违法所得数额较大"；具有下列情形之一的，属于"有其他严重情节"，应当以侵犯著作权罪判处三年以下有期徒刑或者拘役，并处或者单处罚金。

（1）非法经营数额在五万元以上的。

（2）未经著作权人许可，复制发行其文字作品、音乐、电影、电视、录像作品、计算机软件及其他作品，复制品数量合计在一千张（份）以上的。其他严重情节的情形。

以营利为目的，实施《刑法》第二百一十七条所列侵犯著作权行为之一，违法所得数额在十五万元以上的,属于"违法所得数额巨大";具有下列情形之一的,属于"有其他特别严重情节",应当以侵犯著作权罪判处三年以上七年以下有期徒刑,并处罚金。

(1)非法经营数额在二十五万元以上的。

(2)未经著作权人许可,复制发行其文字作品、音乐、电影、电视、录像作品、计算机软件及其他作品,复制品数量合计在五千张(份)以上的。

(3)其他特别严重情节的情形。

以营利为目的,实施《刑法》第二百一十八条规定的行为,违法所得数额在十万元以上的,属于"违法所得数额巨大",应当以销售侵权复制品罪判处三年以下有期徒刑或者拘役,并处或者单处罚金。

6.3 电子商务与商标权保护

6.3.1 电子商务与商标侵权

1. 电子商务中商标侵权行为

商标是用于区分不同经营者的商品或服务的商业标记。虽然都是知识产权法范畴,但与著作权法和专利法不同的是,商标法除了要维护商标信誉,还要保护消费者和生产、经营者的利益。因此,商标侵权一方面是侵害到商标权人的商业信誉和合法授权的生产者和经营者的经济利益,另一方面是使消费者就商标的真实来源产生混淆认识。

电子商务中最常见的商标侵权行为主要表现为如下几种形式。

(1)将他人的商标注册为域名,容易造成消费者混淆的行为。例如宝洁公司是"safeguard"和"舒肤佳"的商标权人,而上海某公司申请注册了 safeguard.com.cn 的域名。普通消费者通常会认为 safeguard.com.cn 所指向的网站即为宝洁公司的网站,进而产生误解和混淆。

(2)容易引起消费者的混淆,属于侵害注册商标权的行为。通过网络链接、搜索引擎的方式,将消费者误以为访问的是商标权人的网站的行为。商标的重要功能之一是广而告之,使消费者对商品具有强烈的印象。针对商标的广告功能,商标侵权行为表现为突出宣传品牌的影响力,而实质上却是借品牌的"东风"销售"另类"商品或服务。典型的案例如,腾讯诉六间房公司商标侵权案。六间房公司为中国最大的真人互动视频直播社区,其在搜狗网等搜索引擎中投放以"全民 K 歌"为关键词的推广链接,以期达到引导相关公众至六间房所经营的商业网站的目的。事实上,腾讯公司早已经在 8 个不同类型中申请注册了"全民 K 歌"的商标。六间房公司未经腾讯公司的许可,在同一种服务上使用与腾讯公司注册商标相同的商标。

(3)在电子商务网站销售假冒商标的商品或服务的行为。在某电子商务平台上输入"凉茶",结果跳出来的链接是"玉老吉"凉茶,如果消费者不认真识别,可能就会买到"山寨版"的"王老吉"。这种行为属于未经商标注册人的许可,在同一种商品上使用与其注册商标近似的商标,容易导致混淆的商标侵权行为。另一种情形是,"玉老吉"不仅卖凉茶饮料,也卖果汁饮料。由于凉茶和果汁属于类似商品,因此网站上销售"玉老吉"果汁的行为属于在类似商品上使用与"王老吉"注册商标近似的商标,容易导致混淆的也属于侵犯商标权的行为。

2. 电子商务中商标侵权的类型

电子商务平台的商标侵权分为直接侵权和间接侵权两种类型。根据《电子商务法》第九条的规定,电子商务经营者是指通过互联网等信息网络从事销售商品或者提供服务的经营活动的自然人、法人和非法人组织。电子商务经营者主要包括电子商务平台经营者、平台内经营者,以及通过自建网站、其他网络服务销售商品或者提供服务的电子商务经营者。电子商务平台经营者是指在电子商务中为交易双方或者多方提供网络经营场所、交易撮合、信息发布等服务,供交易双方或者多方独立开展交易活动的法人或者非法人组织。平台内经营者是指通过电子商务平台销售商品或者提供服务的电子商务经营者。以淘宝网上的电子商务为例,淘宝网属于电子商务平台经营者,淘宝网上的卖家属于平台内经营者。上文提及的六间房公司属于自建网站,而其他网络服务提供者比如通过微信、抖音等新媒体,在微信开设微店售货,在抖音开设直播带货,已经成为电子商务的新形式。

1) 直接侵权

与传统实体经济中商标权侵权一样,电子商务中商标权侵权类型之一是直接侵权,只是侵权行为是通过网络这一媒介和技术实现假冒商品或服务的销售。作为电子商务经营者最直接的商标侵权行为即违反《商标法》第五十八条第三款的规定,销售侵犯注册商标专用权的商品。

再进一步区分,可以根据四类不同的电子商务经营主体进行细化。电子商务平台内经营者、自建网站,以及其他网络销售服务或商品的经营者有下列行为的,构成直接侵权。

(1)未经商标注册人的许可,在同一种商品上使用与其注册商标相同的商标的。

(2)未经商标注册人的许可,在同一种商品上使用与其注册商标近似的商标,或者在类似商品上使用与其注册商标相同或者近似的商标,容易导致混淆的。

(3)伪造、擅自制造他人注册商标标识或者销售伪造、擅自制造的注册商标标识的。

(4)未经商标注册人同意,更换其注册商标并将该更换商标的商品又投入市场的。

就电子商务平台经营者而言,其如果不存在直接参与商标侵权活动,只是在履行审查义务方面存在疏漏或懈怠,进而给权利人造成损失的不属于直接侵权。虽然在认定构成直接侵权问题上较为清晰,但是电子商务中的商标侵权与传统经济活动中的商标侵权在具体实施侵权诉讼救济过程中,会存在一定的差异性。诸如识别侵权责任主体(电子商务平台经营者是否存在主观恶意,以及和生产、销售假冒商标商品或服务者之间是否存在共同故意等)。

2) 间接侵权

在法律日渐完善,权责日益明确的网络时代,电子商务环境下商标侵权的成本不断提高。因此,直接侵权的行为逐渐受到抑制,但间接侵权现象却日益突出。《商标法》第五十八条第六款规定"故意为侵犯他人商标专用权行为提供便利条件,帮助他人实施侵犯商标专用权行为的",这种情形被认为是商标的间接侵权。较为常见的例子是,电子商务经营平台明知商户在平台上销售假冒商品,但却视而不见,不及时采取有效、合理的措施对商户进行相应的制止,反而继续为其提供相应的网络平台服务。这实际上是从侧面"帮助"了商户实施侵犯他人商标专用权的间接侵权行为,法律就此规定了应承担共同侵权的法律责任。

6.3.2 电子商务中的商标保护

1. 电子商务中商标侵权责任的构成要件

电子商务中商标侵权责任的构成要件是指电子商务经营者的经营行为构成商标侵权依法应当承担民事责任所必须具备的条件。

(1)损害。损害是作为电子商务经营者商标侵权责任构成中的首要要件。在考虑行为人承担侵权责任时,首先需要确认损害的发生。从侵权救济法的角度看,损害是以对权利构成侵害和对利益造成损失为后果,其不仅包括产生的实际损失,还应当包括可能造成潜在的利益损失,例如,销售假冒商品使得被侵权企业形象受损、客户流失等损害。

(2)主观过错。主观过错是电子商务经营者商标侵权中重要的责任构成要件,也是网络侵权理论和实践中争议最大的一个焦点。过错的判断应当采取客观化标准,减轻被侵权人的举证负担。所谓过错的客观化是指在对侵权行为人是否具有过错进行判断和认定时,采取一个客观的外在的行为标准来进行衡量与判断。如果行为人符合该标准就认定其没有过错,否则就认定其具有过错。① 过错的客观化依然强调的是行为人的"义务本位"即遵循特定的行为标准。

值得注意的是,在英美法系中一般民事侵权(tort)与知识产权侵权(infringement)对于主观过错是否作为侵权责任的构成要件持不同的标准。一般民事侵权中主观过错是认定侵权的重要组成部分,而知识产权侵权责任的构成无须考虑主观过错,但在主张赔偿责任的承担时需要考虑行为人的主观过错。但是,包括《商标法》在内的我国知识产权立法均从普通民事侵权的角度对侵犯商标权等知识产权的行为进行规定。电子商务中的商标侵权是在电子商务特殊环境中的知识产权侵权,这里涉及侵权主体除了直接侵权的商户外,还涉及可能存在间接侵权的电子商务平台经营者。因此,对于认定电子商务中的商标侵权,主观过错对于侵权的构成还是应当结合民事侵权的一般理论进行探究。在民法典、商标法、电子商务法在内的相关法律法规中,电子商务平台经营者在明知侵害他人商标权的情况下仍未采取及时有效的救济措施的,构成侵权。

(3)因果关系。因果关系是指行为人的行为和损害后果之间是引起与被引起的关系。因果关系作为责任构成要件,其主要功能在于:确定责任的成立、排除责任的承担、确定责任的范围。② 网络环境下,侵权的风险加剧,尤其是网络管理的非中心化,以及网络世界的虚拟化、网络侵权的隐蔽性等都加大了因果关系认定的困难。一因多果、多因一果的情况实为常见。在这种情况下,需要进一步明确是电子商务经营者的行为与权利人遭受的损害之间的因果关系。如果在电子商务平台经营者明知商务平台用户存在销售侵害他人商标权的行为,可以认为其间具备因果关系。如果是电子商务平台经营者在接到权利人侵权行为的通知后未及时采取措施的,给权利人造成损害的,那么平台不履行合理的注意义务,实际上是对侵权行为人实施侵权行为提供帮助或便利,因此与损害之间的因果关系成立。

2. 电子商务中商标侵权的法律责任

(1)民事责任。《电子商务法》中规定的知识产权侵权规则同样适用于电子商务中出现的商标侵权。其中第四十二条规定的一般规则、通知—删除规则,以及知道规则是作为网络服务提供者的电子商务平台需要履行的法定义务。《民法典》第一千一百九十五条整合了"采取删除、屏蔽、断开链接等必要措施"的详细规定。《民法典》第一百七十九条规定了承担侵权民事责任的主要方式包括:停止侵害,排除妨碍,消除危险,返还财产,恢复原状,赔偿损失,赔礼道歉,消除影响,恢复名誉。这些承担侵权责任的方式,可以单独适用,也可以合并适用。值得注意的是,民事赔偿以补偿性赔偿为原则,以惩罚性赔偿为例外。当补偿性赔偿不足以弥补权利

---

① 王利明.我国侵权责任法的体系构建——以救济法为中心的思考[J].中国法学,2008(04):7.
② 王利明.我国侵权责任法的体系构建——以救济法为中心的思考[J].中国法学,2008(04):7.

人损失时,法律赋予其提起惩罚性赔偿的请求权。《民法典》第一千一百八十五条规定了对故意侵害他人知识产权,情节严重的,被侵权人有权请求相应的惩罚性赔偿。惩罚性赔偿同样适用于电子商务环境下,如果网络服务提供者出现故意侵害他人网络著作权,情节严重的,被侵权人可以基于民法典的特殊规则请求惩罚性赔偿。《商标法》第六十三条规定,对恶意侵犯商标专用权,情节严重的,可以按权利人所受实际损失、侵权人获利、商标许可使用费数额的一倍以上五倍以下确定赔偿数额。这是《商标法》中惩罚性赔偿规则的具体要求。通过特殊的惩罚性赔偿责任的规定,加大对商标恶意侵权行为的惩罚和对潜在商标侵权行为的威慑。

(2)行政责任。电子商务法规定,对平台内经营者实施侵犯知识产权行为未依法采取必要措施的,由有关知识产权行政部门责令限期改正;逾期不改正的,处五万元以上五十万元以下的罚款;情节严重的,处五十万元以上二百万元以下的罚款。

《商标法》第六十条规定,有本法第五十七条所列侵犯注册商标专用权行为之一,引起纠纷的,由当事人协商解决;不愿协商或者协商不成的,商标注册人或者利害关系人可以向人民法院起诉,也可以请求工商行政管理部门处理。工商行政管理部门处理时,认定侵权行为成立的,责令立即停止侵权行为,没收、销毁侵权商品和主要用于制造侵权商品、伪造注册商标标识的工具,违法经营额五万元以上的,可以处违法经营额五倍以下的罚款,没有违法经营额或者违法经营额不足五万元的,可以处二十五万元以下的罚款。对五年内实施两次以上商标侵权行为或者有其他严重情节的,应当从重处罚。销售不知道是侵犯注册商标专用权的商品,能证明该商品是自己合法取得并说明提供者的,由工商行政管理部门责令停止销售。

(3)刑事责任。《刑法》关于电子商务经营者可能涉及的商标犯罪,包括第二百一十三条"假冒注册商标罪"、第二百一十四条"销售假冒注册商标的商品罪",以及第二百一十五条"非法制造、销售非法制造的注册商标标识罪"。此外,《最高人民法院、最高人民检察院关于办理侵犯知识产权刑事案件具体应用法律若干问题的解释》也就如上的商标犯罪的具体情形和犯罪数额做了明确的规定。

6.4 电子商务与专利权保护

6.4.1 电子商务与专利权侵权

专利权是申请人向国家专利行政部门提出申请,经依法审查合格后,被授予的在一定期限内对该发明创造享有的专有权利。对取得的技术成果申请专利,有益于保护专利权人的合法权益,鼓励发明创造,推动发明创造的应用,提高创新能力,促进科学技术进步和经济社会发展。

1. 电子商务中专利侵权行为

电子商务中最常见的专利侵权行为主要表现为如下几种形式。

(1)未经专利权人许可,直接销售或许诺销售专利侵权产品。据2021年我国互联网信息中心CNNIC发布的第47次《中国互联网网络发展状况统计报告》显示,截至2020年12月,中国网民规模达到9.89亿,互联网的普及率达70.4%,手机网民规模占比为99.3%,其中网络购物用户规模达7.82亿,占网民整体的79.1%,我国网络直播用户规模达6.17亿,占网民整体的62.4%;其中,电商直播用户规模为3.88亿,占网民整体的39.2%,我国电子商务处于蓬勃发展时期,电子商务平台由于存在市场规模庞大,商品数量众多,种类丰富,因此,低成本、低风险、易操作等特点,成为专利侵权的高发领域。其中最为常见的侵权行为即行为人未经专利权人许可,擅自销售或许诺销售专利侵权产品。由于电子商务中的专利侵权,特别是发明专利与实用新型专利侵权在认定上比商标或版权侵权更加复杂,需要进行全面的技术特征对比,因而更加具有隐蔽性。

(2)专利假冒。专利假冒是指以非专利产品冒充专利产品,主要实施行为有凭空捏造虚假专利号,以及冒充使用他人已有的专利号。[①] 通过对电商平台上的"专利产品"进行统计发现,网络平台所售"专利产品"的专利信息的呈现形式大致分为三类:专利信息缺失、专利信息模糊、专利信息清晰。经过抽样调查发现,有效专利仅占12%左右,专利信息存在一定缺失和模糊的专利假冒与侵权潜在性较高。

2. 电子商务专利侵权行为特点

(1)专利侵权行为更为频发。电子商务领域专利权侵权纠纷明显区别于传统侵权纠纷,我国电子商务目前已发展到成熟阶段,电商平台数量多,市场规模庞大,导致群体性侵权案件较多,权利滥用问题较为突出。

(2)侵权判定更为复杂。根据现行法律的规定,在专利侵权纠纷中,需要权利人提供证据来证明其专利权遭到侵犯,专利侵权判定需要有较高专业技术性的要求,仅靠线上网店经营者公开的图片判断是否侵权,存在一定难度。另外,我国的实用新型和外观设计只做初步审查,授权的专利权不稳定,在侵权判定前往往先要经过确权,对于权利人而言无疑增加了举证难度。

(3)专利侵权纠纷影响范围广。通过电商平台销售产品,产品销售快,销售范围广,电商经营者及购买者分布在全国各个省市甚至境外,导致专利侵权纠纷往往涉及的投诉面广,权利人寻求救济途径难度增加,不能得到快速解决机制的救助,通常会造成难以弥补的损失。[②]

6.4.2 电子商务中的专利权保护方式

1. 司法保护

对于专利侵权行为,当事人向有管辖权的法院提起诉讼是解决专利侵权纠纷最常见的保护方式。根据我国专利法规定,专利侵权纠纷案件由各省、自治区、直辖市人民政府所在地的中级人民法院和最高人民法院指定的中级人民法院管辖。在电子商务领域,专利侵权纠纷案件最先在司法诉讼中引起关注,全国首例涉电子商务平台的专利侵权诉讼是2004年上海市第一中级人民法院审理荆玉堂、江苏堂皇家纺有限公司诉易趣网专利侵权案,由于当时我国并未出台关于电子商务领域知识产权侵权相关的法律制度,法院最后审理判决的主要依据是易趣网与用户的协议。2009年《侵权责任法》颁布实施后,法院受理的涉及电子商务平台的专利侵权案件开始增多,司法诉讼判决的影响力也较大,促进了电子商务平台对专利投诉的处理和平台专利保护规则的设定。目前,审理电子商务专利侵权案件主要依据民法典、电子商务法与专利法等,案件的难点主要集中在证据的认定、电子商务平台商的责任认定,以及恶意投诉的认

---

① 唐恒,孙莹琳.基于B2B2C的专利侵权假冒协同保护模式探讨[J].知识产权,2019(09):73-81.
② 冀瑜,郭飞翔.电子商务领域专利权保护研究综述[J].重庆邮电大学学报(社会科学版),2017,29(01):39-44.

定与责任。

(1)证据认定。根据民事诉讼法的规定,当事人在诉讼中对自己提出的主张有举出证据加以证明其成立的义务。面对线下专利侵权,权利人可以提交侵权产品实物作为证据进行对比认定其是否侵权。但由于电子商务销售物流和信息流分流的特点,消费者在网上平台仅能看到产品的文字和图片,导致在专利诉讼举证中往往仅能展示商品的图片,从而不易判定其是否侵权。

(2)电子商务平台商的责任认定。在电子商务领域专利侵权诉讼中,由于商家通过电子商务平台经营店铺,权利人通常会直接将侵权商家和电子商务平台一同作为被告要求承担共同的侵权责任,但是由于电子商务平台并未直接参与侵权人侵权行为中,所以需判断电子商务平台是否构成帮助侵权,是否需要承担侵权责任进行探讨。在司法实践中,认定电子商务交易平台经营者侵权责任的关键是判断其是否具有过错,即电子商务平台经营者是否是故意或过失为商家侵犯他人专利权提供了帮助。①

(3)恶意投诉的认定与责任。随着知识产权法律制度的不断完善,一些权利人为了非法获利,故意投诉,使平台商判断错误,导致商品链接删除而造成卖家损失,或者在虚假陈述提起诉讼,不仅严重扰乱他人经营活动,而且也造成了司法资源的浪费。如果卖家遭遇恶意投诉而造成损失,那么卖家则可以就其损失向恶意投诉人主张赔偿。

2. 行政保护

行政保护与司法保护相比,程序更加简便,可以快速启动侵权救济程序,及时阻止侵权行为,维护权利人的合法利益。② 行政保护主要由各个地区设立的管理专利工作的部门受理,当事人可以在侵权行为发生地请求管理专利工作的部门进行侵权处理。根据《专利法实施细则》,专利法和本细则所称管理专利工作的部门是指由省、自治区、直辖市人民政府,以及专利管理工作量大又有实际处理能力的设区的市人民政府设立的管理专利工作的部门。在处理过程中,权利人仅限于要求责令被请求人停止侵权,对赔偿问题,可以请求行政机关进行调解。

我国电商领域目前已形成行政与企业联合处理专利侵权纠纷的模式。2010年浙江省知识产权局和阿里巴巴联合建立网络专利侵权处理联动机制,处理电商平台侵权问题后,浙江省与阿里巴巴集团合作出台全国首个《电子商务领域专利保护工作指导意见》,提出"交易平台提供者对违反平台用户准入协议中专利权(知识产权)保护条款的商品经营者,可以采取删除、屏蔽商品经营者的信息、商品等措施;情节严重的,暂停或终止商品经营者的活动",开始探索行政、社会中介和企业共同维权的新途径。之后,国家知识产权局以浙江省知识产权局组织浙江省维权援助中心工作人员,设立了中国电子商务领域专利执法维权协作调度(浙江)中心,为阿里巴巴集团转交的专利侵权纠纷案件提供专利侵权判定咨询意见,目前以阿里巴巴集团为中心,以浙江中心为中枢,按照电子商务平台经营者提交专利行政管理调解或判定开展电子商务领域专利侵权纠纷的处理工作,这一模式也是目前全国电子商务领域专利行政执法保护机制的代表性模式。

当前,我国电子商务领域专利侵权保护主要采用司法保护与行政保护相结合的方式,根据我国《专利法》第五十二条规定:当事人就实施开放许可发生纠纷的,由当事人协商解决;不愿

---

① 苏冬冬.电子商务交易平台经营者在专利侵权中的过错认定问题探析[J].电子知识产权,2018(04):40-51.
② 朱雪忠,乔永忠.知识产权管理[M].北京:高等教育出版社,2016.

协商或者协商不成的,可以请求国务院专利行政部门进行调解,也可以向人民法院起诉。即当事人既可以向法院提起诉讼,也可以选择向知识产权行政管理部门提起行政裁决,或者在行政裁决不满的情况下,再向法院提起专利侵权诉讼。

6.4.3 电子商务中专利权侵权的法律责任

1. 民事责任

电子商务中专利权侵权的法律责任在民法典、电子商务法及专利法等都有所规定。

《电子商务法》第七十四条规定,电子商务经营者销售商品或者提供服务,……造成他人损害的,依法承担民事责任。这里的损害也包括知识产权方面的损害。《民法典》第一百七十九条规定了承担侵权民事责任的主要方式包括:停止侵害,排除妨碍,消除危险,返还财产,恢复原状,赔偿损失,支付违约金,消除影响,恢复名誉,赔礼道歉。这些承担侵权责任的方式,可以单独适用,也可以合并适用。电子商务中专利权侵权最基础的责任承担方式是停止侵害。由于网络信息传播的速度极快、范围极广,因此停止侵害是一种源头治理的救济方式,防止侵权损害的进一步扩大和继续。与民法典相比,专利法属于下位法,因此侵犯专利权的民事责任应当优先适用《专利法》的有关规定。《专利法》第六十五条规定:侵犯专利权纠纷的处理、审理和侵犯专利权的民事责任,未经专利权人许可,实施其专利,即侵犯其专利权,引起纠纷的,由当事人协商解决;不愿协商或者协商不成的,专利权人或者利害关系人可以向人民法院起诉,也可以请求管理专利工作的部门处理。管理专利工作的部门处理时,认定侵权行为成立的,可以责令侵权人立即停止侵权行为。当事人不服的,可以自收到处理通知之日起十五日内依照《中华人民共和国行政诉讼法》向人民法院起诉;侵权人期满不起诉又不停止侵权行为的,管理专利工作的部门可以申请人民法院强制执行。进行处理的管理专利工作的部门应当事人的请求,可以就侵犯专利权的赔偿数额进行调解;调解不成的,当事人可以依照《中华人民共和国民事诉讼法》向人民法院起诉。本条虽未正面规定侵犯专利权应该承担的民事责任,而是结合侵犯专利权纠纷的解决途径及执法机关能够提供的救济方式一并规定。从本条可以看出承担专利权侵权的民事责任主要是两种方式:一是立即停止继续侵害,二是赔偿权利人因侵权行为而遭受的损失。

民事侵权责任的主要目标在于填平被侵权人的损失,实现公平正义。但是现有法律实践表明,传统的民事侵权责任并不能完全遏制恶意侵权人的不法行为。因此有必要基于特殊的情况采用更具有针对性的法律责任制度。《民法典》第一千一百八十五条规定了对故意侵害他人知识产权,情节严重的,被侵权人有权请求相应的惩罚性赔偿。《电子商务法》第四十二条第三款中同样引入了该规则。总体而言,惩罚性赔偿的适用主要在于主观状态的确认,以其规则的威慑性和超损失赔偿性对于恶意侵权行为的抑制和权利人进行补偿。

2. 行政责任

我国专利法对侵权行为中假冒他人专利、泄露国家机密、徇私舞弊、侵犯发明人等规定了行政责任。《专利法》第六十九条规定负责专利执法的部门根据已经取得的证据,对涉嫌假冒专利行为进行查处时,有权采取下列措施。

(1)询问有关当事人,调查与涉嫌违法行为有关的情况。

(2)对当事人涉嫌违法行为的场所实施现场检查。

(3)查阅、复制与涉嫌违法行为有关的合同、发票、账簿,以及其他有关资料。

(4)检查与涉嫌违法行为有关的产品。

(5)对有证据证明是假冒专利的产品,可以查封或者扣押。

管理专利工作的部门应专利权人或者利害关系人的请求处理专利侵权纠纷时,可以采取前款第(1)项、第(2)项、第(4)项所列措施。负责专利执法的部门、管理专利工作的部门依法行使前两款规定的职权时,当事人应当予以协助、配合,不得拒绝、阻挠。该规定对于维护广大消费者和社会公众的利益,保证专利制度的健康发展,都有着十分重要的意义。此外,《电子商务法》也在行政责任上进行了规定,第七十五条规定电子商务经营者违法销售、提供法律、行政法规禁止交易的商品及服务,依照有关法律、行政法规的规定处罚。第八十四条规定,电子商务平台经营者违反本法第四十二条、第四十五条规定,对平台内经营者实施侵犯知识产权行为未依法采取必要措施的,由有关知识产权行政部门责令限期改正;逾期不改正的,处五万元以上五十万元以下的罚款;情节严重的,处五十万元以上二百万元以下的罚款。

3. 刑事责任

专利侵权最严厉、最有效的制裁是刑事制裁,我国专利法对假冒他人专利、泄露国家秘密,以及专利管理工作的国家机关人员徇私舞弊等三种行为规定了追究其刑事责任,根据《专利法》第六十八条、第六十九条,以及《刑法》第二百一十六条"假冒专利罪"的规定,假冒他人专利,情节严重的,处三年以下有期徒刑或者拘役,并处或者单处罚金。

根据最高法院、最高检察院的相关司法解释"情节严重"的情形有:(1)非法经营数额在二十万元以上或者违法所得数额在十万元以上的;(2)给专利权人造成直接经济损失五十万元以上的;(3)假冒两项以上他人专利,非法经营数额在十万元以上或者违法所得数额在五万元以上的;(4)其他情节严重的情形。

【本章小结】

本章首先介绍了专利权的基本知识、域名的有关内容,其中包括域名的定义、特征、类型、管理,域名保护的相关法律政策,以及域名争议纠纷及其解决。之后,介绍了电子商务领域著作权侵权行为及其类型、商标权侵权行为及其类型,并介绍了侵权责任的构成要件及其法律责任。

【思考题】

1. 商标法的主要功能是什么?
2. 商标侵权的类型有哪些?
3. 电子商务平台商标侵权的法律救济有哪些?
4. 电子商务中著作权侵权行为主要表现有哪些?
5. 简述电子商务中著作权侵权的"避风港"规则和"红旗"规则。
6. 简述域名争议判定构成侵权或不正当竞争的司法标准。
7. 简述电子商务中专利权侵权的法律责任。

拓展内容(6)

第7章 电子商务消费者权益保护

【典型案例】

"返利网"订单丢失 售后返利却被扣除

彭女士称2018年9月29日10：05通过返利网在天猫某女装旗舰店下单一条毛衣裙,返利金额为172.26元人民币,返利网于2018年9月29日确定了返利订单,提示在2018年10月底能收到这笔返利。其间彭女士也有收到其他返利,确定这笔返利订单存在。

11月初,彭女士忽然发现这笔订单消失了,返利也没到账。然后拨打返利网电话,说让彭女士申请理赔,可能是丢单了。彭女士在11月5日申请丢单理赔,返利网于12月10日给彭女士返利172.26元人民币,本以为事情已经结束,但是2018年12月28日返利网居然直接扣除了172.26元人民币,给出的原因是商家认为这笔订单未通过返利网下单。

彭女士表示:①我没通过返利网下单订单怎么会出现返利订单的,如果返利订单里不出现这笔返利,我肯定不会购买这件衣服。②我从2015年开始使用返利网,不可能犯这种原则性错误。③如果真像返利网客服所说,商家只要说是没通过返利网购买,他们就能随时取消我的返利,这个我怎么保障我返利订单里的其他返利。

接到该用户投诉后,已在第一时间将投诉案件移交该平台相关工作人员督办妥善处理,对此,返利网表示,已根据消费者提供的订单信息核实,回电告知处理结果。

7.1 电子商务消费者权益保护概述

随着互联网的发展,消费类电子商务在中国呈现蓬勃发展的态势。网上购物作为电子商务B2C和C2C领域中的一种主要购物形态,与传统购物方式相比不仅更为操作简便、节省时间、节约成本,更可以在更大的范围内、更高的效率上与更多层面上实现资源配置。对商品资源的配置实现了人们可以在网上买到许多在传统购物中难以买到的商品,对购买力资源的有效配置则可以实现多种方式的集团竞价,使消费者可以通过网络渠道以更低的价格买到同样的商品。随之而来的,由此引发的侵害电子商务消费者权益的案件也是时有发生,而且案件呈现出针对性、多样性、隐蔽性、即时性、高技术性,以及低成本等方面的特点。

7.1.1 电子商务消费者权益保护的概念与特征

1. 电子商务消费者权益保护的概念

消费者权益保护法可以从广义和狭义两个方面来理解。广义的消费者权益保护法是指调整在确认消费者权利,规定经营者的义务,以及国家在保护消费者权益的过程中发生的社会关系的法律规范的总称。广义的消费者权益保护法,既包括《消费者权益保护法》中的基本法律,也包括其他法律、行政法规中的有关规定,以及单行的保护消费者权益的行政法规。狭义的消费者权益保护法则专指1993年10月31日第八届全国人民代表大会常务委员会第四次会议通过的,1994年1月1日起施行的《消费者权益保护法》(2013年10月25日第二次修正,2014年3月15日正式实施,称为"新消法")。这个概念有以下两个显著特征。

第一,电子商务消费者权益保护法以保护消费者权益为立法目的。第二,电子商务消费者权益保护法为消费者权益保护法的特别法,规定的是发生于电子商务中经营者与消费者之间的关系。

2. 电子商务消费者权益保护的特征

电子商务消费者权益保护不同于传统的消费者权益保护,相比而言,电子商务消费者权益具有如下特征。

(1)电子商务消费者知情权与公平交易权保护的特殊性。网络环境下,电子商务经营者和消费者之间的信息是不对称的,尤其对于电子商务消费者而言,在通过网络购物的过程中,从挑选样品、双方协商、确认订单到支付货款,都是在网络平台上进行,接触不到商家与商品,消费者看不到实物,无法直接了解商品的性能,也无法直接体验商品的优劣,只能通过夸大网页详情或者广告宣传来间接地了解商品,从而导致消费者的知情权与公平交易权受到一定程度的损害。同时,电子商务经营者普遍采取格式合同以节约时间,消费者只能被动地接受或拒绝,这些格式条款几乎都是有利于经营者的免责条款,并有较高的隐蔽性,侵害了消费者的公平交易权。合同法有关电子合同的相关规定过于简单、原则化,难以为消费者的知情权和公平权提供保护。

(2)电子商务消费者隐私权和财产权保护的特殊性。基于电子商务的开放性特点,增加了消费者隐私权被侵害的风险。我国现行消费者权益保护法中没有关于消费者隐私权的规定,在传统消费方式中一般不涉及隐私权保护。但是,相对于传统消费方式,电子商务消费者往往要提供很多个人基本信息,包括姓名、住址、网络账号等。由于网上侵权行为监管难、隐蔽性强,一些经营者和银行就很容易为了自身的利益,将消费者的信息泄露给第三方以谋取经济利益,侵害了电子商务消费者的隐私权。而且电子商务的支付手段电子化使得付款并不安全,不法分子可能通过木马程序窃取账号密码或未经授权使用信用卡,这些问题得不到解决,消费者的财产权就得不到保障。

此外,还有些经营者根据消费者的浏览记录、上网购物时间等信息,采用一些高技术手段分析获取更多的消费者个人隐私信息,包括消费习惯、消费偏好、消费需求等,未经授权便向消费者发送垃圾邮件,从而达到精准营销的目的,这会影响消费者的个人生活,构成侵害电子商务消费者隐私权的行为。

(3)电子商务消费者损害赔偿权保护的特殊性。电子商务消费者行使损害赔偿权的形式包括要求经营者修理、重作、更换、退货、补足商品数量、退还货款和服务费用或赔偿损失等;电子商务经营者有欺诈行为的,消费者还可以要求双倍赔偿。在实际的电子商务交易过程中,经营者与消费者互不见面,当消费者的利益受损时,经营者与电子商务网络服务商各自承担的责任,加之现行的举证责任采用"谁主张谁举证"的原则,使得电子商务消费者在诉讼或仲裁中处于弱势地位,消费者通过直接起诉电子商务经营者或者网络服务商来获得救济比较困难。目前,电子商务交易中消费者对商家信誉的信心只能寄托于为交易提供服务的第三方,例如CA认证中心和收款银行等。特别是当跨境电子商务交易发生纠纷时,消费者往往因不熟悉电子商务经营者所在国家的相关法律制度,使得其损害赔偿权的行使十分困难。

7.1.2 电子商务消费者权益保护的法律性质

关于电子商务消费者权益保护法的法律性质,与消费者权益保护法基本是一致的,对此我国法学界也有不同的认识,归纳起来主要有以下五种观点。

第一种观点认为,消费者权益保护法具有经济法的性质。

(1)消费者保护法从消费者的利益出发,在充分考虑消费者弱者地位的基础上给予消费者特殊的法律保护,它是对特定法律主体进行保护的法律,体现了国家对消费者利益的倾斜,体现了国家对社会经济生活的干预。

(2)现代社会,消费者问题已经成为普遍的社会问题,经营者不法经营行为并非仅仅针对某一具体的消费者,而是针对不特定多数的消费者,它对人们的安全、健康和经济利益构成普遍的威胁,而这种威胁单靠个体消费者的力量,哪怕是消费者有组织的力量,也是难以克服的。因此,在这种情况下,国家必须运用权力,通过适度干预达到维护消费者权益的目的。

(3)消费者需要的商品是通过购买获得的,购买的方式和渠道是多种多样的。要保护消费者免遭损害,维护消费者权益,只能通过制定相应的法律法规对商品经营者进行管理才能实现,也就是说在消费者权益保护法中还包含着大量的管理性质的法律,这些管理性质的法律调整的不是平等主体之间的关系,比如,反不正当竞争法、反垄断法、产品质量法等,这些都属于经济法性质范畴。

(4)消费者权益保护法在很多方面都体现了国家行政立法机关对于在现实的商品或者服务交易过程中处于弱势地位的消费者这一特定群体权益的行政保护。这一点也恰恰符合经济法的特征。

第二种观点认为,在公法、私法与社会法的三分法框架下,消费者属于社会法的范畴。

(1)从法的本位看,社会法是以社会为本位,以社会利益的保护为宗旨,强调对社会弱势群体利益的特殊保护,以实现社会利益的平衡。消费者权益保护法,主要是解决消费者这一社会群体与经营者这一社会群体之间的利益冲突的法律,它通过对现实商品或服务交易过程中处于弱势地位一方的消费者利益的倾斜保护,实现消费者与经营者之间的利益平衡,因此,消费者保护法属于以社会利益为本位的社会法。

(2)从法的原则看,私法以个体意思自治为原则,公法则以国家强制为原则,社会法是以社会协调为原则。消费者权益保护法,作为调整消费者与经营者两大社会群体之间利益矛盾的法律,既尊重消费者与经营者之间的自我协调,同时又对作为弱者的消费者一方给予特别的照顾和保护,因而它采用的是社会法的社会协调原则。

(3)从法的调整机制看,公法主要利用政府调节机制,私法主要依靠市场的调节机制,社会法则主要依靠社会调节机制。消费者权益保护法,作为调整消费者与经营者之间利益关系的法,既采用市场调节机制,由消费者与经营者通过平等的协商确定相互之间的权利和义务,同时又有国家的调节和干预,通过国家的行政法律手段调节和干预,协助处于弱势地位的消费者实现与经营者之间的利益均衡。

第三种观点认为,消费者权益保护法应纳入民商法范畴。持此观点的学者们大多主张"大民商法"的观点,认为应当将调整民事经济关系的法律纳入民商法的范畴。将涉及保护消费者权益的法律、法规加以汇总,作为一个小的法律部门予以特别看待。这样,在理论上它突破了传统民商法关于当事人地位绝对平等和契约自由等原则,为国家干预社会经济生活提供了理论依据;在实践上,则有利于从商品生产和商品销售流通等各个方面保护消费者的合法权益,为解决现代社会中重要的社会问题提供了法律手段。

第四种观点认为,消费者权益保护法是一种民事特别法。这是因为民法调整的是平等主体之间的财产关系和人身关系,是保护公民人身权和财产权不受侵犯的重要法律手段,公民在消费过程享有的人身权和财产权,理所当然地属于民法保护的范围。因此,民法亦具有保护消费者权益的功能,民法中这些涉及消费者权益保护的内容当然也应该是消费者权益保护法的重要组成部分。综上分析,民法与消费者权益保护法的关系并不是相互排斥的关系,而是一种相互交叉的关系,消费者权益保护法中包含着大量的民事法律规范。所以从根本上讲,消费者权益保护法的基本性质可以视为一种民事特别法。

第五种观点认为,消费者权益保护法是一种独立的法律,虽然与经济法有一定的联系,但不属于经济法范畴。产生这一观点的原因是学者们对经济法的认知不同。持此观点的学者所认知的经济法是经济行政法,即为国家管理经济的法规,消费者权益保护法包括民商法规范、经济法、合同法、行政法规范等,因此,不能将消费者权益保护法简单地归为经济法或民商法。而日本学者一般理解的经济法主要是指反垄断法和反不正当竞争法等,其范围也不足以包容消费者权益保护法,因此,消费者权益保护法应该是一种独立的法律。

无论是哪一种观点,消费者权益保护法保护的主体都是消费者,保护的对象是消费者权益。消费者权益涉及多个领域,受到多种法律部门及其分支的保护,消费者权益保护法必然综合反映相关法律规范的要求,如产品质量计量、广告、价格管理、进口商检、食品卫生、药品管理、标准、商标法等消费者权益保护的基本法与这些部门分支法律法规共同调整消费者权益保护关系。从总体上讲,消费者与经营者的法律地位平等,每个当事人的权利义务一致,但在实践中消费者处于客观不利地位,所以消费者权益保护法对消费者侧重申张权利,而对经营者则侧重强调其义务。

7.1.3 电子商务消费者权益保护的原则

1985年联合国大会通过的《保护消费者准则》,提出了保护消费者权益的一般性原则,主要有:保护消费者的健康和安全不受危害;促进和保护消费者的经济利益;使消费者得到充足的信息;使消费者能够按照个人意愿和需要做出选择;消费者教育;提供有效的消费者赔偿办法;保护消费者团体或组织的自由。我国《消费者权益保护法》虽然也确立了消费者权益保护领域的基本原则,但这些原则是涉及消费交易的一般原则,而电子商务消费者权益保护有其自身的特殊性,应当遵循与传统消费者权益保护不同的原则,以适应网络经济发展的需要。电子商务消费者权益保护的原则有同等水平保护原则、政策一致保护原则及综合辅助保护原则。

1. 同等水平保护原则

同等水平保护原则,即消费者在网络交易中获得的保护应不低于在传统交易领域获得的保护。同等水平保护原则也是功能等同理论(functional equivalence theory)在网络消费者权益保护领域的集中诠释,从理论上讲,所有消费者是平等的,因此,国家对电子商务中消费者权利遭受侵害时所提供的保护水平也是一致的,应实行同等保护准则。2000年,欧盟在《电子商务指令》中也对"同等水平保护原则"予以确认。

在电子商务领域,同等水平保护原则可归纳为两种含义:第一,对于既有立法和规则可以调整的网络消费问题,应当在既有立法和规则的框架下予以适用;第二,对于网络消费者权益保护中出现的新问题,应当明确同等水平保护并非适用同一规则,应当针对这一领域构建新的法律规则。

2. 政策一致保护原则

为了保证同等水平保护原则的有效执行,电子商务领域的消费者权益保护应当沿用立法中原已确立的消费者保护政策,这就是政策一致保护原则。对电子商务中消费者法律保护所做的探讨和规范化的努力,其目的并非是要建立一系列新的电子商务消费者保护法律制度,而是要在电子商务领域通过调整、修订和补充相关法律来进一步完善消费者权益保护制度,这一原则也是欧盟电子商务消费者权益保护立法所一贯坚持的原则。

在电子商务领域的消费者权益保护中,应遵循的基础性原则包括以下内容。

(1)经营者持续性信息披露义务和消费者知悉权。在交易前及交易后,电子商务消费者有权获知所有有关经营者信息及交易活动的有效信息。

(2)禁止差别待遇和歧视行为。在提供商品和服务方面,对电子商务消费者作为弱势群体的消费权利和需求予以尊重。

(3)禁止欺骗性和不公正的经营行为。应当禁止经营者滥用商业手段对电子商务消费者进行不正确的引导,并应当鼓励经营者向电子商务消费者提供有效手段对商业广告进行过滤和筛选。

(4)对电子商务消费者的经济权利予以保护。应当对风险和责任进行合理划分,使电子商务经营者承担应有的责任,并为消费者实现自主选择权创造条件。

(5)保护电子商务消费者的个人隐私权。在电子商务领域,应当更为重视保护消费者的个人隐私权,保护消费者的个人数据和个人信息不被滥用。

(6)保护电子商务消费者的受教育权。针对电子商务这一新型交易方式,应当对电子商务消费者进行适当地教育和宣传,使其获得必要的消费知识及自我保护知识。

3. 综合辅助保护原则

网络经济的特殊性决定了对电子商务中消费者权益的保护不能局限于单一的模式,纯粹的法律保护不能充分保护消费者的权益。对网络交易中消费者权益的保护,需要遵循综合的辅助保护原则。综合辅助保护原则构建了行业自律、政府管理和消费者自我保护三位一体的保护模式,强化消费者组织及社会公益团体的作用,形成政府监管行业自律与消费者自我保护相结合的保护体系。

目前,世界上很多国家的电子商务企业都形成了行业自律组织和行业自律规范,行业规范和准则也为电子商务立法提供了重要参考。从交易原则角度来看,自治原则是网络交易的主导原则,在网络交易中实行行业自律也是电子商务发展的精髓。在综合辅助保护原则指导下,政府的角色定位也是必须明确的重要问题。政府管理和调控的力度和范围是电子商务发展的关键,目前以政府的管理推动企业自律,是受到广泛认可的管理构架。发展互联网产业,必须有政府的参与和支持,否则将无法实现产业的高速发展。"社会主义国家对经济生活是管理而不是干预,是作为一种内部力量,且是作为一种内部领导力量进行管理的,而不是从外部介入干预的。"政府应当致力于对电子商务的引导和规范,达到科学和高效的管理,实现行业的规范和自律。

此外,在综合辅助保护原则下,消费者的自我保护不可或缺。消费者应当具备理性消费意识,在处理纠纷时应当理性维权。消费者自我保护意识的提升是其维护自身利益的首要保障,具体而言,应当包含自我控制和自我选择两方面内容。特别是在产生纠纷时,消费者应当采取理性维权的方式,在不激化矛盾的前提下妥善处理纠纷,达到预定目标。

7.1.4 电子商务消费者权益保护的范围

根据消费者权益保护法的调整范围,将电子商务消费者权益保护的范围限定为电子商务消费者的生活消费。凡是消费者为生活需要购买、使用商品或接受服务,其权益均属于电子商务消费者权益保护的范围。另外,农民通过网络购买、使用直接用于农业生产的生产资料,本不应属于电子商务消费者权益保护的调整范围,但考虑到目前我国农村普遍实行的是家庭联产承包责任制,一方面农业生产力和农民的经济能力还比较低;另一方面假农药、假化肥、假种子等农用生产资料坑农害农的情况还比较严重,农民受损害后又没有适当的途径寻求保护。根据《消费者权益保护法》第六十二条规定:"农民购买、使用直接用于农业生产的生产资料,参照本法执行。"因此,农民通过网络购买、使用直接用于农业生产的生产资料,也属于电子商务消费者权益保护的调整范围。

▶ 7.2 电子商务消费者的概念与权利

7.2.1 电子商务消费者的概念与行为特征

1. 电子商务消费者的概念

电子商务消费者是指通过电子商务购买商品、使用商品或接受服务的人,即具有权利能力并通过电子商务行使了消费行为的个体,其中消费行为特指个体不以营利为目的,与经营者订立合同购买其产品及服务满足自身所需的行为。特别的,有关法人及其他组织是否可以作为消费者的问题,我国消费者权益保护法并未做出明确的规定。一般来说,电子商务中的消费者应当满足以下三个条件。

第一,消费者与经营者应当利用互联网作为工具进行交易。第二,消费者与经营者意思表示一致达成了合同。第三,消费者不应以营利为目的。以营利为目的的交易行为,在理论上应当视作商业行为。

电子商务消费者身份的认定,是解决电子商务中消费者权益保护的前提和基础。传统观点认为电子商务模式主要有 B2B、B2C、C2C、B2G 等类型。随着应用领域的不断拓宽和信息服务方式的多样变化,又出现了指向消费者与企业之间的 C2B 模式,比如,团购模式 B2T(企业与团队之间)。还有 ABC 模式,由代理商(agents)、商家(business)和消费者(consumer)共同搭建电子商务平台,相互之间可以转化。再有 BMC 模式,即 B2M+M2C=BMC,其中的 M(medium)为第三方管理平台。电子商务模式创新是未来发展趋势,而明晰不同电子商务模式中消费者的身份认定问题尤为重要,而我国相关法律并未明确消费者的概念和主体资格,"消费者是否限于自然人""消费目的是否限于生活消费""电子商务模式是否改变消费者的主体资格认定"等问题尚无定论,消费者身份的模糊规定和认定困局对其合法权益的保护和电子商务的发展都是不利的。

我国较多理论学者将"消费者"限定为生活消费需要购买、使用商品或者接受服务的自然人,并不包括单位;判断是否为"生活消费"时不宜单纯以购买的物品是否属于生活消费品为准,也不应考虑购买者的目的与动机。个人购买、使用商品或者接受服务的方式与途径基于网络特性而有所变化,但消费者的概念界定和法律适用并未根本删改。电子商务 B2C、C2B 模式中的消费者主体则是确定存在的,无须赘言,至于C2C模式中是否存在消费者和经营者,学术界则尚未达成一致共识。"消费者"的概念应与经营者相对应,C2C中卖方如能满足经营者的认定要件,则买方可为消费者。为了维护市场竞争的公平有序,有学者主张对"营利性"进行扩张性解释,认为不应单纯判断该主体在本质上是否以营利为目的,而应看其是否从事了实际经营活动,在特定条件下是否获得了某种真实利益。C2C中卖方通过网络提交相关材料、获取营利资格后开展网上销售等服务,具有营利目的,应当被视为经营者。C2C模式中交易门槛较低,稳定性欠佳,将买卖双方主体认定为消费者与经营者,更有利于对网络消费者合法权益的保护。

2. 电子商务消费者的行为特征

电子商务消费者的行为特征主要集中在以下几个方面。

一是具有较强的随意性。电子商务本身具有便利性的特征,导致电子商务消费者基本不会受到空间和时间的制约,能够在任何地点、任何时候借助相应的网络设备获取有价值的商品信息,开展交易活动。

二是上网及购物时间碎片化。随着电子商务移动终端使用群体的快速增长,电子商务消费过程已经能够在逛街、上下班通勤、等车间隙、上洗手间等碎片化时间段中实现。

三是具有更强的互动性。目前处于主流地位的移动电子商务,相较于过去计算机终端需要输入网址进行购物网站浏览的操作方式,具备更强的便捷性和互动性。基于语音、图像、定位技术、人脸识别等人机交互技术日趋成熟,基于移动终端分析的用户特征能够使电商平台与终端电子商务消费者得到更好匹配,进而凸显移动终端电子商务在精准营销、方便快捷等方面的优势。

四是电子商务消费者冲动性消费特征较为明显。由于电子商务消费者消费时间的碎片化,便利程度高,特别是电子商务移动终端能够满足消费者在日常生活中随时随地的偶发消费需求,容易导致电子商务消费者的冲动性消费,同时也容易产生交易纠纷。

五是消费者更加倾向于购买轻型消费产品。轻型消费产品具有生命周期短、产品购买和使用频率高、决策半径短等特征,例如,服装鞋帽、手机话费与流量充值、家居百货等,都属于轻型消费产品。消费者借助移动电商平台能够在较短时间内对此类产品的购买进行决策,因此,当前轻型消费产品更受移动电商平台消费者的青睐,这也成为目前电子商务消费者权益保护的"重灾区"。

7.2.2 电子商务消费者的权利

1. 电子商务消费者的知情权

《消费者权益保护法》第八条规定:"消费者享有知悉其购买、使用的商品或者接受的服务的真实情况的权利。"无论是传统的交易还是电子商务活动,知悉商品或者服务的真实内容,是消费者决定消费的前提。电子商务经营者向消费者提供的与商品和服务有关的广告及其他信息必须客观、真实、全面。因为电子商务消费者所拥有的只是一个网络平台,一般只能根据网上提供的信息判断商品或服务的内容,这种购物方式容易使消费者遭受虚假信息的欺骗。事实上,互联网的虚拟性及不确定性使得电子商务消费者的知情权比传统商务更加难以保障,因而显得更加重要。通常情况下,消费者在决定通过网上购买之前,需要了解的与商品或服务有关的信息主要包括以下三个方面。

(1)商品或基本情况,包括商品的名、册、商标、产地、生产者名称、服务的内容、规格、费用等。

(2)商品的技术指标,包括用途、性能、规格、等级、所含成分、使用方法、使用说明书、检验合格证明等。

(3)商品或者服务的价格及商品的售后服务情况。

2. 电子商务消费者的自由选择权

《消费者权益保护法》第九条规定:"消费者有自主选择商品或者服务的权利。消费者有权自主选择提供商品或者服务的经营者,自主选择商品品种或者服务方式,自主决定购买或者不购买任何一种商品,接受或不接受任何一项服务。"据此,电子商务消费者有权自主选择经营者,自主选择商品品种或者服务方式,自主选择购买或者不购买任何一种商品、接受或者不接受任何一种服务。

对电子商务消费而言,消费者的自由选择权更能充分体现网上购物就是消费者主导权的体现。但是,由于互联网开放性的特点,一些电子商务经营者通过电子邮件擅自发送商业性广告进入消费者的邮箱,令消费者困扰不已。邮件广告涉及商业信息虽然广泛,但却很少能给消费者带来实际利益,而且还常常占用信箱空间。更糟糕的是,经常会将信箱中重要的信件"挤"走,以至于消费者对信箱里的电子垃圾邮件十分憎恶,但也无可奈何。尽管这些垃圾邮件不能带来方便而且又在无形中增加了消费者的上网费用,使消费者的财产遭受一定的损失,但是,消费者自己却无法阻止垃圾邮件的进入,消费者的自由选择权在此时也无法行使。因此,在任何情况下擅自发送的商业性宣传材料都必须被明确标明,并且不应该导致消费者(接受者)通信费用的增加。

我国目前已经开始着手制定有关的法律规定。北京市已经率先出台了《关于对利用电子邮件发送商业信息行为进行规范的通告》,其中明确规定:因特网使用者利用电子邮件发送商业信息应本着诚实信用的原则,不得违反有关法律法规,不得侵害消费者和其他经营者的合法权益。同时,应当遵守以下规范:一是未经收件人同意不得擅自发送;二是不得利用电子邮件进行虚假宣传;三是不得利用电子邮件诋毁他人商业信誉;四是利用电子邮件发送商业广告的,广告内容不得违反广告法的有关规定。这是我国第一部关于邮件广告的地方性法规,无疑为以后制定保护消费者自由选择权的相关立法提供了重要的参考。

3. 电子商务消费者的公平交易权

公平交易权是指消费者在交易中获得公平的交易条件的权利,根据该权利,经营者不得利用优势地位将明显不公平的条件强加于消费者,即,双方交易条件不能"显失公平"。在某些电子商务活动中,经营者可能以电子格式合同(或格式条款)的方式将明显不公平的交易条件强加给消费者。电子商务法中也对格式合同导致的捆绑、搭售问题做出了命令禁止。《电子商务法》中第十九条明确规定,要求电子商务的经营者如果搭售商品或服务,则应当以显著的方式提醒消费者,不得默认勾选。但对于显著方式的具体内容,没有一个相应的规范。除上述规定外,电子商务法对经营者不得以格式条款等方式约定消费者支付价款后合同不成立的情形进行了规制,以保护电子商务消费者的权益。

此外,公平原则也是我国《民法通则》确定的平等的民事主体实施民事行为必须遵守的一项基本原则,是市场经济交易的基本原则。电子商务消费者和经营者作为平等的民事主体,在消费法律关系中,双方应当具有平等的法律地位,但在实际交易中,消费者常常处在弱势地位。我国消费者权益保护法强调并以法律的形式再次确定了在消费法律关系中处于弱势的消费者与经营者具有平等的权利,在双方建立消费法律关系中,双方应当进行公平交易,消费者有权要求进行公平交易。

4. 电子商务消费者的无因退货权

消费者无理由退货权最初起源于美国,在美国被称为"冷静期"或者"冷却期",而英国则称为"合同的撤销权"或者"合同的取消权",欧盟称之为"撤销权"或者"撤回权"。因为各国对这一权利没有形成一个统一的称谓,所以,在我国的立法上,通过消费者权益保护法这一法定的形式将其称作"无理由退货权"。《消费者权益保护法》第二十五条规定:"经营者采用网络、电视、电话、邮购等方式销售商品,消费者有权自收到商品之日起七日内退货,且无须说明理由。"消费者无理由退货权具有以下特征。

(1)消费者无理由退货权具有法定性。消费者无理由退货权作为一项法律规定具有法定性和强制力,消费者行使无理由退货权需要履行相应的法律义务,否则要承担相应的法律责任。无理由退货权是消费者知情权与选择权的延伸,更是一项法律权利,国家以法律的形式确立无理由退货权,有利于更好地保护消费者的权益。

(2)消费者无理由退货权具有无因性。合同法中的合同撤销权是在法定条件下才可以单方解除合同,即一方存在重大误解、欺诈、胁迫,在订立合同时显失公平的才能单方请求行使撤销权。消费者无理由退货权强调的是,在消费者与经营者完成交易后,在法定期限内因消费者买到令自己后悔的产品,在不对经营者进行解释的情况下可以单方解除合同,达到维护自己合法权益的目的。

(3)消费者无理由退货权具有时效性。法律条文中明确规定消费者行使无理由退货权是自消费者收到商品之日起 7 日内。时间明确,并且在能接受的合理范围之内。时效性这一特征,可以保证消费者在指定的时间内积极有效地行使权利,减少滥用权利的现象,规范消费者的行为。

关于电子商务消费者的退、换货权方面,在电子商务环境下远比传统商务中的问题要复杂得多。欧盟《远程销售指令》在此方面的一项非常重要的规定就是撤销权。根据其规定,消费者享有撤销权,应在规定的时间内行使,逾期无效。消费者行使撤销权的,供应商应有义务全部退还消费者已付款项。消费者所支付的费用仅仅是退还货物的直接费用。此外还限制了退换货物的种类,数字化商品如影视 CD、软件、电子书籍等,还包括消费者已经自行开封的音像录音制品或电脑软件、报纸、期刊,以及杂志等,消费者对此均不享有撤销权。

5. 电子商务消费者的损害赔偿权

消费者因购买、使用商品或接受服务受到人身或财产损害的,可以依法获得赔偿的权利。《消费者权益保护法》第十一条明确规定:"消费者因购买、使用商品或者接受服务受到人身、财产损害的,享有依法获得赔偿的权利。"此外,我国《消费者权益保护法》第四十四条做出了电子商务经营者先行赔付的条款规定,该条规定指出"在电子商务平台,经营者不能向消费者提供平台内经营者的真实的信息、地址、联系方式时,电子商务平台应先行赔付消费者的损失,再由电子商务平台向经营者追偿。"《电子商务法》第五十八条规定,消费者要求电子商务平台经营者承担先行赔偿责任时适用《消费者权益保护法》的有关规定。

电子商务中消费者求偿维权制度与传统交易中的消费者并无很大差别。当电子商务消费者的权益受到损害时,应当依法可以实现权利的救济,且行使权利的主体不仅仅限于购买商品的消费者,也应当包括合法使用的第三人。电子商务中的消费者遭受经营者的侵权或违约后,可依据民法总则、电子商务法、消费者权益保护法等法律法规,与经营者进行调解、和解、诉讼、仲裁或向消费者协会投诉等。

7.3 电子商务经营者的概念与义务

7.3.1 电子商务经营者的概念与特征

1. 电子商务经营者的概念

我国《电子商务法》第九条规定,"电子商务经营者,是指通过互联网等信息网络从事销售商品或者提供服务的经营活动的自然人、法人和非法人组织,包括电子商务平台经营者、平台内经营者,以及通过自建网站、其他网络服务销售商品或者提供服务的电子商务经营者。"

电子商务经营者的认定应当遵循三个原则:经营者真实原则、经营者资格法定原则和经营者公示原则。

经营者真实原则,就是电子商务进程中的法律关系的各方主体是真实存在的,即在现实当中存在对应的企业,有现实的办公场所、注册资本组织机构等,或虽然在现实当中不存在对应的企业,但是同样存在着经营人员、管理机构等实体性的因素。

经营者资格法定原则,是《民法总则》的要求之一,要求电子商务企业有相应的资质,有能力享受权利、承担义务,才可以开展电子商务活动。

经营者公示原则即要求电子商务经营者必须在网上明确显示其真实身份,其意义在于保障电子商务交易的安全和便捷,要能追溯到明确的经营者。

2. 电子商务经营者的特征

电子商务经营者的特征,主要体现在以下三个方面。

一是前言要素特征。包含互联网、移动互联网、电信网、物联网等网络技术,涉及 App、微信、微博、论坛、小程序、小视频、直播等网络应用。

二是行为要素特征。即出售产品或供给效劳。既包含出售有形产品,也包含出售无形产品(软件、电子书、数字音乐等);既包含供给在线效劳,也包含供给线上促成、线下履行的效劳。

三是法令要素特征。即以盈利为意图经营活动。

7.3.2 电子商务经营者的义务

1. 电子商务经营者提供真实信息的义务

我国《电子商务法》第十七条规定:"电子商务经营者应当全面、真实、准确、及时地披露商品或者服务信息,保障消费者的知情权和选择权。电子商务经营者不得以虚构交易、编造用户评价等方式进行虚假或者引人误解的商业宣传,欺骗、误导消费者。"

这一规定明确了电子商务经营者拥有的信息披露义务,电子商务经营者信息披露义务主要包括两个方面。第一个方面是针对所提供的商品与服务而言的,也是最重要的一个方面,由于电子商务消费者在购物过程中与经营者互不相见,也不能亲身感受商品与服务,因此,电子商务经营者对商品与服务相关信息的说明就相当重要,它决定着消费者的购买行为。为了保障交易的顺利完成,电子商务经营者需要向消费者说明商品或者服务的名称、种类、数量、质量、价格、运费、配送方式、支付形式、退换货方式等主要信息,确保提供信息的真实性、准确性和客观性。第二个方面是针对经营者自身信息的披露,电子商务经营者应当在网页显著位置,公示营业执照信息、与其经营业务有关的行政许可信息。当信息发生变更时,及时更新公示信息,这样既保障了消费者的知情权,也增加了消费者的购买信心。

2. 电子商务经营者按约交付的义务

我国《电子商务法》第二十条规定:"电子商务经营者应当按照承诺或者与消费者约定的方式、时限向消费者交付商品或者服务,并承担商品运输中的风险和责任。但是,消费者另行选择快递物流服务提供者的除外。"

这一规定明确了电子商务经营者拥有的按约交付义务。权利与义务是相辅相成的,当消费者与经营者达成买卖协议后,消费者履行支付价款的义务,同时获得商品与服务的所有权,经营者需要按照与消费者之间的约定履行交付义务,才能获得商品与服务的价款。在这一过程中,商品运输的风险与责任由卖方承担。

3. 电子商务经营者质量担保的义务

我国《产品质量法》对销售者的产品质量责任和义务进行了明确规定:"销售者应当建立并执行进货检查验收制度,验明产品合格证明和其他标识;销售者应当采取措施,保持销售产品的质量;销售者不得销售国家明令淘汰并停止销售的产品和失效、变质的产品;销售者销售的产品的标识应当真实;销售者不得伪造产地,不得伪造或者冒用他人的厂名、厂址;销售者不得伪造或者冒用认证标志等质量标志;销售者销售产品,不得掺杂、掺假,不得以假充真、以次充好,不得以不合格产品冒充合格产品。"

产品质量法对经营者义务的规定同样适用于电子商务领域。商品质量的好坏,是网络商场顺利发展的基础,也是消费者是否愿意在网上进行购物的关键。因此,网络购物中的经营者向消费者提供商品或服务时,一定要保证向消费者提供的商品有质量保障,保证其提供的商品和服务符合人身和财产安全的义务,保障网络购物消费者的人身和财产安全权,还要保证其以广告和商品介绍方式向消费者提供的质量状况与商品实际的质量状况相符。

4. 电子商务经营者售后服务的义务

我国《消费者权益保护法》第二十三条规定:经营者提供商品或服务应当按照国家规定或其与消费者的约定承担包修、包退、包换或其他责任,不得故意拖延或无理拒绝。对于实行包修、包退、包换的商品,如果质量在一定期限内发生问题,消费者便享有免费修理、更换、退货的权利,网络服务经营者如果不履行这项义务,就要承担相应的民事责任。对于存在质量问题的商品,网络服务经营者要依据消费者的需求或合同的要求给予修理、更换、退货,相应的配送费也应由其承担。

网络服务经营者的售后服务主要义务体现在履行法律规定的强制性义务。这些义务主要是国家根据某些商品的复杂性规定的,即"包修、包换、包退"的义务。对某些商品实行"包修、包换、包退",是网络服务经营者对所提供的商品或者服务承担质量保证的一种方法。在传统民法中,有关售后服务的问题几乎完全由当事人通过契约自由约定。而在传统消费模式中,经营者利用自己的优势,逃避售后服务的现象非常普遍,以至于"顾客当心,出门不换"作为一般的商业原则被广泛接受。在虚拟消费模式中,消费者只能通过网络服务经营者对商品做出的

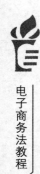

图片或文字的介绍来了解商品,不可能仅从网上的图片和介绍判断商品的质量,更不可能发现商品里的瑕疵。当商品抵达消费者手中,其发现所购买的商品有瑕疵或是与网上介绍不相符,或是不满意,网络服务经营者就要对购买其商品的消费者有售后服务的义务,且该项服务一直要进行到消费者满意为止。

5. 电子商务经营者出具凭证的义务

我国《电子商务法》第十四条规定:"电子商务经营者销售商品或者提供服务应当依法出具纸质发票或者电子发票等购货凭证或者服务单据。电子发票与纸质发票具有同等法律效力。"

我国《消费者权益保护法》第二十二条规定:经营者提供商品或者服务,应当按照国家有关规定或者商业惯例向消费者出具发票等购货凭证或者服务单据;消费者索要发票等购货凭证或者服务单据的,经营者必须出具。

电子商务法与消费者权益保护法都规定了经营者具有出具凭证的义务。当消费者与经营者之间产生纠纷时,凭证作为重要的依据,能够证明双方之间存在真实的买卖关系,并且电子发票与纸质发票具有同等效力。

7.4 电子商务平台经营者的概念与义务

7.4.1 电子商务平台经营者的概念与特征

1. 电子商务平台经营者的概念

我国电子商务法中所指的电子商务平台经营者,是指在电子商务中为交易双方或者多方提供网络经营场所、交易撮合、信息发布等服务,供交易双方或者多方独立开展交易活动的法人或者非法人组织。

根据平台内经营者的不同类型,可以将电子商务平台分为 B2C 平台、C2C 平台,以及 B2C、C2C 模式混搭的平台。B2C 平台指平台经营者提供网站促成企业对于个人消费者的电子商务交易,例如,国内的天猫商城、凡客诚品等。C2C 指平台经营者提供网站促成个人对个人的网络交易,此处的经营者不单单指自然人经营者,还包含个体工商户及中小微企业,例如,国内的淘宝网等由商家模式混搭的平台。例如,京东商城和苏宁易购,作为平台经营者同时包含以上两种形式。

2. 电子商务平台经营者的特征

电子商务平台经营者为交易的实现和达成提供特定服务,可以促进电子商务交易的完成,具有开放性、中立性、营利性、控制性的特征。

(1)电子商务平台经营者具有开放性的特征。电子商务平台经营者的开放性是指电子商务平台必须将平台代码、端口、信息传输通道、存储介质、交易资格等向平台内经营者与交易相对人予以开放。从开放对象来看,既包括作为商品服务提供方的平台内经营者,也包括作为商品服务接受方的交易相对人,仅向一方开放上述内容的主体不属于电子商务平台经营者的范畴。例如,实践中广泛存在的电子商务自营经营者仅向商品服务接受方开放上述内容,对商品服务提供方而言并不具有开放性,因此,此类主体不属于电子商务平台经营者的范畴。

从开放的内容来看,主要包括如下内容:首先,电子商务平台经营者必须向双方开放平台代码、端口等内容,以便其能够顺利接入该平台,从而为缔约信息、履约信息的传递乃至最终促成交易创造技术前提;其次,电子商务平台经营者必须向双方开放信息传输渠道、存储介质,使得相关主体能够在该平台上注册买方或卖方账户,获得相关虚拟空间的使用权限,发布、传输、获取缔约信息、履约信息等相关信息,为交易的开展扫除信息障碍;再次,电子商务平台经营者必须向双方开放交易资格,使得平台内经营者与交易相对人能够利用平台提供的远程缔约系统服务、远程支付服务等开展交易活动。就上述开放的内容而言,平台代码、端口、信息传输通道、存储介质等居于技术手段的地位,最终目的之实现须借助于技术手段的渐次演进而达成。

(2)电子商务平台经营者具有中立性的特征。中立性是指电子商务平台经营者在法律关系与利益格局上独立于商务服务提供方和接受方,作为中立第三方主体而存在的特征。法律关系上的中立性是指电子商务平台经营者并非网络交易基础法律关系的当事人,不得全部或者部分行使请求支付货款、请求提供商品服务等合同债权。利益格局的中立性是指电子商务平台经营者在最终利益分配上不与交易双方共进退,电子商务平台经营者不得通过订立合同等其他方式间接行使交易双方的合同权利。

电子商务平台经营者的中立性特征是法律赋予其交易规则制定权的重要原因。中立性意味着电子商务平台经营者独立于交易双方,在相当程度上不受利益冲突的困扰,能够以客观公正的态度制定交易规则,最终合理配置双方的权利义务关系。值得注意的是,中立性并非意味着电子商务平台经营者超然于交易活动之外,事实上,电子商务平台经营者对交易活动的介入和参与呈现出越来越深的趋势。

(3)电子商务平台经营者具有营利性的特征。营利性是指以营业活动为手段最终获取利润并将利润分配给组织体成员的特征,对于电子商务平台经营者而言,由于其从事的诸多行为均呈现出无偿性的特征,其营利性特征并不一目了然。电子商务平台经营者之所以大量采取无偿行为,与该领域的双边市场特性息息相关。在双边市场领域,企业获取的利润可以在不同主体之间通过交叉补贴的方式进行适度分配,仅就单一主体享受的服务而言,其定价并不遵循边际成本原理,有可能出现定价为零甚至为负数的情形。这一点使得电子商务平台经营者的营利模式呈现出较为鲜明的多元性和非传统性。在实践中,电子商务平台经营者的营利模式主要包括直接营利模式与间接营利模式。在直接营利模式中,经营者直接向服务接受者中的一方或者双方收取费用;而在后者中,经营者则通过其他渠道间接获取利润。

(4)电子商务平台经营者具有控制性的特征。控制性是指电子商务平台经营者对电子商务平台和电子商务交易活动能够予以掌握,在一定程度上使得上述对象按照其自身的意志运行的特征。从客体的层面来看,控制对象既包括电子商务平台,也包括电子商务交易活动。在学理上看,控制性可以分为事实上的控制性与法律上的控制性。

在电子商务领域,由于信息的传递高度依赖电子商务平台经营者提供的存储介质和传输通道,这使得电子商务平台经营者对信息传输过程具有高度支配力。电子商务平台经营者通过信息传输的拒绝或者内容的改变,阻止潜在交易的缔结或影响已缔约交易的履约情况,最终实现对电子商务交易活动的控制。在法律上的控制性方面,电子商务平台经营者有权制定并单方变更交易规则等合同条款,其所制定的交易规则对平台内经营者、交易相对人等主体具有普遍、广泛的拘束力,其效力并不局限于特定交易活动,而能够抽象地适用于平台内发生的一切交易活动。

总之,电子商务平台经营者通过事实层面与法律层面的控制,广泛深入地参与到电子商务交易活动中,对其施加极为重要的影响。

7.4.2 电子商务平台经营者的义务

1. 电子商务平台经营者审慎管理的义务

我国《电子商务法》第二十七条规定:"电子商务平台经营者应当要求申请进入平台销售商品或者提供服务的经营者提交其身份、地址、联系方式、行政许可等真实信息,进行核验、登记,建立登记档案,并定期核验更新。"

为了保障入驻电商平台产品的质量,从而更好地保障消费者的权力不受侵害,同时也为了减少纠纷,促进交易的顺利完成,电子商务平台经营者拥有对入驻平台的商家进行监管的义务。电子商务平台需要积极主动地承担起自身的责任,核查入驻平台商家的信息,建立档案,当入驻平台商家需要服务时,为其提供便利;当发现入驻平台商家没有行政许可时,提示未办理市场主体登记的经营者依法办理登记;当发现商家销售或者提供法律、行政法规禁止交易的商品或者服务时,应当依法采取必要的处置措施,并向有关主管部门报告;当对关系消费者生命健康的商品或者服务,电子商务平台经营者对平台内经营者的资质资格未尽到审核义务,或者对消费者未尽到安全保障义务,造成消费者损害的,依法承担相应的责任。

2. 电子商务平台经营者交易安全管理的义务

我国《电子商务法》第三十条规定:"电子商务平台经营者应当采取技术措施和其他必要措施保证其网络安全、稳定运行,防范网络违法犯罪活动,有效应对网络安全事件,保障电子商务交易安全。电子商务平台经营者应当制定网络安全事件应急预案,发生网络安全事件时,应当立即启动应急预案,采取相应的补救措施,并向有关主管部门报告。"

在电子商务中,支付过程是整个商贸活动中非常重要的一个环节,同时也是电子商务中准确性、安全性要求最高的业务过程。电子支付的资金流是一种业务过程,而非一种技术。但是在进行电子支付活动的过程中,会涉及很多技术问题。由于电子支付具有方便、快捷、高效、经济的优势,因此,在电子商务中普遍使用银行卡、微信支付、信用卡支付等手段。为了保障交易过程中的资金安全,电子商务平台经营者需要采取行之有效的措施保障交易的资金安全。

3. 电子商务平台经营者自营业务标记义务

我国《电子商务法》第三十九条规定:"电子商务平台经营者在其平台上开展自营业务的,应当以显著方式区分标记自营业务和平台内经营者开展的业务,不得误导消费者。电子商务平台经营者对其标记为自营的业务依法承担商品销售者或者服务提供者的民事责任。"

随着电子商务的发展,一批具有代表性的电商平台也获得了崛起的机会,例如,京东商场、天猫商城、苏宁易购等。为了提高利润水平,电商平台利用自身优势纷纷开展自营业务,消费者出于对平台的信任与依赖可能倾向于购买自营的产品,因此,为了避免对消费者产生误导,电子商务平台经营者有必要对自营业务进行标记。

4. 电子商务平台经营者建立信用评价体制的义务

我国《电子商务法》第三十九条规定:"电子商务平台经营者应当建立健全信用评价制度,公示信用评价规则,为消费者提供对平台内销售的商品或者提供的服务进行评价的途径。电子商务平台经营者不得删除消费者对其平台内销售的商品或者提供的服务的评价。"

对于电子商务平台自身来说,应当设立信用信息公示机制,通过互联网将其身份信息、诚信情况、经营、产品和服务质量等内容进行公开公示,方便消费者对于网络经营者的信用情况进行查询和掌握,以便做出下一步的决策。具体可以建立两种诚信认证体系:一种是由中立的第三方评价机构的评价认证,通过第三方评价机构对企业或个人各种行为的历史信息收集和分析,根据需要对其信用进行的评估和认证。另一种是网络经营者与消费者之间的互相评价。网络经营者与消费者之间的评价可以动态地、及时地反映和评价每一个主体的行为,虽然这种方式不能完全达到全面、客观、真实的评价,但是对于及时发现虚假广告和网络欺诈具有一定的积极作用。

5. 电子商务平台经营者多方显示搜索结果的义务

我国《电子商务法》第四十条规定:"电子商务平台经营者应当根据商品或者服务的价格、销量、信用等以多种方式向消费者显示商品或者服务的搜索结果;对于竞价排名的商品或者服务,应当显著标明'广告'"。

由于买卖双方信息的不对称,消费者对商品的价格与质量问题很难进行有效识别,只能通过电商平台的搜索排名、广告,以及买家评论进行判断和选择。在这一过程中,广告的宣传诱导作用非常大,因此,为了保障消费者的自由选择权,电子商务平台经营者应该负有显示多方搜索结果的义务。

▶ 7.5 我国电子商务消费者的权利保护

7.5.1 我国电子商务消费者权利保护现状

电子商务的兴起适应了现代经济低成本、高效率的客观需要,超越了空间、时间、地域的限制,在传统市场的基础上又建立了一个全新的虚拟市场,扩展了商务活动的新空间范围,改变了原有的贸易形态,给交易方式带来了根本性的变革,成为当今最具有朝气的新兴产业。电子商务在给消费者提供种类繁多的渠道和多样化的选择的同时,也带来了更多的风险。

我国关于电子商务环境下消费者权益保护的立法,主要是以《消费者权益保护法》为基础,《民法通则》《合同法》《电信条例》《计算机信息网络国际联网安全保护管理办法》《关于网上交易的指导意见》《电子银行业务管理办法》等法律法规当中也有关于消费者权益保护的相关规定。但是这些法律法规内容散乱,在实际运用中缺乏可操作性,不能适应电子商务迅猛发展导致的对消费者权益保护的迫切需要。

近年来,我国政府在加强电子商务立法、规范电子商务行为方面高度重视,2004年8月28日,第十届全国人民代表大会常务委员会第十一次会议通过了《中华人民共和国电子签名法》,并被认为这是我国第一部"真正意义上的电子商务法律"。2005年1月8日,我国第一个专门指导电子商务发展的政策性文件《国务院办公厅关于加快电子商务发展的若干意见》出台。2010年5月31日,国家市场监督管理总局审议通过了《网络商品交易及有关服务行为管理暂行办法》,为规范网络商品交易及有关服务行为,保护消费者和经营者的合法权益,促进网络经济持续健康发展提供了重要依据。2018年8月31日,第十三届全国人民代表大会常务委员会第五次会议通过,并于2019年1月1日开始实施的《电子商务法》,有利于电子商务的长远发展。

7.5.2 我国电子商务消费者权利保护面临的主要法律问题

我国关于电子商务中的消费者权益保护的立法规范主要有《消费者权益保护法》《民法总则》《合同法》《反不正当竞争法》《电子商务法》等法律法规。可以看出,对电子商务中的消费者权益保护的立法规范散落在不同法律法规之中。虽然这些法律法规已经逐步涉及消费者权益保护问题,但是电子商务发展的日新月异,消费者侵权问题也随之出现了多样化、复杂化,使得立法无法满足保护消费者合法权益的要求,现今的国内立法仍然难以全面保障电子商务中的消费者权益。主要从以下几个方面体现出目前电子商务中消费者权益保护所存在的问题。

第一,消费者的知情权、公平交易权受到侵犯。目前来看,为维护电子商务中消费者的知情权而设立的信息披露制度仍旧不能满足保障消费者权益的要求。在电子商务中,消费者只能通过经营者的网络宣传来了解商品或服务的信息,这就给一些商家做虚假广告宣传提供了土壤。由于网络具有即时性的特点,商家可以不经网络服务商同意而自行经常更新网页,而网络服务商根本无法保证其链接的网页内容的真实性、合法性。而且广告监管部门也不可能对数量庞大的网络广告逐一审查。在信息不对称的情况下,消费者的知情权和公平交易权也就很容易被侵犯。

第二,消费者的个人信息权受到侵犯。由于消费者个人信息所具有的经济利益和黑客技术的发展,消费者个人信息安全的保护就成为一个重要问题。在电子商务中,消费者个人信息权受到侵犯主要表现为:经营者超出使用目的收集、非法出售消费者个人信息,擅自利用消费者个人信息。

第三,消费者的自主选择权经常受到限制。在电子商务中,消费者的自主选择权受到一定的限制,并经常受到侵犯。电子商务中签订的合同往往是格式合同,格式合同的广泛应用对消费者公平交易权造成了隐患,其中网络点击合同便是更加典型的格式合同。网络点击合同在B2C零售交易中经常使用,这类合同在用户注册并阅读了有关网站用户守则后点击"我同意"或"我接受"或浏览网上商品信息后按提示点击"购买"等表单提交按钮后即告成立。由于这类合同没有修改和协商的余地,用户在别无选择的情况下,只得确认该合同条款,否则无法进入下一步操作程序。因此,消费者的自主选择权受到一定的限制。

第四,消费者的财产安全权风险较大。电子商务中,消费者财产安全权受到侵犯主要体现为:不履行义务的消费欺诈。有些经营者在收钱后对交易行为本身进行否认,或者以种种理由拒绝履行义务。还有些经营者收钱后就马上删除网页,让消费者再也无法联系。尽管这类经营者只占少数,但也对电子商务消费者的信心造成了损害,使消费者往往因为未保留与商家来往的电子信息记录或已经完成签收而难以举证,给消费者造成难以弥补的财产损失;电子账户资金的安全。电子支付在给电子商务消费者带来快速便捷的同时,也带来了极大的安全隐患,网上支付信息容易被冒用,电子货币容易被盗或者丢失,支付系统容易被非法入侵或病毒攻击。

第五,消费者的损害赔偿权难以实现。电子商务中由于消费者难以查明对方的真实身份,而且由于网络即时性的特点,证据难以保存等因素,常使消费者的损害赔偿权难以得到保障,消费者也因上述因素,常常放弃损害赔偿请求权。

7.5.3 我国电子商务消费者权利保护的必要性

与发达国家相比,我国的电子商务起步虽晚,但已呈现出蓬勃发展的态势,其迅猛的增长速度及其给社会、经济、法律等各个方面的影响,已经远远超过了以往任何新技术的运用。

从我国互联网中心发布的第47次《中国互联网络发展状况统计报告》可以看出,我国电子商务发展势头迅猛。我国电子商务发展的市场空间巨大,电子商务的重要性及对这一新兴产业的重视程度日益凸显。

随着电子商务的不断发展,电子商务开放性、全球性、虚拟性、高科技性的特征导致消费者在网络交易中面临更多的欺诈、虚假广告、操作错误等问题,加之计算机网络的技术层面具有较高的"发生错误"的可能性,使得消费者在电子商务环境下交易存在更高的风险,消费者的合法权益很容易受到侵害。目前基于互联网的消费者权益被侵害的网络投诉也日益严重,其中主要问题集中在隐私权保护问题、格式条款问题、虚假广告问题、退换货问题、售后服务问题、损害赔偿难等问题。由此可见,电子商务在给消费者带来便捷的同时,也给消费者权益保护带来了新的挑战,尽快在电子商务环境下建立有效的消费者保护体系,才能使消费者的合法权益得到有效的保护,并从根本上保证我国电子商务长远、健康地发展。

7.5.4 我国电子商务消费者权利保护的发展趋势

传统交易中经营者和消费者的地位不平等并没有随着电子商务的发展而消失,反而在互联网技术的广泛应用下加剧了消费者和经营者之间的差距,使消费者在电子商务环境下的弱势地位更加凸显。为了推动电子商务的可持续发展,电子商务消费者的权利保护需要从政府、电商平台,以及消费者三个方面入手。

第一,政府应当发挥其在法律法规制定和行政监督管理方面的职能作用,为维护市场经济秩序的公平正义和诚实信用,政府应更加倾向于对消费者的保护,增强对电子交易消费群体的保护力度,制定和完善在电子商务环境下对消费者权益保护的特殊规制,既增强消费者的信心,营造良好的电子商务环境,更有利于电子商务健康快速地发展。

第二,对电商平台而言,要加快电子商务信用体系建设,包括网商的信用公示机制和建立诚信认证体系。通过信用公示机制和诚信认证体系,使网络商品经营者和网络服务经营者披露真实准确的信息,披露的信息是完整且充分的,没有隐瞒不利于经营者的信息,此外,披露的信息易于理解,便于获得。

第三,消费者自身需要增强权益保护意识。在交易行为做出前,消费者与经营者要进行充分的沟通,既要注重了解商品或服务的信息、售后服务,以及纠纷解决等情况,更重要的是保留与经营者沟通过程中的记录,索要并认真保管购物发票凭证,以便发生争议时可作为消费者维护权益的有利证据或重要凭证。在进行电子交易时,消费者要随时保持高度的警惕性,增加对计算机网络技术的了解,如防火墙技术、认证技术、加密技术等,注意识别网站合法的备案标识,尽量选择正规的知名网站进行交易,使那些钓鱼网站、虚假网站无可乘之机。如果消费者已经遭受到了网络欺诈,应及时向公安部门报案来维护自己的财产或人身安全。

【本章小结】

本章首先介绍了电子商务消费者权益保护的相关内容,其中包括电子商务消费者权益保护的概念与特征、法律性质、保护原则及保护范围。其次,介绍了电子商务消费者的权利,其中包括电子商务消费者的概念与特征、电子商务消费者的知情权、自由选择权、公平交易权、无因退货权,以及损害赔偿权等方面的权利。接着,从经营者的角度,介绍了电子商务经营者的义务,其中包括电子商务经营者的概念与特征,电子商务经营者提供真实信息、按约交付、质量担保、售后服务,以及出具凭证等方面的义务。还介绍了电子商务平台经营者的义务,其中包括电子商务平台经营者的概念与特征、电子商务平台经营者审慎管理、交易安全管理、自营业务标记、建立信用评价体制,以及多方显示搜索结果等方面的义务。最后,介绍了我国电子商务消费者的权利保护,其中包括我国电子商务消费者的权利保护现状、面临的主要法律问题、保护的必要性,以及未来发展趋势等方面的内容。

【思考题】

1. 电子商务消费者权益保护是什么？电子商务消费者权益保护的法律性质如何定性？
2. 当电子商务消费者的公平交易权受到损害时,可以采取哪些法律救济？
3. 电子商务经营者提供的真实信息包括哪些内容？
4. 简要阐述电子商务经营者与电子商务平台经营者的区别与联系。
5. 电子商务平台经营者的特征是什么？
6. 试分析我国电子商务消费者的权利保护的未来发展趋势。

拓展内容(7)

第8章 电子商务纠纷解决

【典型案例】

电子商务法实施元年年度十大典型案例(电子商务侵权类)

1. 杭州刀豆网络科技有限公司与长沙百赞网络科技有限公司等侵害作品信息网络传播权纠纷案——首例涉微信小程序案:腾讯是否构成帮助侵权

(1)基本案情:杭州刀豆网络科技有限公司诉长沙百赞网络科技有限公司等侵害作品信息网络传播权纠纷一案,法院经审理认为腾讯公司对小程序开发者提供基础性网络服务,其性质类似自动接入、自动传输服务,对涉案作品不具有审核义务,不构成帮助侵权。

(2)典型意义:网络服务提供者平台属性的界定应当结合技术原理、营利模式、协议约定等因素进行综合考量,以实现平台责任的私法属性和社会责任属性之间的平衡。本案法院以基础性网络服务提供者的被动性和技术无差别性排除其平台责任,提供了从技术角度界定网络服务提供者平台属性的思路。

2. 广州美明宇月子家政服务有限公司与李某、张某、上海汉涛信息咨询有限公司名誉权纠纷案——网络空间领域内消费者评价权应受法律保护

(1)基本案情:李某、张某(双方系夫妻)之子入住由美明宇公司经营的美媛一生月子会所后,被诊断为支气管肺炎。夫妻二人因此在大众点评网发布差评,被美明宇公司诉至法院。法院经审理,认为二人发布评论未构成名誉侵权,汉涛公司拒删评论亦不构成侵权。

(2)典型意义:该案系由网络评论引发的涉及消费者、网络信息发布平台侵犯商家名誉权的纠纷。法院经审理肯定了消费者评价权为消费者的法定权利,并且对评价权的行使和侵害名誉权之间如何界分进行了清晰的说理论证。

3. 何某与北京密境和风科技有限公司网络侵权责任纠纷案——网络服务提供者的安全保障义务

(1)基本案情:国内高空挑战"第一人"吴某于花椒平台直播攀爬表演时失手坠亡,法院经审理认为,密境和风公司未完全尽到安全保障义务,对吴某的死亡承担次要责任。

(2)典型意义:网络服务提供者是否具有安全保障义务应结合其营利性质、对危险的掌控能力等因素进行综合判断,对于危险性较大的行为应当进行规制,比如审核并警告、提示该视频是"危险视频""请勿模仿"等;若其借助用户的相关行为进行宣传并支付酬劳,客观上对危险结果的发生起到促进作用,应当承担侵权责任。

4. 北京菲林律师事务所与北京百度网讯科技有限公司侵害署名权、保护作品完整权、信息网络传播权纠纷案——"人工智能生成内容"是否受著作权保护?

(1)基本案情:北京菲林律师事务所诉北京百度网讯科技有限公司侵害署名权、保护作品完整权、信息网络传播权纠纷一案,法院经审理认为,涉案文章并非威科先行数据库"可视化"功能自动生成,而是原告主持创作的法人作品,被告侵害了原告信息网络传播权和署名权。

(2)典型意义:自然人创作完成是作品受著作权法保护的必要条件,故人工智能生成内容不构成作品;但这并不意味着人工智能生成内容可被公众自由使用,软件使用者等相关主体对其享有的相关权益应得到保护。

5. 王某、江某、浙江淘宝网络有限公司不正当竞争纠纷案——电商法实施后恶意投诉第一案

(1)基本案情:原、被告均为淘宝商家,被告假扮商标权人,向淘宝知识保护平台投诉原告销售侵犯其商标权的假货,致使原告受到平台处罚。

(2)典型意义:法院从主、客观两方面确立了"恶意投诉"的判断标准,并将恶意投诉行为定性为商业诋毁型的不正当竞争行为,具有违法性。

6. 安徽美景信息科技有限公司与淘宝(中国)软件有限公司商业贿赂不正当竞争纠纷案——国内大数据产品不正当竞争第一案

(1)基本案情:原告淘宝(中国)软件有限公司有一款名为"生意参谋"的零售电商数据产品。被告安徽美景信息科技有限公司开发软件搭建平台以分享、共用账户的方式获取淘宝公司通过大量智力劳动成果投入,并经过深度开发与系统整合形成的大数据产品。法院经审理认为,美景公司的行为构成不正当竞争。

(2)典型意义:作为大数据产品不正当竞争第一案,法院通过考量企业付出的劳动深度与技术投入,评判大数据产品是否构成财产性权益;进而明确了美景公司"搭便车"属于不正当竞争行为。

8.1 电子商务纠纷解决概述

电子商务是通过互联网等信息网络销售商品或者提供服务的经营活动。电子商务纠纷是电子商务交易当事人之间因电子商务经营活动而产生的争议。

8.1.1 电子商务纠纷的特点

1. 电子商务纠纷的虚拟性

电子商务活动的发生可能不依附于任何有形的实体,而是通过计算机之间按照网络协议所进行的数码交换活动完成。网络可以进行匿名性交易,交易过程的完全数字化表现为交易双方基本只靠聊天、图片等方式达成交易,从而使得买卖双方主体虚拟化。一旦产生纠纷,证明电子商务交易是否存在及相关证据保存较为困难,既不利于保护交易双方,又给法院调查取证带来挑战。

2. 电子商务纠纷的跨地域性

电子商务交易双方可在任何地理位置上进行交易,因此,电子商务交易行为的随意性和流动性易造成电子商务纠纷的跨地域性。由于国际互联网的全球性和无国界性,跨境电子商务纠纷的跨地域性转化为跨国别性。

3. 电子商务纠纷以消费者权益纠纷为主

由于电子商务交易通过网络进行,交易双方无须见面,买家了解所购商品只能通过网页图

片和卖家描述,并不能亲眼直观所见,如果卖家不守诚信甚至恶意销售,则消费者权益易受到侵害而产生纠纷。

4. 电子商务纠纷的标的额相对较小

电子商务交易涉及众多商品和服务,其纠纷主要集中在食品、保健品、药品、电子产品、服饰等领域,因此,纠纷标的额相对较小。

8.1.2 电子商务纠纷的类型

1. 电子商务合同纠纷

1) 按照电子商务交易对象分类

(1) B2B 电子商务合同纠纷。B2B 是企业与企业之间通过专用网络或 Internet 进行数据信息传递,开展商务活动的电子商务运行模式。企业之间因供应商管理、库存管理、销售管理、信息传递,以及支付管理等具体电子商务活动而产生电子商务合同纠纷。

(2) B2C 电子商务合同纠纷。B2C 是指企业以互联网为主要服务提供手段,向消费者销售产品和提供服务,并保证付款方式电子化的电子商务运营模式,它是普通消费者广泛接触的一类电子商务。企业与消费者通过互联网等信息网络实现各种商品消费和服务而产生电子商务合同纠纷。

(3) C2C 电子商务合同纠纷。C2C 是指网络服务提供商利用计算机和网络技术,提供有偿或无偿使用的电子商务平台和交易程序,允许交易双方在其平台上独立开展以竞价、议价为主的在线交易模式。消费者与消费者之间因通过电子商务平台完成交易而产生电子商务合同纠纷。

(4) B2G 电子商务合同纠纷。B2G 是企业与政府之间通过网络进行交易活动的运作模式。政府作为电子商务使用者,因购买活动而与企业间产生电子商务合同纠纷。

2) 按照电子商务合同纠纷内容分类

(1) 生活消费合同纠纷。生活消费合同是指以生活消费为目的的合同。电子商务生活消费合同纠纷是消费者通过互联网等信息网络购买商品或接受服务以满足生活消费而产生的合同纠纷。常见于 C2C 电子商务合同及 B2C 电子商务合同。

(2) 生产购销合同纠纷。生产购销合同是指一方将货物所有权或经营管理权转移给对方,对方支付价款的合同,包括供应合同、采购合同、预购合同、购销结合合同、协作合同及调剂合同。电子商务生产购销合同纠纷是购销双方通过互联网等信息网络完成购销活动而产生的合同纠纷。常见于 B2B 电子商务合同及 B2G 电子商务合同。

(3) 电子支付合同纠纷。电子商务需要通过互联网等信息网络完成,电子支付是其支付首选方式。电子支付合同纠纷是电子商务主体因电子支付行为而产生的合同纠纷。四种电子商务交易模式均可能产生电子支付合同纠纷。

(4) 虚拟财产合同纠纷。虚拟产权是指在网络环境下,模拟现实环境中的财产形态,以数字化形式存在的、具有独立价值和可独占性的财产利益。虚拟财产合同纠纷是电子商务主体通过互联网等信息网络完成虚拟财产转让交易而产生的合同纠纷。

(5) 物流运输合同纠纷。物流是电子商务交易唯一需要实体载体支持的环节,物流运输合同是指承运人从起运地点将货物运输到托运人指定地点,托运人或收货人按照规定的价格支付票款或运输费用的合同。物流运输合同纠纷是电子商务主体因商品物流运输而产生的合同纠纷。

(6)旅游休闲合同纠纷。电子商务旅游是通过现代网络信息技术手段,采用数字化电子方式进行旅游信息数据交换和开展旅游休闲活动,包括信息发布、电子交易、信息交流、客户管理、网上预订和支付、售前售后服务等。旅游休闲合同纠纷是旅游服务提供方与游客通过互联网等信息网络完成旅游服务过程中产生的合同纠纷。

2. 电子商务侵权纠纷

1)电子商务消费者权益侵权纠纷

(1)电子商务消费者知情权侵权纠纷。电子商务交易双方通过远程非面对面方式订立合同,消费者所获取的信息多是由商家或者经营者单方提供。电子商务经营者未能全面、真实、准确、及时地披露商品或者服务信息;或者以虚构交易、编造用户评价等方式进行虚假或者引人误解的商业宣传,欺骗、误导消费者;或者搭售商品或者服务,未以显著方式提请消费者注意,将搭售商品或者服务作为默认同意选项等行为,侵犯电子商务消费者知情权而产生的纠纷。

(2)电子商务消费者选择权侵权纠纷。电子商务经营者仅根据消费者的兴趣爱好、消费习惯等特征向其提供商品或者服务的搜索结果,或者未遵守广告法有关规定向消费者发送广告;电子商务平台经营者未能根据商品或者服务的价格、销量、信用等以多种方式向消费者显示商品或者服务的搜索结果,或者对于竞价排名的商品或者服务,未能显著标明"广告"等行为,侵犯电子商务消费者选择权而产生的纠纷。

(3)电子商务消费者安全权侵权纠纷。电子商务经营者销售的商品或者提供的服务不符合保障人身、财产安全的要求和环境保护要求,销售或者提供法律、行政法规禁止交易的商品或者服务;或者电子商务平台经营者未采取技术措施和其他必要措施保证其网络安全、稳定运行,出现网络违法犯罪活动等行为,侵权电子商务消费者安全权而产生的纠纷。

(4)电子商务消费者押金退还权侵权纠纷。电子商务经营者按照约定向消费者收取押金的,未明示押金退还的方式、程序,或对押金退还设置不合理条件,侵犯电子商务消费者押金退还权而产生的纠纷。

2)电子商务不正当竞争侵权纠纷

(1)滥用互联网平台市场优势地位引发的侵权纠纷。电子商务平台经营者利用服务协议、交易规则,以及技术等手段,对平台内经营者在平台内的交易、交易价格,以及与其他经营者的交易等进行不合理限制或者附加不合理条件,或者向平台内经营者收取不合理费用等侵权行为,构成滥用互联网平台市场优势地位的侵权纠纷。

(2)实施虚假或者引人误解的商业宣传引发的侵权纠纷。电子商务经营者违法销售的商品或者提供的服务不符合保障人身、财产安全的要求,实施虚假或者引人误解的商业宣传等不正当竞争行为所引起的侵权纠纷。

(3)电子商务平台经营者集中交易及标准化合约交易引发的侵权纠纷。电子商务平台经营者为经营者之间的电子商务提供服务,采取集中竞价、做市商等集中交易方式进行交易或进行标准化合约交易等不正当竞争行为所引起的侵权纠纷。

3)电子商务人格权侵权纠纷

(1)电子商务姓名权侵权纠纷。盗用他人名义发出要约签订电子合同,以及伪造他人姓名的电子签章等侵权行为所引发的电子商务姓名权侵权纠纷。

(2)电子商务肖像权侵权纠纷。在网站上刊登未经本人同意拍摄的、他人在非公开场合中的肖像;未经本人同意,在网站上使用与发布信息内容无关的他人肖像;未经本人同意,使用他人肖像在互联网上做广告,进行商业宣传;以及未经本人同意的其他不当使用行为所引发的电子商务肖像权侵权纠纷。

(3)电子商务名誉权侵权纠纷。电子商务经营者利用电子商务平台侵害他人的名誉权,或是通过侵害名誉权进行不正当竞争所引发的电子商务名誉权侵权纠纷。

(4)电子商务隐私权侵权纠纷。电子商务经营者非法收集、使用其用户的个人信息;有关主管部门未采取必要措施保护电子商务经营者提供的数据信息的安全,泄露、出售或者非法向他人提供其中的个人信息、隐私和商业秘密;对用户信息查询、更正、删除,以及用户注销设置不合理条件。或者电子商务平台经营者未记录、保存平台上发布的商品和服务信息、交易信息,且未确保信息的完整性、保密性、可用性;商品和服务信息、交易信息保存时间自交易完成之日起少于三年等侵权行为所引发的电子商务隐私权侵权纠纷。

4)电子商务知识产权侵权纠纷

(1)电子商务平台经营者未履行删除义务引起的侵权纠纷。知识产权权利人认为其知识产权受到侵害的,有权通知电子商务平台经营者采取删除、屏蔽、断开链接、终止交易和服务等必要措施。通知应当包括构成侵权的初步证据。电子商务平台经营者接到通知后,未及时采取必要措施,并将该通知转送平台内经营者,对知识产权权利人造成损害的侵权纠纷。

(2)知识产权权利人因错误行使通知权引起的侵权纠纷。知识产权权利人因通知错误或者恶意发出错误通知,造成平台内经营者损失的侵权纠纷。

(3)电子商务平台未采取必要措施制止侵权行为引起的侵权纠纷。电子商务平台经营者知道或者应当知道平台内经营者侵犯知识产权,但未采取删除、屏蔽、断开链接、终止交易和服务等必要措施,对知识产权权利人造成损害的侵权纠纷。

8.1.3 电子商务纠纷的解决途径

1. 电子商务争议解决的基本规则

(1)商品或服务质量担保机制。国家鼓励电子商务平台经营者建立有利于电子商务发展和消费者权益保护的商品、服务质量担保机制。电子商务平台经营者所建立的质量担保机制,应当有利于电子商务发展和消费者权益保护。该质量担保机制的保证人并不限于电子商务经营者,也可以由电子商务经营者或者第三方机构中的一方单独作出或者多方共同(联合)作出。

(2)设立消费者权益保证金。电子商务平台经营者与平台内经营者协议设立消费者权益保证金。消费者权益保证金是指该电子商务平台经营者与平台内经营者之间达成协议,交纳的用于保障消费者合法权益的专用款项。协议中应当就消费者权益保证金的提取数额、管理、使用和退还办法等内容作出明确约定。此外,协议还需要对交纳义务人、交纳标准、期限、赔偿对象、赔偿范围、赔偿标准和赔偿程序等进行约定,以保障平台内经营者的合法权益。

(3)先行赔偿责任机制。特定情况下消费者有权要求电子商务平台经营者承担先行赔偿责任;电子商务平台经营者赔偿后,有权向平台内经营者追偿。消费者要求电子商务平台经营者先行赔偿,一是根据法律规定。消费者向平台内经营者维权时,有权要求电子商务平台经营者提供平台内经营者的真实名称、地址和其他有效联系方式,电子商务平台经营者不能提供时,即应对消费者承担先行赔偿责任。二是根据电子商务平台经营者的承诺。若电子商务平台经营者不履行自己的承诺,则消费者同样可以直接以电子商务平台经营者为被告向法院起诉维权。

2. 电子商务经营者的投诉举报机制

针对日益增多的电商消费纠纷,电子商务经营者应当建立便捷、有效的投诉及举报机制,公开投诉、举报方式等信息,及时受理并处理投诉、举报。在电商的主页面可以设置消费举报投诉专栏,直接让消费者在电商主页面上进行投诉举报,且该投诉举报信息与工商部门举报投诉网络互联,方便消费维权部门查处。

3. 电子商务争议解决方式

(1)协商和解。电子商务争议可以通过协商和解。协商和解是指消费者与经营者在发生争议后,就与争议有关的问题进行协商,在自愿、互谅的基础上,通过直接对话分清责任,达成和解协议。

(2)调解组织进行调解。电子商务争议可以请求消费者组织、行业协会或者其他依法成立的调解组织进行调解。

(3)向有关部门投诉。电子商务争议可以向有关部门投诉。消费者因网络交易发生消费者权益争议的,可以向经营者所在地的工商行政管理部门投诉,也可以向第三方交易平台所在地的工商行政管理部门投诉。

(4)提请仲裁。电子商务争议可以提请仲裁。如果事先没有达成仲裁协议,发生消费争议后,消费者如果要提请仲裁,必须与电子商务经营者达成仲裁协议,只有双方同意才能提请仲裁机构仲裁。

(5)提起诉讼。电子商务争议可以提请诉讼。当消费者权益受到严重侵害,甚至消费者人身和重大财产受到侵害时,并已尝试各种解决途径不能如愿时,消费者可以向法院提起诉讼。

(6)在线解决机制。电子商务平台经营者可以建立争议在线解决机制,制定并公示争议解决规则,根据自愿原则,公平、公正地解决当事人的争议。

▶ 8.2 电子商务纠纷传统解决方式

8.2.1 电子商务纠纷协商和解

1. 电子商务纠纷协商和解的概念

数据电文的法律问题,最实质的是法律承认其合法性,才能保障其运用和地位,因此,数据电文的地位应该在相关法律中明确。《电子签名法》第四条规定,能够有形地表现所载内容,并可以随时调取查用的数据电文,视为符合法律、法规要求的书面形式。

电子商务争议可以通过协商和解。电子商务纠纷协商和解是指消费者与电子商务经营者在发生争议后,就与争议有关的问题进行协商,在自愿、互谅的基础上,通过直接对话摆事实、讲道理,分清责任,达成和解协议,使纠纷得以解决的活动。协商和解具有快速、简便、经济等特点,因程序简单、节省时间精力而成为解决消费者权益争议最主要、最常用的方式。

2. 电子商务纠纷协商和解的原则

(1)协作原则。消费者与电子商务经营者在融洽的气氛、互相谅解的基础上,本着实事求是、团结协作的精神,自愿达成协议,避免只从自身的利益出发,坚持己见,互不相让。

(2)平等原则。消费者和电子商务经营者应在平等前提下自行协商解决消费者权益争议。决不允许任何一方凭借某种势力,以强凌弱,以大压小,享有特权,获得不平等的利益。

(3)行政不干预原则。消费者和电子商务经营者的纠纷协商和解,建立在双方互相谅解的基础上,行政部门不予干预。

3. 电子商务纠纷协商和解的注意事项

(1)准备好翔实、充足的证据和必要的证明材料。在电子商务争议处理中,电子商务经营者应当提供原始合同和交易记录。因电子商务经营者丢失、伪造、篡改、销毁、隐匿或者拒绝提供前述资料,致使人民法院、仲裁机构或者有关机关无法查明事实的,电子商务经营者应当承担相应的法律责任。

(2)注意维权的时效性。当消费者与电子商务经营者发生争议后,不要被电子商务经营者故意拖延,致使像食品、饮料等产品产生质量问题,并且超过一定期限后造成检验机构无法检验,从而丧失维权的机会。

(3)针对电子商务经营者故意拖延或无理拒绝消费者协商和解建议的行为。当电子商务经营者无诚意通过协商和解解决问题时,消费者应立即采取调解、投诉、仲裁、诉讼等其他途径解决争议问题。电子商务经营者故意拖延和无理拒绝,致使消费者财产损失扩大的,除应当满足消费者正常要求外,还应当就扩大部分的损失承担赔偿责任。

(4)针对电子商务经营者故意推卸赔偿责任的行为。当消费者遇到商品质量问题时,如果电子商务经营者故意推卸责任,按《消费者权益保护法》第三十五条规定,消费者在购买、使用商品时,其合法权益受到损害的,可以向销售者即电子商务经营者要求赔偿。

4. 电子商务纠纷协商和解的结果

(1)协商和解成功,签订和解协议。经消费者与电子商务经营者和解成功,应当签订和解协议,经双方签字或盖章后生效,对双方具有约束力。如果当事人一方反悔,不履行或不完全履行该和解协议,则和解协议不再具有约束力。

(2)协商和解不成功,采取其他维权途径。消费者与电子商务经营者经协商后未能达成和解,当事人可以依法通过调解、投诉、仲裁、诉讼等途径维护自己的权利。

8.2.2 电子商务纠纷调解

1. 电子商务纠纷调解的概念

调解是指中立的第三方在当事人之间调停疏导,帮助交换意见,提出解决建议,促成双方化解矛盾的活动。电子商务纠纷调解是指消费者与电子商务经营者在发生争议后,请求消费者组织、行业协会或者其他依法成立的调解组织调解。其性质属于群众性组织的人民调解。

2. 电子商务纠纷调解的机构

(1)消费者组织。消费者组织即消费者保护团体,是指依法成立的对商品和服务进行社会监督,保护消费者合法权益的社会团体的总称。作为社会团体,以保护消费者合法权益为宗旨,不以营利为目的。我国主要的消费者组织是消费者权益保护协会,负责处理消费者的投诉,协助消费者处理消费纠纷。消费者协会调解是指消费者协会在受理消费者投诉以后,依法应当对投诉事项进行调查、调解的工作制度。《消费者权益保护法》第三十二条规定:消费者协会受理消费者的投诉,并对投诉事项进行调查、调解。第三十四条第二项规定:消费者和经营者发生消费者权益争议的,可以请求消协调解。由此,消费者协会具有法定调解职能。

(2)行业协会。行业协会是指介于政府与企业之间,商品生产者与经营者之间,并为其服务、咨询、沟通、监督、公正、自律、协调的社会中介组织。行业协会属于民间性组织,是非营利性社团法人。行业协会调解是指行业纠纷双方在行业协会的主持下,通过行业协会的专业优势促进当事人的沟通协调,并最终促成纠纷双方达成和解协议的纠纷解决过程。

(3)其他依法成立的调解组织。人民调解委员会是依法设立的调解民间纠纷的群众性组织。企业事业单位根据需要设立人民调解委员会。人民调解委员会应当建立健全各项调解工作制度,听取群众意见,接受群众监督。例如,为解决特定类型纠纷(如旅游纠纷、保险纠纷)而设立的专业性人民调解委员会;为及时方便解决消费纠纷而在集贸市场、经济开发区等特定区域设立的区域性人民调解委员会等。此类调解组织具有与纠纷相关的专业知识,熟悉相关纠纷特点,较容易获得纠纷当事人认同,能够更加有效地调解相关纠纷。

3. 电子商务纠纷调解的原则

(1)自愿原则。自愿原则是指调解工作必须在双方当事人自愿的基础上进行,不能强迫任何一方当事人进行强行调解。调解协议的内容必须双方自愿,任何人不得替代和强迫。

(2)合法原则。合法原则是指调解必须以事实为根据,以法律为准绳,不得损害国家、集体和他人的合法权益。

4. 电子商务纠纷调解的程序

(1)消费者提出调解请求。

(2)调解组织接受调解请求。

(3)调查取证。

(4)组织调解。

(5)制作调解协议书。

调解协议书可以载明下列事项:当事人的基本情况;纠纷的主要事实、争议事项,以及各方当事人的责任;当事人达成调解协议的内容,履行的方式及期限。

5. 电子商务纠纷调解的结果

(1)调解成功,签订调解协议。经调解组织调解达成调解协议的,可以制作调解协议书。当事人认为无须制作调解协议书的,可以采取口头协议方式,调解组织应当记录协议内容。调解协议书自各方当事人签名、盖章或者按指印,调解员签名并加盖调解组织印章之日起生效。调解协议书由当事人各执一份,调解组织留存一份。口头调解协议各方当事人达成协议之日起生效。经调解组织调解达成的调解协议,具有法律约束力,当事人应当按照约定履行。经调解组织调解达成调解协议后,当事人之间就调解协议的履行或者调解协议的内容发生争议的,一方当事人可以向人民法院提起诉讼。

(2)调解不成功,告知其他维权途径。调解组织调解纠纷,调解不成的,应当终止调解,并依据有关法律法规的规定,告知当事人可以依法通过投诉、仲裁、诉讼等途径维护自己的权利。

8.2.3 电子商务纠纷仲裁

1. 电子商务纠纷仲裁的概念与特点

电子商务纠纷仲裁是指消费者与电子商务经营者在争议发生前或发生后达成协议,自愿将纠纷交由中立的第三方仲裁机构,按照一定的仲裁程序与规则进行审理,并作出对争议双方具有终局裁决效力的一种解决纠纷方式。

(1)自愿性。自愿性是仲裁最突出的特点,仲裁以双方当事人的自愿为前提,纠纷发生后是否通过仲裁方式解决由争议双方协商确定;由哪个仲裁机构裁决案件由双方协商选定;仲裁庭的组成形式及仲裁员的选择由当事人决定;涉外仲裁中仲裁适用的程序规则及实体规范也可由当事人协商确定。

(2)独立性。仲裁机构与行政机关没有隶属关系,仲裁机构之间也没有隶属关系。仲裁机构不是官方机构,具有民间性。仲裁庭独立进行仲裁,不受任何机关、社会团体和个人的干涉,亦不受仲裁机构的干涉,显示出较大的独立性。

(3)快速性。仲裁实行一裁终局制,仲裁裁决一经仲裁庭作出即发生法律效力,当事人不得就同一纠纷再申请仲裁或向人民法院起诉,从而使当事人之间纠纷能够迅速得以解决。

(4)灵活性。与诉讼相比,仲裁程序更加灵活,更具有弹性。仲裁充分体现当事人意思自治,仲裁具体程序由当事人协商确定与选择,如开庭或不开庭审理案件、公开或不公开审理案件,甚至可以协商裁决书中不写仲裁裁决的理由。

(5)裁决的强制性。仲裁裁决一经作出即发生法律效力,承担义务的一方当事人应当在指定的期限内履行其义务,否则,权利人可以依据生效的仲裁裁决向法院申请强制执行,通过国家的司法权保障裁决的实现,以维护仲裁的权威性。

2. 电子商务纠纷仲裁的机构

电子商务纠纷仲裁的机构是仲裁委员会。

(1)仲裁委员会的性质。仲裁委员会是解决平等主体的公民、法人和其他组织之间发生的合同纠纷和其他财产权益纠纷的组织。仲裁委员会独立于行政机关,与行政机关没有隶属关系。仲裁委员会之间也没有隶属关系。

(2)仲裁委员会的设立。仲裁委员会可以在直辖市和省、自治区人民政府所在地的市设立,也可以根据需要在其他设区的市设立,不按照行政区划层层设立。仲裁委员会由市级人民政府组织有关部门和商会统一组建,并应经省、自治区、直辖市的司法行政部门登记,未经设立登记的,其仲裁裁决不具有法律效力。仲裁委员会应当有自己的名称、住所和章程;有必要的财产;有该委员会的组成人员;有聘任的仲裁员。

(3)仲裁委员会的组成成员。仲裁委员会由主任一人、副主任二至四人和委员七至十一人组成。仲裁委员会的主任、副主任和委员由法律、经济贸易专家和有实际工作经验的人员担任。仲裁委员会组成人员中,法律、经济贸易专家不得少于三分之二。仲裁委员会应当从公道正派的人员中聘任仲裁员。

3. 电子商务纠纷仲裁的原则

1)自愿原则

(1)以仲裁的方式解决纠纷是当事人双方的共同意愿。必须基于当事人双方的共同选择将纠纷提交仲裁解决,任何一方仅凭自己的单方意愿是不能将纠纷提请仲裁的。

(2)向哪个仲裁机构提请仲裁由当事人双方协商选定。仲裁不实行级别管辖和地域管辖。当事人在选择、约定仲裁机构时,不因当事人所在地、纠纷发生地在何处而受到地域管辖的限制,也不因争议标的额的大小和案件复杂程度受影响。

(3)组成仲裁庭的仲裁员由当事人在仲裁员名册中自主选定,也可以委托仲裁机构主任代为指定,仲裁庭的组成形式也可以由当事人约定。

(4)当事人可以约定交由仲裁解决的争议事项,即当事人将哪些纠纷交付仲裁,可以由当事人自主协商确定。当事人既可以约定把因履行合同所产生的任何争议均交由仲裁解决,也可以约定将某一项或几项争议交付仲裁。

(5)开庭和裁决程序中,当事人还可以约定审理方式、开庭形式等有关程序事项。

2)仲裁独立原则

(1)仲裁与行政脱钩。仲裁依法独立进行,不受行政机关的干预。仲裁委员会独立于行政机关,与行政机关没有隶属关系。设立仲裁机构虽需经司法行政部门登记,但也仅限于依法审查仲裁机构的设立须符合法定条件,对仲裁委员会的设立进行宏观上的管理,相互间亦无隶属关系。

(2)仲裁庭对案件独立审理和裁决,仲裁委员会不能干预。一旦仲裁庭组成直至作出仲裁裁决,仲裁委员会即不再介入仲裁审理和裁决的实质性工作,对案件的审理和裁决完全由仲裁庭独立进行。

3)根据事实,符合法律规定,公平合理解决纠纷的原则

(1)根据事实是指在仲裁审理过程中,要全面、深入、客观地查清与案件有关的事实情况,包括纠纷发生的原因、发生的过程、现实状况,以及争议各方的争执所在。

(2)符合法律规定是指仲裁庭在查清事实的基础上,应当根据法律的有关规定确认当事人的权利和义务,确定承担赔偿责任的方式及赔偿数额的大小。

(3)公平合理是指仲裁庭处理纠纷应当公平、公正、不偏不倚。在仲裁中所适用的法律对有关争议的处理未做明确规定的,可以参照在经济贸易活动中被人们普遍所接受的做法,即国际贸易惯例或者行业惯例来判别责任。

4)一裁终局原则

仲裁实行一裁终局的制度。裁决作出后,当事人就同一纠纷再申请仲裁或者向人民法院起诉的,仲裁委员会或者人民法院不予受理。裁决被人民法院依法裁定撤销或者不予执行的,当事人就该纠纷可以根据双方重新达成的仲裁协议申请仲裁,也可以向人民法院起诉。

4. 电子商务纠纷仲裁的程序

1)申请和受理

电子商务纠纷仲裁申请是指电子商务纠纷的一方当事人根据合同仲裁条款或事后达成的仲裁协议,将发生的争议依法请求仲裁委员会进行仲裁的行为。提起仲裁申请是当事人争取采用仲裁解决纠纷的请示,是仲裁程序开始的准备及仲裁机构行使仲裁权的前提。

(1)申请仲裁的条件。当事人申请仲裁应当有仲裁协议,有具体的仲裁请求和事实、理由,属于仲裁委员会的受理范围。

(2)申请仲裁的文件。当事人申请仲裁,应当向仲裁委员会递交仲裁协议、仲裁申请书及副本。

(3)仲裁申请书内容。当事人的姓名、性别、年龄、职业、工作单位和住所,法人或者其他组织的名称、住所和法定代表人或者主要负责人的姓名、职务;仲裁请求和所根据的事实、理由;证据和证据来源、证人姓名和住所。

仲裁受理是指仲裁机构对电子商务纠纷当事人的申请进行审查后,认为符合受理条件,决

定立案进行仲裁的程序。受理是仲裁程序的开始,是仲裁机构开始行使管辖权的标志。仲裁委员会收到仲裁申请书之日起五日内,认为符合受理条件的,应当受理,并通知当事人;认为不符合受理条件的,应当书面通知当事人不予受理,并说明理由。

2)仲裁庭的组成

仲裁机构仲裁案件,不是仲裁委员会直接进行仲裁,而是通过仲裁庭实现。仲裁庭行使仲裁权时基于当事人的授权。仲裁庭的组织形式由当事人约定,仲裁员由当事人选定或委托仲裁委员会主任指定。当事人没有在仲裁规则规定的限期内约定仲裁庭的组成方式或选定仲裁员的,由仲裁委员会主任指定。

(1)独任仲裁庭。由一名仲裁员组成的仲裁庭。当事人应当共同选定或共同委托仲裁委员会主任指定仲裁员。

(2)合议仲裁庭。即由三名仲裁员组成的仲裁庭。当事人约定由三名仲裁员组成仲裁庭的,应当各自选定或者各自委托仲裁委员会主任指定一名仲裁员,第三名仲裁员由当事人共同选定或者共同委托仲裁委员会主任指定。第三名仲裁员是首席仲裁员。

3)开庭和裁决

开庭是仲裁庭在双方当事人和其他仲裁参与人的参加下,对仲裁请求进行实体审理和裁决的活动。开庭是仲裁活动的实质阶段,其目的是查清事实、分清是非、正确适用法律、确认当事人之间的权利义务关系。仲裁一般应开庭进行,但对于当事人协议不开庭的,仲裁庭可以书面审理。裁决是指仲裁庭在实体上对当事人权利义务作出裁断。裁决标志着案件的审结,是仲裁审理的最终程序,一经作出即发生法律效力。

5. 电子商务纠纷仲裁的结果

1)制作仲裁裁决书

仲裁裁决书是仲裁庭对电子商务纠纷当事人提交仲裁的争议事项进行审理,并在审理终结时所作出的对当事人有约束力的法律文书。仲裁裁决书自作出之日起发生法律效力,非经法定程序,任何人不得随意变更和修改。当事人就同一纠纷再申请仲裁或者向人民法院起诉的,仲裁委员会或者人民法院不予受理。一方如果逾期不履行,另一方可向有管辖权的人民法院申请执行。

(1)先行裁决。先行裁决是指在仲裁程序进行过程中,仲裁庭就已经查清的部分事实所作出的裁决。

(2)最终裁决。最终裁决即通常意义上的仲裁裁决,它是指仲裁庭在查明事实,分清责任的基础上,就当事人事情仲裁的全部争议事项作出的终局性判定。

(3)缺席裁决。缺席裁决是指仲裁庭在被申请人无正当理由不到庭或未经许可中途退庭情况下作出的裁决。

(4)合意裁决。合意裁决即仲裁庭根据上访当事人达成协议的内容作出的仲裁裁决。包括根据当事人自行和解达成的协议而作出的仲裁裁决,以及根据经仲裁庭调解双方达成的协议而作出的仲裁裁决。

2)申请撤销仲裁裁决

(1)申请撤销裁决条件。电子商务纠纷当事人提出证据证明裁决有下列情形之一的,可以向仲裁委员会所在地的中级人民法院申请撤销裁决:A.没有仲裁协议的,裁决的事项不属于仲裁协议的范围或者仲裁委员会无权仲裁的;B.仲裁庭的组成或者仲裁的程序违反法定程序的;C.裁决所根据的证据是伪造的;D.对方当事人隐瞒了足以影响公正裁决的证据的;E.仲裁员在仲裁该案时有索贿受贿,徇私舞弊,枉法裁决行为的;F.违背社会公共利益的。

(2)期限。当事人申请撤销裁决的,应当自收到裁决书之日起六个月内提出。人民法院应当在受理撤销裁决申请之日起两个月内作出撤销裁决或者驳回申请的裁定。

(3)申请撤销裁决的后果。人民法院受理撤销裁决的申请后,认为可以由仲裁庭重新仲裁的,通知仲裁庭在一定期限内重新仲裁,并裁定中止撤销程序。仲裁庭拒绝重新仲裁的,人民法院应当裁定恢复撤销程序。

8.2.4 电子商务纠纷诉讼

1. 电子商务纠纷诉讼的概念与特点

电子商务纠纷诉讼是人民法院受理消费者与电子商务经营者之间因财产关系和人身关系提起的民事诉讼,依法审理和解决民事纠纷的活动。

(1)公权性。民事诉讼是以司法方式解决平等主体之间的纠纷,是由法院代表国家行使审判权解决民事争议。它既不同于人民调解委员会以调解方式解决纠纷,也不同于由民间性质的仲裁委员会以仲裁方式解决纠纷。

(2)强制性。民事诉讼的强制性既表现在案件受理上,又反映在裁判执行上。只要原告起诉符合民事诉讼法规定的条件,无论被告是否愿意,诉讼均会发生。当事人不自动履行生效裁判所确定的义务,法院可以依法强制执行。

(3)程序性。民事诉讼是依照法定程序进行的诉讼活动,无论是法院还是当事人或其他诉讼参与人,都需要按照民事诉讼法设定的程序实施诉讼行为,违反诉讼程序会引起一定的法律后果。

2. 电子商务纠纷诉讼的机构

人民法院作为国家审判机关,审判民事案件,解决民事纠纷。

1)诉讼管辖

诉讼管辖是指各级法院之间以及不同地区的同级法院之间,受理第一审民商事案件的职权范围和具体分工。级别管辖和地域管辖更重要、更常用。级别管辖是指各级法院之间受理第一审民商事案件的职权范围和具体分工。地域管辖、专属管辖、协议管辖均不得违反级别管辖的规定。地域管辖是指同级人民法院之间,按照各自辖区对第一审民事案件审理的分工。民事诉讼主要以法院的辖区和当事人诉讼标的所在地确定管辖,分为普通地域管辖和特别地域管辖。

2)审判组织

审判组织是指人民法院审理案件的内部组织形式,分为独任制与合议制。

(1)人民法院审理第一审民事案件,由审判员、陪审员共同组成合议庭或者由审判员组成合议庭。合议庭的成员人数,必须是单数。适用简易程序审理的民事案件,由审判员一人独任审理。陪审员在执行陪审职务时,与审判员有同等的权利义务。

(2)人民法院审理第二审民事案件,由审判员组成合议庭。合议庭的成员人数,必须是单数。发回重审的案件,原审人民法院应当按照第一审程序另行组成合议庭。审理再审案件,原来是第一审的,按照第一审程序另行组成合议庭;原来是第二审的或者是上级人民法院提审的,按照第二审程序另行组成合议庭。

3. 电子商务纠纷诉讼的原则

（1）同等原则和对等原则。同等原则是指外国、无国籍当事人在中国参加民事诉讼享有和中国当事人相同的诉讼权利义务。对等原则是指外国法院对中华人民共和国公民、法人和其他组织的民事诉讼权利加以限制的，中华人民共和国人民法院对该国公民、企业和组织的民事诉讼权利进行同样限制。

（2）法院独立审判原则。民事案件的审判权由人民法院行使。人民法院依照法律规定对民事案件独立进行审判，不受行政机关、社会团体和个人的干涉。

（3）法院审判原则。人民法院审理民事案件，必须以事实为根据，以法律为准绳。

（4）当事人平等原则。民事诉讼当事人有平等的诉讼权利。人民法院审理民事案件，应当保障和便利当事人行使诉讼权利，对当事人在适用法律上一律平等。

（5）法院调解原则。人民法院审理民事案件，应当根据自愿和合法的原则进行调解；调解不成的，应当及时判决。

4. 电子商务纠纷诉讼的程序

（1）第一审程序。①原告起诉。向有管辖权的法院立案庭递交诉状。②法院受理后将起诉书副本送达被告。③被告在十五日内提交答辩状，法院在五日内将答辩状副本送达原告。如果被告不提交答辩状，不影响审理。④决定开庭审理的案件，法院在三日前通知当事人并公告。⑤法庭调查阶段包括：当事人陈述；告知证人的权利义务，证人作证，宣读未到庭的证人证言；出示书证、物证和视听资料；宣读鉴定结论；宣读勘验笔录。⑥法庭辩论包括：原告及其诉讼代理人发言；被告及其诉讼代理人答辩；第三人及其诉讼代理人发言或者答辩；互相辩论。法庭辩论终结，由审判长按照原告、被告、第三人的先后顺序征询各方最后意见。⑦法庭辩论终结，应当依法作出判决。判决前能够调解的，可以进行调解；调解不成的，应当及时判决。⑧判决宣告。

（2）第二审程序。①当事人不服基层人民法院第一审判决的，有权在判决书送达之日起十五日内向上一级人民法院提起上诉。当事人不服地方人民法院第一审裁定的，有权在裁定书送达之日起十日内向上一级人民法院提起上诉。上诉状应当通过原审人民法院提出，并按照对方当事人或者代表人的人数提出副本。当事人直接向第二审人民法院上诉的，第二审人民法院应当在五日内将上诉状移交原审人民法院。②法院受理。③审理程序大体与第一审一样，不同之处主要在审查范围和内容方面。

5. 电子商务纠纷诉讼的结果

（1）当事人不服第一审判决，上诉到第二审法院。

（2）第二审人民法院对上诉案件，经过审理，按照下列情形，分别处理。①原判决认定事实清楚，适用法律正确的，判决驳回上诉，维持原判决；②原判决适用法律错误的，依法改判；③原判决认定事实错误，或者原判决认定事实不清，证据不足，裁定撤销原判决，发回原审人民法院重审，或者查清事实后改判；④原判决违反法定程序，可能影响案件正确判决的，裁定撤销原判决，发回原审人民法院重审。

当事人对重审案件的判决、裁定，可以上诉。第二审人民法院审理上诉案件，可以进行调解。调解达成协议，应当制作调解书，由审判人员、书记员署名，加盖人民法院印章。调解书送达后，原审人民法院的判决即视为撤销。

8.3 电子商务在线纠纷解决方式

8.3.1 在线纠纷解决机制(ODR)

1. ODR 的含义

在线纠纷解决机制是借助电子通信及其他信息和通信技术解决纠纷的一种机制,简称 ODR(Online Dispute Resolution)。ODR 产生初期主要是为了化解司法诉讼体制外的电子商务纠纷和网络域名纠纷,根据美国联邦贸易委员会、欧盟、OECD(经济合作与发展组织,Organization for Economic Co-operation and Development,简称"经合组织"),以及全球电子商务论坛所下的定义,ODR 是指网络上由非法庭但公正的第三人,解决电子商务经营者和消费者之间电子商务纠纷的所有方式。随着电子商务的发展,ODR 逐渐发展成为中立第三方利用网络信息技术在虚拟空间协助当事人解决各种纠纷的平台。

2. ODR 的基本原则

(1)合法性原则。纠纷解决服务应符合国家相关法律法规及有关规定。

(2)自愿性原则。纠纷解决服务应坚持自愿原则,充分尊重纠纷当事人的自由意愿。

(3)独立性原则。纠纷解决过程应具有独立性和客观性,不受外来因素影响。

(4)公正性原则。纠纷解决过程应公平、公正,保护电子商务纠纷各方当事人的合法权益。

(5)保密性原则。纠纷解决过程中涉及的个人信息、企业信息、纠纷信息等应进行必要的保密处理,并提供必要的信息安全保障。

3. ODR 的主要形式

(1)在线协商。在线协商是指无中立人的参与,由纠纷各方当事人通过 ODR 服务平台进行信息的传输、交流、沟通,以协商解决纠纷的一种方式。一般只涉及一定数额的金钱支付问题。

(2)在线调解。在线调解是指在中立人的协助下,电子商务纠纷当事人利用网络信息技术所打造的网络纠纷解决环境,在没有会面的情况下,利用网络信息技术进行纠纷解决的信息传输、交流、沟通,达成纠纷解决的协议,并最终解决纠纷的方式。

(3)在线仲裁。在线仲裁是指在中立人的主持下,电子商务纠纷当事人通过 ODR 服务平台,在线进行案件庭审及中立人之间的在线合议等其他程序性事项,最后做出在线仲裁的纠纷解决方式。

(4)在线消费者投诉处理。在线消费者投诉处理是指电子商务消费者以在线方式投诉电子商务经营者,由服务网站与被投诉方取得联系,尝试和解。若和解不成,则启动简易调解程序,双方采用 E-mail 或电话方式联络,把纠纷解决在最初阶段。

8.3.2 电子商务纠纷在线协商

1. 电子商务纠纷在线协商的定义

在线协商是指电子商务纠纷双方当事人在没有第三人参与的情况下,通过电子邮件、电子布告栏、视频设备等网络工具进行信息的传输、沟通、交流,最终解决纠纷的方式。

2. 电子商务纠纷在线协商的特点

(1)简单便利和平。在线协商没有过于复杂的协商过程,同时不需要任何第三方介入其中,更不用提交证据或进行陈述,能够有效避免双方当事人的冲突。

(2)适用范围有限。在线协商需要双方能够相对主动地利用互联网技术进行有效的在线沟通,及时解决纠纷,促使双方误会得到有效解决。在线协商应用范围相对较小,只适用于交易数额小、事实较为清楚的案件。

3. 电子商务纠纷在线协商的流程

电子商务纠纷在线协商的流程包括申请协商、受理协商、发出协商通知、在线协商及协商程序的终止。如图8-1所示。

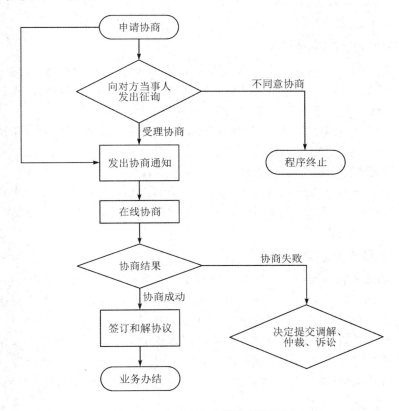

图8-1 电子商务在线协商流程图

(1)申请协商。①任何一方、双方或多方当事人均可通过ODR服务平台向可提供在线协商服务的服务提供方申请协商。②当事人申请协商的,应通过ODR服务平台向服务提供方提交协商申请书、证据及当事人主体资格证明文件等材料。协商申请书内容应包括:各方当事人的名称(姓名)、地址、电话、电子邮件,以及其他联系方式;纠纷事实和协商请求。

(2)受理协商。服务提供方在收到协商申请书后,应及时通知对方当事人。对方当事人宜在收到通知之日起规定的工作日内书面确认是否同意参与协商,在该期限内不予确认的,视为拒绝协商。

(3)协商通知。各方当事人确认同意参与协商后,协商程序开始。服务提供方应及时向各方当事人发送协商受理通知、在线协商规则。

(4)协商。各方当事人通过ODR服务平台直接进行在线协商。

(5)协商程序的终止。出现下列情形之一的,协商程序应终止:①对方当事人在收到协商通知后明确表示不同意参加协商程序或在规定期限内未回复的,则协商程序终止;②任一方当事人书面通知终止协商程序的;③当事人就解决纠纷达成一致的,协商程序在和解协议制作发出后终止;④其他协商程序应当终止的情形。

8.3.3 电子商务纠纷在线调解

1. 电子商务纠纷在线调解的定义

在线调解是指调解人运用计算机和网络技术,努力促成电子商务纠纷当事人达成解决争议协议的一种非诉讼纠纷解决方式。

2. 电子商务纠纷在线调解的特点

(1)能够迅速解决争议。在线调解以自愿为原则,以双方合意为基础,由电子商务纠纷的一方当事人向ODR调解平台提出申请,双方均同意之后,由专业的调解人员组织,最终达成调解协议。纠纷解决程序较为灵活、便捷,调解结果自动履行率较高。

(2)受案范围远大于离线调解。在线调解与离线调解最大的不同之处在于调解的物理空间变化。离线调解的物理空间是现实存在的,而在线调解的空间是互联网空间,因不受物理空间限制,在线调解受案范围远大于离线调解。

(3)纠纷解决成本低。在线调解过程中所有送达工作均可通过电子送达平台"数据流量"实现。纠纷当事人在线上见面,能够节省当事人交通费用,降低时间成本。大部分案件不用聘请代理人,可以节省代理费。

3. 电子商务纠纷在线调解的分类

(1)完全自动化的在线调解。完全自动化的在线调解是在线调解服务网站的调解程序完全是以在线环境方式进行,并且是完全针对金额方面的单纯争议,通过电脑程序自动化的辅助,完全没有自然的调解人介入就可以达成争议的解决。

(2)调解员介入的在线调解。调解员介入的在线调解通常使用网络协商程序及计算机软件编程,同时有第三方当事人即中立调解人加入争议解决过程中。使用多阶段过滤筛选的调解程序,融合了在线协商、自动化调解程序及调解员的优势,使得争议得到迅速有效地解决。

4. 电子商务纠纷在线调解的流程

电子商务纠纷在线协商的流程包括申请调解、向对方当事人发出征询、受理调解、调解通知、选定调解员、调解员的替换、调解、调解结果、签订调解协议(保密)及业务办结。如图8-2所示。

(1)申请调解。①任何一方、双方或多方当事人均可通过ODR服务平台向可提供在线调解服务的服务提供方申请调解。②当事人申请调解的,应通过ODR服务平台向服务提供方提交调解申请书、证据及当事人主体资格证明文件等材料。调解申请书内容应包括:各方当事人的名称(姓名)、地址、电话、电子邮件,以及其他联系方式;纠纷事实和调解请求。

(2)受理调解。服务提供方在收到调解申请书后,应及时通知对方当事人。对方当事人在收到通知之日起规定的工作日内书面确认是否同意参与调解,在该期限内不予确认的,视为拒绝调解。

(3)调解通知。各方当事人确认同意参与调解后,调解程序开始。服务提供方应及时向各方当事人发送调解受理通知、在线调解规则及调解员名册。

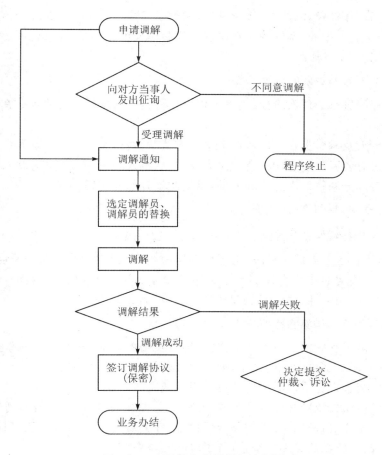

图 8-2 电子商务在线调解流程图

(4)选定调解员。①调解宜由一名调解员进行,当事人另有约定的除外。②当事人可从服务提供方提供的调解员名册中选择调解员,也可在该名册外选择调解员。在该名册外选择调解员的,应征得服务提供方确认并提交该调解员的必要联系方式。③当事人宜在收到调解通知之日起规定的工作日内共同选定一名调解员。逾期未能共同选定的,由服务提供方指定。

(5)调解员的替换。调解员无法继续履行或者不适宜履行职责的,应按照规定重新选定调解员,各方当事人另有约定的除外。

(6)调解。除非当事人另有约定,调解员可按其认为适当的方式进行调解,包括但不限于:①单独或者同时通过 ODR 服务平台会见当事人进行调解;②要求当事人提出书面或者口头的解决纠纷的方案;③征得当事人同意后,聘请有关专家就技术性问题提供咨询或者鉴定意见;④根据已掌握的情况,依据公平合理的原则,向当事人提出解决纠纷的建议和意见。

(7)保密。①除非当事人另有约定,调解不公开进行。②调解员、当事人,以及其他调解参与人对于调解的一切事项负有保密义务。

(8)调解程序的终止。出现下列情形之一的,调解程序应终止:①对方当事人在收到调解通知后明确表示不同意参加调解程序或在规定期限内未回复的,则调解程序终止;②任一方当事人书面通知终止调解程序的;③在调解程序进行的任何阶段,如果调解员认为当事人已经失去达成一致的可能,在征求各方当事人意见后,调解员可书面通知各方当事人终止程序;④当事人就解决纠纷达成一致的,调解程序在调解协议制作发出后终止;⑤其他调解程序应当终止的情形。

5. 电子商务纠纷在线调解的协议

(1)在调解程序进行的任何阶段,当事人均可自行达成解决纠纷的协议或在调解员的主持下达成协议。

(2)各方当事人及调解员在调解协议上签字或盖章后,由服务提供方加盖印章。

(3)调解协议对各方当事人均具有约束力,各方当事人均应善意遵守并执行。

(4)当事人就部分调解请求达成和解的,可据此签署部分调解协议。

8.3.4 电子商务纠纷在线仲裁

1. 电子商务纠纷在线仲裁的定义

在线仲裁是指在中立人的主持下,电子商务纠纷当事人通过ODR服务平台,在线进行案件庭审以及中立人之间的在线合议等其他程序性事项,最后做出在线仲裁的纠纷解决方式。目前,在所有的ODR方式中,在线仲裁最为正式。

2. 电子商务纠纷在线仲裁的特点

(1)开放性。由于互联网上没有特定空间、地点及国界限制,电子商务纠纷各方当事人、仲裁员或仲裁庭等可以分别位于不同国家,他们通过使用特定软件,使相关计算机联网,形成全球性网络,从而使当事人无论何时何地均可获得仲裁服务。

(2)便利性。在线仲裁网站可以全天候开放,有关仲裁的各种文件、证据等通过互联网即可传送,双方当事人通过特定软件和相关音像设施,在其各自地点通过互联网即可参加开庭,无须专门跑到仲裁庭所在地参加开庭,节省了时间与差旅费。

(3)高效性。在线仲裁从立案到作出仲裁裁决及仲裁决议的送达均在互联网上进行,完全可以克服空间距离上带来的障碍,信息交换的即时性使纠纷解决效率大大提高。

3. 电子商务纠纷在线仲裁的分类

(1)完全在线仲裁。完全在线仲裁是最狭义的在线仲裁,指整个仲裁程序包括向仲裁庭提出仲裁申请(包括仲裁协议的订立)及其他仲裁程序(如仲裁案件的立案、答辩或者反请求、仲裁员的指定和仲裁庭的组成、仲裁审理和仲裁裁决的作出),均在网上进行。

(2)封闭在线仲裁系统仲裁。封闭在线仲裁系统仲裁是最常用的,介于完全在线仲裁与采用网络信息交流方式仲裁之间的在线仲裁。在线仲裁系统由一个在线争议解决提供者维持,通过密码和用户身份卡安全连接而进行访问。只要是网上争议解决机构提供的仲裁,无论其如何利用网络设施,都属于网上仲裁。

(3)采用网络信息交流方式仲裁。采用网络信息交流方式仲裁是最广义的在线仲裁,只要仲裁程序的某一环节利用了网络媒介,就属于网上仲裁。

4. 电子商务纠纷在线仲裁的流程

电子商务纠纷在线仲裁的流程包括申请仲裁、审核、受理仲裁、仲裁通知、选定仲裁员、组成仲裁庭、审理、裁决、送达结案文书及业务办结。如图8-3所示。

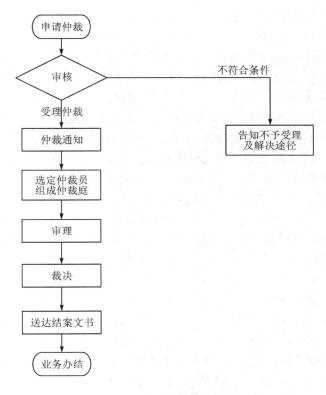

图 8-3 在线仲裁流程图

(1)申请仲裁。①申请人应通过 ODR 服务平台向可提供在线仲裁服务的服务提供方提出仲裁申请。②当事人申请仲裁的,应通过 ODR 服务平台向服务提供方提交仲裁申请书、证据及当事人主体资格证明文件等材料。仲裁申请书内容应包括:A.各方当事人的名称(姓名)、地址、电话、电子邮件,以及其他联系方式;B.申请仲裁所依据的仲裁协议;C.仲裁请求;D.案情和纠纷要点;E.仲裁请求所依据的事实和理由。

(2)受理仲裁。对当事人提交的仲裁申请,服务提供方宜在规定工作日内作出是否受理的决定,并通知当事人。

(3)仲裁通知。服务提供方受理仲裁申请后,应及时将受理通知书、在线仲裁规则及仲裁员名册等送达申请人,并将仲裁通知书、仲裁申请书、申请人提交的证据材料、在线仲裁规则及仲裁员名册等送达被申请人。

(4)答辩。被申请人宜自收到仲裁通知书之日起在规定工作日内通过 ODR 服务平台提交答辩意见、质证意见及有关证据材料。

(5)变更仲裁申请。当事人变更仲裁请求的,宜自收到受理通知书之日起在规定工作日内提出的;逾期提出的,是否受理,由服务提供方或仲裁庭决定。

(6)反请求。①被申请人提出反请求的,宜自收到仲裁通知书之日起在规定工作日内提出;逾期提出的,由服务提供方或仲裁庭决定是否受理。②反请求的申请、受理、通知、答辩、变更等程序,适用前述规定。

(7)管辖异议。当事人对仲裁协议的存在、效力或仲裁案件的管辖权有异议的,应自收到仲裁通知书之日起在规定工作日内提出。

(8)组成仲裁庭。①仲裁庭由一名仲裁员成立。当事人约定由三名仲裁员组成仲裁庭的，从其约定。②一名仲裁员成立仲裁庭的，当事人宜在被申请人收到仲裁通知书之日起在规定工作日内共同选定或委托服务提供方指定仲裁员。当事人未能依照上述规定选定或委托服务提供方指定仲裁员的，由服务提供方指定。③当事人约定由三名仲裁员组成仲裁庭的，当事人宜在收到仲裁通知书之日起在规定工作日内各自选定或委托服务提供方指定一名仲裁员，并在被申请人收到仲裁通知书之日起在规定工作日内共同选定或委托服务提供方指定首席仲裁员，当事人未能依照上述规定选定或委托服务提供方指定仲裁员的，由服务提供方指定。④服务提供方应及时将仲裁庭的组成情况通知当事人，并将有关案件材料送达仲裁庭成员。

(9)审理。①仲裁庭对仲裁案件进行书面审理。审理中，仲裁庭可通过ODR服务平台向各方当事人发送问题单。当事人宜自收到问题单之日起在规定工作日内通过ODR服务平台作出说明；逾期不说明的，视为放弃说明的权利。②仲裁庭认为必要时，可通过网络视频庭审、网络交流、电话会议等适当的方式审理案件。③仲裁庭采用网络视频庭审理案件的，宜于开庭规定工作日前将开庭时间和庭审方式通知各方当事人。

(10)裁决。①仲裁庭宜自组成之日起在规定工作日内作出裁决。特殊情况需要延长的，由仲裁庭提出申请，经服务提供方批准可适当延长。②当事人达成调解协议的，由仲裁庭根据调解协议的内容制作调解书，或按照各方当事人要求制作裁决书。③申请人撤回仲裁申请的，仲裁庭组成前由服务提供方作出决定，仲裁庭组成后由仲裁庭作出决定。

(11)结案文书送达。裁决书、调解书、决定书送达各方当事人的电子送达地址即视为送达。当事人要求纸质结案文书的，服务提供方应制作纸质结案文书并按照仲裁规则的规定送达各方当事人。

(12)程序转换。在线仲裁过程中，各方当事人一致同意或者服务提供方、仲裁庭认为必要时，该案件程序可以通过线上线下相结合的方式处理，线下的程序适用仲裁规则的相关规定。

▶ 8.4 电子商务纠纷案件管辖

8.4.1 民事案件管辖概述

1. 民事案件管辖的概念

民事案件管辖是指各级人民法院之间及同级人民法院之间，受理第一审民事案件的分工和权限。它是在人民法院系统内部划分和确定上下级人民法院或者同级人民法院中的具体人民法院对某一民事案件行使审判权的制度。

2. 民事案件管辖的原则

(1)便于当事人进行诉讼。人民法院以有利于当事人行使诉讼权为出发点，采用就近诉讼的原则，避免当事人因涉及诉讼造成过重的负担，浪费人力、物力，影响正常工作和生活。民事诉讼法根据法院的辖区与当事人的隶属关系及各类案件的特点，确定了对不同案件的管辖，绝大部分第一审民事案件由基层人民法院管辖。

(2)便于人民法院行使审判权。人民法院审理民事案件，必须及时、全面地了解案情，进行必要的调查研究和收集证据。因此在确定案件管辖时，应从客观实际出发，考虑到法院工作实际情况及案件需要，以利于人民法院顺利地完成其审判任务。

(3)保证案件的公正审判,维护当事人合法权益。民事诉讼法根据各级人民法院职权范围和各类案件的具体情况,分别确定了案件的管辖。例如,为防止地方保护主义干扰,规定了对合同纠纷的协议管辖;为便于排除和避免某些行政干预因素和基层人民法院的业务素质及设备条件,规定了管辖权的转移和指定管辖,并适当地提高某类案件的审级,以利于人民法院公正审判。

(4)兼顾各级人民法院的职能和工作均衡负担。民事诉讼法规定,除法律另有规定外,第一审民事案件均由基层人民法院管辖;中级、高级人民法院不仅要依法审理部分第一审民事案件,而且还要审理上诉(第二审案件),并对下级人民法院的审判活动进行法律监督和业务指导,不宜过多管辖第一审民事案件。最高人民法院是全国最高审判机关,其主要职能是监督和指导地方各级人民法院、专门法院的审判工作,制定有关文件和司法解释,总结和推广审判经验,从而保证整个人民法院的审判质量。

(5)确定性与灵活性相结合。为便于当事人诉讼,便于人民法院及时、正确地行使审判权,在立法上应采用明确、具体规定的形式确定管辖。由于客观现实不断发展和变化,因此,在确定管辖时又要有一定的灵活性,以适应发展变化的审判实践的需要。

(6)有利于维护国家主权。在确定涉外民事案件管辖时,应当着眼于尽量扩大我国人民法院对涉外民事案件管辖的范围;从而有利于维护国家主权和人民的重大经济利益。

(7)管辖恒定原则。管辖恒定是指确定案件管辖权,以起诉时为标准,起诉时对案件享有管辖权的法院,不因确定管辖的事实在诉讼过程中发生变化而影响其管辖权。

3. 民事案件管辖的种类

民事诉讼法规定我国国内第一审民事诉讼案件管辖分为级别管辖、地域管辖、移送管辖和指定管辖。

(1)级别管辖。级别管辖是确定法院管辖的首要环节,是确定各级人民法院之间受理第一审民事案件的分工和权限。我国有基层人民法院、中级人民法院、高级人民法院和最高人民法院四级法院,均可受理第一审民事案件,但受理案件的范围不同,根据案件的性质、层级按照不同的级别管辖授予管辖权。

(2)地域管辖。地域管辖是确定同级人民法院之间,按照各自辖区对第一审刑事、民事、行政案件审理的分工。地域管辖是在级别管辖基础上,从横的方面确定案件由哪个法院受理。不同诉讼种类规定不同。可以分为一般地域管辖、特殊地域管辖、专属管辖、共同管辖与协议管辖等。

(3)移送管辖。移送管辖是指人民法院收案后经审查,发现案件不属于本院管辖而移送给有管辖权的人民法院处理的管辖制度。一种是同级人民法院之间的移送,属于地域管辖的问题;另一种是上下级人民法院之间的移送,属于级别管辖的问题。

(4)指定管辖。指定管辖是指裁定管辖的一种。上级法院以裁定的方式将某一案件交由某一下级法院受理,防止和解决因管辖不明而发生的争议。

8.4.2 电子商务纠纷案件的级别管辖

电子商务纠纷案件属于民商事案件,应该按照民事诉讼法的规定确定级别管辖。

1. 基层人民法院

基层人民法院(指县级、不设区的市级、市辖区的法院)管辖第一审民事案件,法律另有规定的除外。即一般民事案件都由基层法院管辖,换言之,除了法律规定由中级人民法院、高级人民法院、最高人民法院管辖的第一审民事案件外,其余一切民事案件都由基层法院管辖。

2. 中级人民法院

中级人民法院管辖下列第一审民事案件。

(1)重大涉外案件(包括无国籍人的案件)。涉外案件,是指具有外国因素的民事案件,如原告或被告是外国人、涉及的财产在外国等。所谓重大涉外案件,是指争议标的额大、案情复杂,或者居住在国外的当事人人数众多或当事人分属多国国籍的涉外案件。

(2)在本辖区有重大影响的案件。在本辖区有重大影响的案件一般是指在政治上或经济上有重大影响的案件。在政治上有重大影响的案件,主要是指诉讼当事人或诉讼标的及标的物涉及的人或事在政治上有重大影响,如当事人是党、政、军界要员或人大代表等。在经济上有重大影响的案件,主要是指诉讼标的的金额较大、争议的法律关系涉及国家经济政策的贯彻等类案件。

(3)最高人民法院确定由中级人民法院管辖的案件。这类案件主要包括海事和海商案件、专利纠纷案件、商标侵权案件。海事、海商案件只能由海事法院管辖(海事法院与普通中级人民法院同级),其他法院不能管辖;专利纠纷案件只能由省级政府所在地的中级人民法院及青岛、大连和各经济特区的中级人民法院管辖,其他法院没有管辖权。

3. 高级人民法院

高级人民法院管辖的案件是在本辖区内有重大影响的第一审民事案件。

4. 最高人民法院

最高人民法院管辖在全国范围内有重大影响的案件及其应当由自己审理的案件。

(1)全国有重大影响的案件。全国有重大影响的案件是指在全国范围内案件性质比较严重、案情特别复杂、影响重大的案件,这类案件为数极少。

(2)最高人民法院认为应当由其审理的案件。最高人民法院认为应当由其审理的案件是指只要最高人民法院认为某一案件应当由其审理,不论该案属于哪一级、哪一个法院管辖,它都有权将案件提上来自己审判,从而取得对案件的管辖权。这是法律赋予最高审判机关在管辖上的特殊权力。但应明确的是,由最高人民法院作为第一审管辖的民事案件实行一审终审,不能上诉。

8.4.3 电子商务纠纷案件的地域管辖

1. 电子商务侵权纠纷案件的地域管辖

(1)电子商务侵权纠纷案件地域管辖的一般规定。《民事诉讼法》第二十九条规定:侵权纠纷案件由侵权行为地或者被告住所地的人民法院管辖。

(2)电子商务侵权纠纷案件地域管辖的特殊规定。①被告是自然人时,其住所地由侵权行为地或被告住所地人民法院管辖。②被告是电子商务公司时住所的确定。A. 住所地的确定。《民法典》第六十三条规定:法人以其主要办事机构所在地为住所。由于电子商务公司物理地址、服务器所在地可能不在一个地方,通常以其主要物理地址为主确定公司住所地。B. 侵权行为地的确定。根据《最高人民法院关于适用〈中华人民共和国民事诉讼法〉若干问题的意见》第二十八条规定:侵权行为地包括侵权行为实施地和侵权结果发生地。侵权行为地又包括认定侵权行为实施地或侵权结果发生地。《最高人民法院关于审理涉及计算机网络著作权纠纷案件适用法律若干问题的解释》第一条规定:网络著作权侵权纠纷案件由侵权行为地或者被告住所地管辖。侵权行为地包括实施被诉侵权行为的网络服务器、计算机终端等设备所在地。对难以确定侵权行为地和被告住所地的,原告发现侵权内容的计算机终端等设备所在地可以视为侵权行为地。另外,根据最高人民法院有关侵害名誉权案件的司法解释,原告所在地也有管辖权。

2. 电子商务合同纠纷案件的地域管辖

(1)电子商务合同纠纷案件地域管辖的一般规定。《民事诉讼法》第二十四条规定:因合同纠纷提起的诉讼,由被告住所地或合同履行地人民法院管辖。最高人民法院《关于适用〈中华人民共和国民事诉讼法〉若干问题的意见》第十八条规定:因合同纠纷提起的诉讼,如果合同没有实际履行,当事人双方住所地都不在合同约定的履行地的,应由被告住所地人民法院管辖。

(2)电子商务合同纠纷案件地域管辖的特殊规定。①被告是自然人的情况。由侵权行为地或被告住所地人民法院管辖。②被告是电子商务公司的情况。A.住所地的确定。《民法典》第六十三条规定:法人以其主要办事机构所在地为住所。由于电子商务公司物理地址、服务器所在地可能不在一个地方,通常以其主要物理地址为主确定公司住所地。B.侵权行为地的确定。根据《最高人民法院关于适用〈中华人民共和国民事诉讼法〉若干问题的意见》第二十八条规定:侵权行为地包括侵权行为实施地和侵权结果发生地。侵权行为地又包括认定侵权行为实施地或侵权结果发生地。最高人民法院《关于审理涉及计算机网络著作权纠纷案件适用法律若干问题的解释》第一条规定:网络著作权侵权纠纷案件由侵权行为地或者被告住所地管辖。侵权行为地包括实施被诉侵权行为的网络服务器、计算机终端等设备所在地。对难以确定侵权行为地和被告住所地的,原告发现侵权内容的计算机终端等设备所在地可以视为侵权行为地。另外,根据最高人民法院有关侵害名誉权案件的司法解释,原告所在地也有管辖权。③被告住所地的确定。互联网交易过程中双方当事人虽然不知道对方真实的住所地,但能够很直观知道所交易网站的IP地址。IP地址具有唯一性及相对稳定性,网址存在于网络空间中,其位置是确定的,因此,通过网址确定被告身份从而确定被告的住所地。

【本章小结】

首先,本章介绍了电子商务纠纷特点、纠纷类型及纠纷解决途径。其次,介绍了电子商务纠纷传统解决方式,包括电子商务纠纷和解、电子商务纠纷调解、电子商务纠纷仲裁及电子商务纠纷诉讼。再次,介绍了电子商务在线纠纷解决方式,包括电子商务纠纷在线协商、电子商务纠纷在线调解、电子商务纠纷在线仲裁。最后,介绍了电子商务纠纷案件管辖,包括民事案件管辖一般规定、电子商务纠纷案件的级别管辖及电子商务纠纷案件的地域管辖。

【思考题】

1. 电子商务纠纷的类型包括哪些?
2. 电子商务纠纷的解决有哪些途径?
3. 简述电子商务纠纷传统解决方式的概念、机构、程序及结果。
4. 简述电子商务在线纠纷解决机制的含义与主要形式。
5. 简述电子商务纠纷中在线协商、在线调解、在线仲裁的定义及流程。
6. 简述电子商务纠纷案件地域管辖法法律规定。

拓展内容(8)

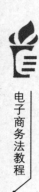

第9章 电子商务治理与监管

【典型案例】

夸大洗碗机功能，消费者获三倍赔偿

胡某通过购物网站在某采购中心店铺购买一台洗碗机供其父母使用，成交价款为2499元。采购中心在其网络店铺商品展示页面的商品名称及说明位置标明"全自动洗碗机 家用独嵌两用式消毒烘干"字样。后胡某在使用过程中发现该洗碗机并不具备宣称的烘干功能，达不到烘干效果。经胡某与某采购中心店铺的客服沟通，客服回应称该洗碗机系"余温烘干"、"烘不太干"。胡某认为某采购中心利用虚假广告宣传方式误导消费者，构成欺诈行为，侵犯其合法权益，遂诉至法院。

法院经审理，认为案涉全自动洗碗机并不具备烘干的功能和效果，某采购中心以"烘干"这一概念宣传该产品说明书中所列明的"余温干燥"功能，构成夸大产品功能的虚假宣传，属于误导消费者的欺诈行为，胡某因被商家虚假说明误导而导致错误判断，购买该产品，致其权益受到了损害，胡某要求商家支付商品货款的三倍赔偿，于法有据，应予支持。遂判决某采购中心赔偿胡某7497元。

▶ 9.1 电子商务治理概述

电子商务的治理在整个电子商务运行之中占很重要的地位，电子商务的各个活动都离不开"治理"二字。本节将重点介绍电子商务治理的主体、电子商务治理的内容、电子商务监督目标的相关内容。

9.1.1 电子商务治理的主体及其基本关系

1. 电子商务治理的主体

党中央在党的十七大以及党的十八大"社会管理"的基础上提出"社会治理"，党的十九大进一步提出"打造共治共建共享的社会治理格局"。2019年党的十九届四中全会提出"推进我国治理体系和治理能力现代化，全面加强制度建设"，治理理念与治理制度化成为我国今后社会治理的主要观念及基本路径。社会治理涉及诸多领域，电子商务治理是其中一个备受关注的方面。加强我国电子商务治理，就是要推进电子商务领域的协同治理。

电子商务治理的主体，即监管主体，是解决"谁来监管"的问题。根据我国电子商务法的要求，我国要建立符合电子商务特点的协同管理体系，形成有关部门、电子商务行业组织、电子商务经营者、消费者等共同参与的电子商务市场监管模式。

1）政府

政府监管同时被称为"政府规制"或"政府管制"，是指在市场经济条件下，政府为实现和保障公共政策的落实，对微观经济主体进行规范与制约，以达到规范市场、维护权益的目的。政府是最重要的电子商务治理主体。利用政府监管，能够降低电子商务市场的信息不对称程度。国家市场监督管理总局在《网络交易管理办法》总则中提到"规范网络商品交易及有关服务，保护消费者和经营者的合法权益，促进网络经济持续健康发展"的立法目的，可以看出政府监管电子商务领域的目的在于矫正市场失灵，维护市场规则，增进公共利益，从而建造一个法律健全、良好有序的电子商务环境，实现公平正义。

目前，我国基本建立了健全的电子商务交易监管体制，政府监管机构从中央到地方形成完整的体系，中央政府负责监管电子商务相关业务的主要部门有 12 个，即国家市场监督管理总局、商务部、工业和信息化部、公安部、文化和旅游部、财政部、国家税务总局、国家市场监督管理总局、中华人民共和国海关总署、国家新闻出版总署、中国人民银行、中国银行保险监督管理委员会等。

其中，商务部负责拟订国内外贸易和国际经济合作领域电子商务相关标准、规则，组织和参与电子商务规则和标准的对外谈判、磋商和交流，推动电子商务的运用；工业和信息化部负责指导监督政府部门、重点行业的重要信息系统与基础信息网络的安全保障；公安部着重查处各种破坏网络安全和扰乱社会秩序的违法犯罪行为；中国人民银行对电子商务交易支付进行监管；新闻出版总署负责对互联网出版、数字出版活动进行监管，组织查处互联网出版的违法违规行为等。

我国各地方政府也建立了与中央政府相对应的监管机构，其职权划分与中央政府机构相同或相似，地方政府的监管对建立和维护中国网络商品交易秩序起到了十分重要的作用。

2）行业协会

行业协会也是我国电子商务监管的重要主体。行业协会是指介于政府、企业之间，商品生产者与经营者之间，并为其服务、咨询、沟通、监督、公正、自律、协调的民间性、非营利性社会中介组织。电子商务治理的共治理念，强调除了政府监管之外，行业协会也需要发挥自律功能，从而实现政府治理和社会调节、居民自治之间良性互动，夯实基层社会的治理基础。通过依托行业协会的作用，加强行业自律，推动生产企业、网络商品经营者自觉履行商品质量保障义务。支持地方行业协会建立地方产业质量标准，并将贯标工作作为企业品控能力建设的基础性工程，建立健全技术、专利、标准协同机制，开展对标达标活动，提升质量水平。

我国电子商务领域拥有中国互联网协会、中国电子商务协会、中国消费者协会，以及大量地方性行业协会。这些部门都应在电子商务监管中发挥自己的优势，比如消费者协会倡导理性消费，中国互联网行业协会加强行业自律，中国电子商务协会联合第三方认证及检验检测等机构，加强对电子商务安全治理领域的监督。

3）电子商务经营者

电子商务经营者作为电子商务市场交易中的经营主体，既是被监管的对象，同时，在协同治理体系中又具有重要的监管地位和作用，这是我国电子商务法的重要特色之一。在我国，电子商务市场很大程度上通过平台交易实现，电子商务平台经营者在互联网上进行经营活动，通过其制定和实施的交易规则，获得事实上的规范平台上的电子商务活动的管理权。电子商务交易平台经营者作为经营者的一种类型，既是电子商务交易市场监管中的被监管对象，同时又是依法对平台内经营者进行监督管理的监管主体。

电子商务法规定的电子商务经营者参与电子商务市场治理体系,主要体现为电子商务平台经营者作为监管主体,承担相应的监督管理职责。电子商务交易平台经营者通过制定和实施平台内网络交易规则和信用管理制度,实现电子商务交易当事人的自我管理和自我约束。

4) 公众舆论

互联网使得公众意见得以公开表达,拓宽了公众舆论监督手段,与传统的利用报纸、广播进行舆论监督相比,公众舆论监督在我国电子商务发展过程中发挥的作用和影响力也愈来愈大。其主要特点如下。

(1) 监督主体广泛。网络信息的开放流动和实时共享使得网民可以随时关注热点事件,自由表达观点并与他人互动交流,使普通公众真正成为网络舆论监督中的主体。

(2) 监督渠道多元。最高人民法院、中央纪委监察委员会等官方监督平台建立了网络举报平台和官方网站;人民日报、南方日报等党政机关报陆续开通新浪微博账号,打造手机新闻客户端,将舆论阵地转向网络,并借由网络平台使公众得以发声,媒体的全方位监督对我国电子商务的健康有序发展发挥着重要作用。

(3) 监督实时高效。网络传播的突出特点就是实时,网民可以在任意时间、地点,通过网络举报不当言行,或对热点事件发表看法。由于网络的匿名性,公众在网络中发表意见不需考虑会有遭他人报复的压力,也更具真实性。不同于上访、来信案件等须经层层办理,耗费大量人力物力,网民在网络平台中公开发布的信息对所有网民可见,尤其是针对关乎公众利益的社会公共事务发表的意见,能迅速形成舆论,迫使相关部门尽快做出回应。

2. 电子商务治理主体的基本关系

从电子商务法的规定及市场监管实践来看,我国电子商务监管体系由政府机构和社会机构组成。政府机构即我国电子商务监管主体中的政府部分,社会机构即我国电子商务监管主体中的行业协会等民间组织。目前,我国电子商务治理主体之间呈协同治理模式,且具有以下特点。

(1) 多元共治。电子商务主体之间的"多元共治"是指由多方利益主体共同参与电子商务市场交易治理。按照电子商务法的规定,电子商务市场监管协同管理体系中,参与市场治理的主体主要包括政府有关部门、行业组织、电子商务经营者、消费者等方面,不是单一的政府监管。

(2) 分工协作。电子商务市场治理体系的各方主体之间,为了实现共同的目标积极互动,按照各自的分工,承担不同的管理职责,并进行信息、资源之间的相互协作,以实现电子商务监管多元共治的目标。例如,在实践中,一些大型电子商务平台和有关政府部门进行合作,通过一定的技术手段和信息共享对电子商务中的售假行为予以打击等。

(3) 政府主导。在协同治理模式下,政府虽然不是唯一的责任主体,但仍然处于中心位置。这是因为,政府是法律制度和规则的制定者和执行者,具有其他参与主体所不具备的权威性和强制性。政府具有发动和推动其他主体参与治理的独特作用,我国电子商务的健康可持续发展要求政府在规范和监管方面发挥积极作用。因此,就现实情形而言,电子商务法中规定的在建立符合电子商务特点的协同管理体系中,政府在该体系的构建及运行中居于主导地位。

9.1.2 电子商务治理的内容

1. 电子商务监管客体

电子商务监管客体,又称电子商务监管对象,即解决"监管谁"的问题。我国电子商务监管客体是指从事电子商务交易的企业组织或个人,即电子商务经营者。

《电子商务法》规定电子商务经营者是电子商务交易法律关系的主体,根据该法第九条第一款规定:"本法所称电子商务经营者,是指通过互联网等信息网络从事销售商品或者提供服务的经营活动的自然人、法人和非法人组织,包括电子商务平台经营者、平台内经营者,以及通过自建网站、其他网络服务销售商品或者提供服务的电子商务经营者。"这一条文是对电子商务经营者概念内涵和外延的定义,规定了电子商务经营者的定义与类型。所以,按照上述规定,电子商务经营者是指通过互联网等信息网络从事销售商品或者提供服务的经营活动的自然人、法人和非法人组织,即所有通过互联网等信息网络从事销售商品或者提供服务的经营活动的民事主体。同时,《电子商务法》第九条规定,电子商务经营者的概念包括三种不同类型,即电子商务平台经营者、平台内经营者和其他电子商务经营者,所以,电子商务监督客体主要由三个方面构成。

(1)电子商务平台经营者。根据《电子商务法》第九条第二款规定:"电子商务平台经营者,是指在电子商务中为交易双方或者多方提供网络经营场所、交易撮合、信息发布等服务,供交易双方或者多方独立开展交易活动的法人或者非法人组织。"

(2)平台内经营者。根据《电子商务法》第九条第三款规定:"平台内经营者,是指通过电子商务平台销售商品或者提供服务的电子商务经营者。"这一规定给平台内经营者的概念作了准确定义。以往平台内经营者通常被称为在网络交易平台上进行交易的"销售者、服务者",因为缺少表达电子商务的特点,所以不够准确;但是将其定义为"与网络交易平台提供者签订网络交易平台服务合同,以营利为目的,在网络交易平台上销售商品或者提供服务,并与购买商品或者接受服务的消费者构成网络买卖合同、网络服务合同关系的经营者"是比较准确的。

(3)其他电子商务经营者。其他电子商务经营者,是指除电子商务平台经营者和平台内经营者之外,通过自建网站、其他网络服务销售商品或者提供服务的电子商务经营者。《电子商务法》第九条第一款在规定电子商务经营者的概念时,规定了这种电子商务经营者,但尚未进行明确界定。

2. 电子商务监管范围

(1)对电子商务经营者的准入许可监管。工商执法部门根据相关法律法规,对符合登记条件的电子商务经营主体办理准入登记,通过评审,对符合条件的发放纸质和电子营业执照,并对其相关网站或网页办理身份认证手续,粘贴相关标识和显示登记信息,对违反准入许可的行为,按有关法律法规予以查处。

(2)对电子商务客体的监管。工商行政管理机关对电子商务客体的监管,主要包括对特许经营商品及服务的准入监管与网上交易商品质量监管两个方面。对特许经营商品及服务准入的监管,要求取得营业执照的经营者必须在核定的经营范围内依法经营,其中需要经过新闻、出版、教育、卫生、药品监督管理、工商行政管理、公安等部门专项审批方可经营的商品与服务必须按规定进行审批,取得相关行业许可证后方可从事网上经营活动,负责审批的部门在各自职责范围内依法对互联网信息内容实施监督管理。对网上交易商品的质量进行管理,以维护消费者的合法权益。

(3)对电子商务经营行为的监管。工商行政管理机构以商标法、广告法、反不正当竞争法、消费者权益保护法、民法典为执法基础,对侵犯企业名誉、商标专用权、无照经营、虚假广告宣传、利用网站开展传销,以及销售假冒伪劣商品等违法行为进行查处。

(4)对电子合同的监督管理。电子合同是电子商务最基础的环节。在电子商务中,交易双方通过电子商务系统进行网上谈判,并将商谈结果形成电子文件,明确双方各自的权利、义务和责任,以电子数据交换或数字签名签约形成电子合同。

民法典将电子合同纳入法律调整范围。在电子商务飞速发展的形势下,我国《民法典》在制定时已考虑到电子合同这种新形式,并对电子合同的主体、形式、形成条件、管辖权、电子签名的法律地位等建立明确规定。工商行政管理机关根据民法典要求对电子合同进行监管。在民法典中,市场监督管理部门享有"依法组织实施合同行政监管""对利用合同的违法行为负责监督处理""查处合同欺诈等违法行为"的监管职责。应认真研究《民法典》,认真研究掌握电子信息技术,熟悉电子合同的形态及形成过程,以电子合同为切入口,切实有效地实施对电子商务的监管。

(5)对知识产权的保护。电子商务中涉及知识产权保护方面的内容比较广泛,例如,专利权、著作权、版权等,分别由相关部门进行监管。其中,市场监督管理部门主要对企业名称、字号专有权,以及商标专用权进行保护,查处由于网站名称或中文域名而造成的侵权行为。

(6)对消费者权益的保护。保护消费者的合法权益是市场监督管理部门的重要职责,在电子商务中对消费者权益实施保护主要需做好4个方面的工作:第一,做好消费者隐私权的保护工作;第二,做好有偿使用电子邮箱的消费者的权益保护工作;第三,注重查处交易过程中侵害消费者权益的各种违法行为;第四,做好在电子商务中所涉及的网站、网上广告发布者、商品提供者、网上经营者、货物配送机构及交易流程各环节的监督管理工作,明确责任,以便在消费纠纷产生时,依法予以追究。

电子商务的发展迫切要求政府积极应对电子商务监管问题,积极探索监管手段和方法,打破电子商务监管真空,开辟全新的监管服务领域,发挥政府在保障电子商务健康发展中的作用,拓宽电子商务领域,规范电子商务交易行为,推进电子商务发展,为电子商务营造便利、安全、放心的网络消费环境,满足电子商务的需要,使电子商务各方的合法权益得到切实保护。

9.1.3 电子商务监管的目标

1. 网络竞争秩序法治化

(1)相关法律完善。在网络市场环境下,由于法律法规的不健全,不能全面有效地保障网络经营者们的合法权益,更不能稳定网络市场秩序。由于不正当竞争行为在网络市场愈发泛滥,应制定单行的网络不正当竞争法,以规制网络中的不正当竞争行为。网络市场中不正当竞争模式千姿百态,现象也屡见不鲜,因此,应尽快制定相关的司法解释,为诉讼提供有力的依据。司法解释是对法律中规定不全面的部分进行细化和补充,还会有针对性地作出一些详细的处理措施;同时,司法解释能够有效规制法官在审理案件过程中自由裁量权过大的现象,避免"同案不同判"的现象。

(2)执法效率提高。培养执法人员熟练掌握网络知识和法律水平。执法人员在实践过程中灵活掌握和运用网络技术的能力深深影响着执法效力和办案效果。因此,要定期培训执法部门的工作人员,拓展其网络技术水平,提高其业务能力。在强化网络技术的同时,引进先进设施,聘请专家对网络中所涉及的各项制度进行优化。对于执法部门处理的案件,要对外公开透明,接受公众监督。执法部门还要重视网络市场秩序的建设,对网络市场的准入进行充分审核,对网络不正当竞争行为加大处罚责任,以净化行业环境。

(3)证明责任倒置。在诉讼过程中,如果按照传统的诉讼模式来审判网络不正当竞争案件,民事诉讼举证责任的分配一般遵循"谁主张,谁举证",也就是谁主张积极事实,谁承担证明责任。但原告承担证明责任,具有一定的局限性,因为被告可能是实施不正当竞争的经营者,收集证据相对容易。所以,鉴于双方当事人在举证能力方面的悬殊差别,为了有效保护双方当事人的诉讼权利及地位,应当对当事人举证责任进行适当、合理地分配,由被告承担在其能力范围内合理的举证责任。将证明责任让被告承担,故被告若主张其无过错,应当对其主张的无过错责任承担证明责任,否则将会承担败诉后果,在诉讼中采用证明责任倒置制度,有益于网络背景下市场经济的竞争。

2. 网络社区与生态环境法治化

(1)法律治理体系完善。在网络社会中建设法律治理体系是一项庞大而复杂的工程,需要全社会的共同努力。网络管理部门要树立依法行政的意识,掌握网络法的一般规则,并具备依法治理的能力,避免互相推诿及不合理的跨界管理。同时,不断加大网络基础设施建设,完善网络危机应急管理机制,着力提高安全监管体系的应对能力。社会组织必须在政府引导及法治规范下,合理开展网络活动并承担相应的社会责任,积极主动地进行自我管理,以防网络犯罪。主动成为法治建设的宣传者,培育网络安全文化。公民需要提高自身网络道德水平,改变自身对互联网的误解,增强法律意识。

(2)网络社会治理机构健全。一是建立网络安全监管部门。网络的开放性和虚拟性决定了网络安全面临的风险,网络安全监管部门的主要职责包括研究和应对网络环境的威胁,分析根源,找出解决办法,并且能够在紧急情况下采取措施,支持网络社会的良性发展。二是建立网络指导机构。青少年是国家的希望,网络中的一些黄色、暴力信息影响着青少年的健康发展。政府要采取措施,通过对家长和学校进行指导,以及对年轻人进行教育,提高年轻人对网络安全的认识。建立网络治理协调机构,明确界定各部门的权力和责任,消除基于互联网社会管理中的缺陷,提高管理效率,降低管理成本。

(3)依法打击网络犯罪。明确设定网络行为主体的法律责任,推行网络实名制,将网络立法与公民的权利自由相契合。对于网络社会中出现的不良价值取向和舆论要及时予以纠正和引导。对于网络诈骗、信息贩卖等网络犯罪行为,应联合网信、公安、国安、市场监管等多部门协同联动执法,准确研判事件性质与危害程度,加强打击力度;对于网络非法产业,应当调动相关力量,坚决予以取缔,并依法对涉案人员进行严肃处理,确保网络社会环境的有序发展;对于传播危及国家安全等言论的行为,要及时查处,从多个途径实现对网络社会的依法治理。

(4)加大宣传力度。随着我国网络的发展和依法治国的深入,加强网络社会法治建设的宣传工作已成为一项重要任务。政府要积极适应现代化的网络交流平台,利用微信、微博等便捷化、普及化的载体,进行政务公开,合理收集网民意见,传播法律法规知识,增强自身在网络环境中的话语权,提高用户的网络法治意识。利用互联网传播多样性的特点,邀请互联网领域法学专家讲解相关的法律法规,普及法律知识,增进公众对法律的了解,助力我国网络社会治理法治化的目标。还可以采用大数据、云计算和网络调研等技术手段,引导网民理性看待网络热点问题,在网络环境中提升其自身的法治意识。

3. 促进电子商务迈向数字经济

数字经济也称互联网经济、新经济或网络经济,是基于信息科技发展的产物,数字经济通过将知识和信息数字化,从而实现资源的快速优化配置和再生。

(1) 健全数字经济基础设施。数字经济的发展依赖于大数据、云计算、5G 等技术的广泛应用,需要 5G 基站、数据中心和人工智能等新型基础设施的支持。要完善新型基础设施建设,不断提高数字经济的生产效率。一方面,要继续大力推进新基建战略,加快 5G 基站、大数据中心、人工智能,以及工业互联网的建设进度。同时,也要重视基础设施薄弱地区的发展,让数字经济的发展惠及更多地区,加速地区经济数字化转型。另一方面,要关注信息通信技术基础研究,从根本上解决核心技术问题,使之成为数字经济的发展动力。加大基础研究投资力度,在关键技术上不断进取突破,同时提升原始创新能力,保护创新成果。

(2) 培育数据要素市场。数据作为数字经济中的关键生产要素,参与市场分配的过程,不仅是数字经济发展的必然要求,也是解决当前数据价值化难题的良策。培育数据要素市场,将使数据价值得到最大程度开发,各类参与主体的积极性也会被极大调动起来,最终增强整个社会的运作效率及创新能力。政府要制定数据资源确权、定价、交易,以及产权保护制度。完善数据搜集、管理、分析等过程的价值管理,推动数据资源的互联互通,实现数据资源的整合。随着数据市场的不断发展,数据标准化的需求越来越大,数据标注产业蓬勃发展。通过数据标注,可以为机器学习提供学习资料,进而实现数据价值的标准化。通过数据生产要素的全面深度应用,加强其在电子商务行业数字化进程中的推动作用。

(3) 增强数字治理能力。数字经济发展的动力来自市场,政府需要认清自己的定位,为数字经济的发展提供良好环境。在数字经济背景下,政府需要提升自己的数字治理能力。政府要制定良好的顶层设计,为数字经济发展规划好战略,提高政策的协同配套能力,推动形成支持数字经济发展的长效机制。政府要维护市场秩序,营造公平竞争的市场氛围。建立健全法律法规,完善反垄断、产权保护、隐私保护等相关法律,加强对创新成果的保护,全面提升数字治理能力。

9.2 电子商务秩序及法律规制

电子商务需要一个良好的秩序以保证高质量的发展,同时也需要法律来保障电子商务活动的健康运行,本节将围绕电子商务所涉及的不正当行为及电子法律责任与治理进行综合介绍。

9.2.1 平台经济与反垄断

1. 平台经济概述

平台经济指的是采用互联网信息技术手段搭建虚拟或真实的交易场所,以促成双方或多方交易,并从中获取利润的新经济模式。2018 年 3 月,李克强总理在《政府工作报告》中首次提出"平台经济"这一概念。正是由于互联网技术的高速、平稳发展导致全球产业组织发生深刻变革,而平台作为新的组织形式,逐渐被应用于商业各个领域,平台经济也由此兴起。

相对个体经济而言,平台经济在降低交易成本、扩大市场规模、提高经济效益、深化社会分工、培育经济发展新动能等方面发挥了积极的作用。尤其是在鼓励创新导向的政策环境背景下,互联网平台经济高速增长,平台公司通过技术创新在通讯、社交、教育、购物、出行等社会生活的多个方面给消费者提供了更便利的服务体验,吸引并巩固了庞大的用户群体,市场份额不断扩大,同时也吸引了更多人成为平台上的创业者,创造了较大的社会价值。

2. 反垄断规制

反垄断规制并不是反对企业做大做强,反垄断的目的在于预防和制止垄断行为,维护公平、合理的市场竞争秩序。

第一,反垄断法并不反对、更不禁止平台经济合法取得市场支配地位,只是禁止滥用市场支配地位,排除、限制竞争,阻碍技术进步,损害消费者和其他经营者的合法权益的行为。

第二,关于对经营者的控制和审查,反垄断法强调既要防止经营者过度集中,形成垄断,又要有利于国内企业通过依法兼并做大做强,发展规模经济,提高产业集中度。反垄断法明确规定:经营者可以通过公平竞争、自愿联合,依法实施集中,扩大经营规模,提高市场竞争能力;国务院反垄断执法机构对具有或者可能具有排除、限制竞争效果的经营者集中,应当予以禁止,但是,如果经营者能够证明,集中对竞争产生的有利影响明显大于不利影响或者符合社会公共利益,国务院反垄断执法机构可以对该项经营者集中作出不予禁止的决定。

第三,反垄断法在禁止垄断协议的同时,对中小经营者为提高经营效率、增强竞争力所达成的协议不予禁止。

除此之外,我们还应该看到,以反垄断法规范互联网企业垄断行为,加快推进互联网企业的金融监管和资本监管立法,能够有序引导金融资本投资互联网企业,并防止互联网金融无序发展可能引发的系统性风险。

3. 平台经济反垄断

公平竞争是平台经济持续健康发展的重要前提,关键要通过立法强化反垄断和防止资本无序扩张。平台经济与传统经济的运营模式有很大不同,需要根据平台经济的特点重新界定垄断的内涵,厘清法律边界,细化反垄断制度,制定符合平台经济运行规律的法律指南,增强反垄断法的可操作性。

反垄断不是单纯地拆分而是有效地监管。只有当资金和技术集中到相当高的程度才能发生规模效应,以数据和流量为基础的互联网企业更是如此。针对平台经济,不能搞"一刀切",需要协调竞争与垄断的关系,避免"一抓就死,一放就乱"。在保证经济效率和公平竞争的前提下,结合行业特点,找到市场规模的均衡点,对平台经济的垄断行为进行有效监管,为互联网企业提供有序的竞争环境,鼓励它们进行技术创新与科技研发,提升平台经济的核心竞争力。互联网企业也要按照法规要求,加强反垄断合规工作,定期开展反垄断合规自查,梳理自身经营行为,果断停止任何限制市场竞争、侵犯消费者合法权益的垄断行为。

9.2.2 不正当竞争及产品质量的公法制裁

1. 网络不正当竞争概述

1)网络不正当竞争的定义

网络不正当竞争与传统不正当竞争相比,有其独特的表现形式:包括域名竞争、网络链接和恶意攻击等内容,涉及的市场主体较多,波及范围较广,侵权行为较为复杂,具有很强的隐蔽性。从网络不正当竞争行为的表现来看,这一行为都是侵犯了其他经营者的合法权益,付出较少的成本而获得高额的利益,破坏了网络竞争秩序。

2)网络不正当竞争的特征

目前,网络不正当竞争行为主要有以下三种特征。

第一种是在违背其他经营者意愿的前提下,通过插入链接,强制跳转到自己网站以获取不正当利益,侵犯他人合法权益。

第二种是通过诱导、欺骗等方式使用户关闭、卸载其他经营者提供的网络产品和服务,损害了网站经营者的商业利益。

第三种是利用信息技术手段使网上售卖的产品与提供的服务不对等,如恶意捆绑软件等,形成不正当竞争行为,破坏有序的竞争环境,侵害消费者权益的知情权。

2. 产品质量的公法制裁

我国于 1993 年通过了《产品质量法》,是专门规范产品质量责任及产品质量监督管理的法律规范。《产品质量法》与其他部门规章、规范性文件共同构成了我国产品质量法律体系。目前我国的产品质量法律体系尚缺乏完整性,以事后的质量监管为主,对产品质量责任的规定散见于各类特别法中,缺少以前端开口促进质量提升的必要法律制度供给。

根据全国人大常委会的要求,市场监管总局目前已完成《产品质量法》实施情况评估和立法调研工作,形成了《产品质量法(修订草案征求意见稿)》,明确了"三位一体"的立法定位。意见稿从经营者和监管者两方面规定了权利和义务,并加入了"质量促进"和"质量基础建设"相关的条文,最后将现行法的损害赔偿和罚则共同整合成法律责任,构成了目前的草案。从草案内容来看,"质量促进"被单独列章,突出了质量强国的国家战略,探索建立了质量奖励、质量工作考核督查的办法,对我国质量品牌提升具有重要意义。

第一,条文所涉及的主体范围相对狭窄。《产品质量法(修订草案征求意见稿)》第四条、第五条明确了企业主体和政府的职责内容,第七条对产品质量社会共治进行了规定,在总则中以原则性的条款对社会参与主体提出了一定要求,故质量促进的主体也应当不限于目前草案所涉及的政府部门及企业(或个人),还应当将消费者、质量技术服务机构、社会组织等其他在《产品质量法》涉及的主体包含在内,达到法律内部规制主体的一致性。

第二,针对这些主体的属性确定其基本职责,划清各个主体之间的权力边界与义务,作出一般性的规定,将质量促进理念、产品质量管理等质量促进工具涵盖其中。以质量技术服务机构为例,可以利用高水平质量技术服务机构的优势参与质量文化与质量人才培养,提升第三方机构在质量促进工作中的参与度,新增鼓励高水平质量技术服务机构在质量发展中作出贡献的相关规定。与此同时,将各主体违背具体义务的法律后果对应于第六章"法律责任"中,一方面能做到实体章节各责任主体义务与法律责任的协调统一,立法上更具连贯性;另一方面也能通过奖罚分明的形式强调产品质量促进的重要价值。

第三,对于未来新出台的质量促进法律规定,国家应配合出台保障法律实施的政策文件,比如鼓励、支持的财税政策、产业政策等。虽然国务院制定的《质量发展纲要(2011—2020年)》从六个方面对创新质量发展机制作出规定,但作为中小型企业来说,创新产品技术,建立更高水平的质量标准需要付出反复实验的成本,故而相对宽容的税收政策、灵活的产业政策等能在一定程度上激发其创造性。同时,相应的职能部门应做好监督工作。

9.2.3 电子法律责任及其治理

1. 电子商务法律责任

电子商务秩序的法律责任是指违法者对违法行为所应承担的具有强制性的法律责任,法律责任同违法行为紧密相连,只有实施某种违法行为的人(包括法人、自然人)才承担相应的法律责任。特点:在法律上有明确具体的规定;由国家强制力保证其执行,由国家授权的机关依法追究法律责任,实施法律制裁,其他组织和个人无权行使此项权力。

电子商务的法律责任主要分为三种类型:民事法律责任、刑事法律责任,以及行政法律责任。以下主要以电子商务经营者的法律责任为例进行介绍。

1)民事法律责任

(1)电子商务平台经营者自营业务的民事责任。电子商务平台经营者对其自营业务,如果发生损害消费者权益的后果,构成民事责任的,应当依法承担商品销售者或者服务提供者的责任。如果不是销售者、服务者的商品或者服务致消费者权益受到损害,而是网络交易平台提供者经营的业务致消费者权益受到损害的,网络交易平台提供者应当承担责任。电子商务平台经营者自营业务提供服务致使消费者权益受到损害,应该遵守服务合同的规则要求,按照过错推定原则承担违约责任或者侵权责任。

(2)电子商务平台未采取必要措施和未尽审核或安全保障义务的民事责任。《电子商务法》第三十八条规定了两种电子商务平台经营者承担的民事责任,分别是未采取必要措施的连带责任与未尽审核和安全保障义务的相应责任。

(3)电子商务平台中侵害知识产权的民事责任。《电子商务法》第四十一条规定:"电子商务平台经营者应当建立知识产权保护规则,与知识产权权利人加强合作,依法保护知识产权。"作为一般性的规定,这仅仅表明电子商务平台经营者负有保护知识产权的义务。

(4)违反电子支付的民事责任。包括电子支付服务提供者违反管理要求的民事责任和电子支付服务提供者未经授权的民事责任。

(5)先行赔付责任。《电子商务法》第五十八条规定:"国家鼓励电子商务平台经营者建立有利于电子商务发展和消费者权益保护的商品、服务质量担保机制。"根据规定,先行赔付责任附有条件,即平台内经营者设立消费者权益保证金。消费者权益保证金由电子商务平台经营者通过平台内经营者征集,用于消费者权益受到损害时的先行赔付。电子商务平台经营者用保证金先行赔付后,有权向造成该损害的平台内经营者追偿。

(6)毁损电子交易资料的民事责任。《电子商务法》第六十二条规定:"在电子商务争议处理中,电子商务经营者应当提供原始合同和交易记录。因电子商务经营者丢失、伪造、篡改、销毁、隐匿或者拒绝提供前述资料,致使人民法院、仲裁机构或者有关机关无法查明事实的,电子商务经营者应当承担相应的法律责任。"

2)刑事法律责任

我国没有真正意义上的附属刑法,非刑法的法律中有关刑事责任的规定都是指引性的,即指向刑法的规定,《电子商务法》也不例外,第九十三条规定,"违反本法规定,构成犯罪的,依法追究刑事责任。"尽管规定得极为简洁,内容却十分丰富,不容忽视。

电子商务活动中的违法犯罪行为不应姑息,对于制假售假、侵犯他人知识产权、恶意诋毁商家信誉、虚构交易"刷信用"、虚假促销、传销等违法活动,应依法予以惩治。这些行为可能触犯的刑法罪名有:销售伪劣商品类的犯罪;侵犯他人著作权、商标权、专利权,侵犯商业秘密等侵犯知识产权的犯罪;诈骗罪、侵占罪、信用卡诈骗等与支付相关的犯罪,分布在刑法的侵犯财产罪与金融诈骗罪的规定中;洗钱罪;逃税罪等涉税犯罪;走私罪;组织、领导传销活动罪,非法经营罪;侵犯公民个人信息罪,包含出售、非法提供公民个人信息,非法获取公民个人信息等行为方式；私自开拆、隐匿、毁弃邮件、电报罪；破坏计算机信息系统罪；拒不履行信息网络安全管理义务罪；非法利用信息网络罪；帮助信息网络犯罪活动罪、虚假广告罪、损害商业信誉罪、损害商品声誉罪、非法经营罪，以及监督管理部门工作人员的玩忽职守罪、滥用职权罪等。特别是刑法修正案（七）、刑法修正案（九）新增加的有关公民信息保护的、与信息网络有关的罪名，与电子商务活动关系密切。在从事电子商务活动中，这类行为的刑事风险较高，应予足够重视与防范。

3）行政法律责任

我国对平台行政责任的规定在立法中最早见于2000年实施的《互联网信息服务管理办法》（以下简称《办法》），该《办法》的调整范围并不限于网络交易平台，而是涵盖了所有互联网信息服务提供者，例如：社交网站、搜索网站、视频分享网站等。在互联网信息服务领域，目前并无全面的立法，因此《办法》虽然是行政法规，却扮演了基础性立法的角色。该《办法》首先列举了互联网信息服务提供者不得制作、复制、发布、传播的八项内容，涵盖"反对宪法所确定的基本原则""危害国家安全"等，并设定了"含有法律、行政法规禁止的其他内容"这一兜底条款。其中，不得"传播"的规定表明，平台不仅不得以自己的名义生产上述内容，对其用户发布的相关内容，也有避免传播的义务。

2. 电子商务治理

1）构建缜密协同的法制体系

（1）重视软法建设，建立软法硬法协同共治体系。网络软法既包括国家法律法规中的宣示性条款，又包括网络社会组织、行业协会和企业制定的公约、守则、倡议、协议等内容。

（2）加强立法工作，健全网络平台治理法律体系。构建科学完善的网络平台治理法律体系是推进网络平台权力治理法治化的基本前提。

（3）强化法律梳理整合力度，破解法律内容冲突。

（4）细化法律规定，推进法律制度协同配套。增强现有网络法律的执行性和可操作性，减少原则性规定，出台相应的司法解释和配套措施。

2）重塑平台时代的法律关系

网络平台权力主体的私有化特征不仅放大了权力运行的失范风险，也使公私主体在网络治理过程中的权力博弈成为现实，而不同属性权力运行边界的模糊，使公私主体在网络空间的博弈更加复杂，给网络空间的法治实践带来一定掣肘。因此，要不断重塑公权力与网络平台权力的关系结构，不断明晰不同权力运行边界，使不同权力运行轨道清晰、秩序稳定。

3）创新权力运行的规制机制

规范平台授权，保障网络平台权力合法性。网络平台权力具有极强的准公共性，其权力规制也必须与国家公权力一样置于法治范畴，通过科学的授权机制设计，明确权力行使的相关要求。具体而言，就是要建立科学的网络平台权力授予机制，明确网络平台权力必须要有法律明文规定方可授予，且需经过一定的授权程序。

4）营建良性的网络法治生态

依照法治国家、法治社会的建设要求，抓住网络空间法治文化培育的主线，为推进网络平台权力法治化治理塑造良好的文化氛围。在加大互联网内容治理力度的基础上，推进互联网内容供给侧改革，既注重网络内容存量治理，又突出增量强化，将社会主义核心价值观融入网络空间法治文化建设，从源头上引导网络内容生产和传播活动合乎法治要求，为网络平台权力运行营建良好的法治文化氛围。

▶ 9.3 电子商务生态治理与依法监管

电子商务离不开网络社区与网络社会。电子商务环境、网络意识形态、网络舆情对电子商务的发展有着或多或少的影响。

9.3.1 网络社会与网络社区

1. 网络社会概述

1）网络社会的内涵

社会具有丰富的外延,当以"网络"为限定词时,其内涵也发生了质的转变。理论界对于网络社会的认知也未达成统一的意见,从而产生两大主流认识形态。

（1）网络社会是一种全新的社会形态。它是由传统农业社会过渡到工业社会,再延伸发展而成的。通过电子技术来寻找新的发展契机,并且通过互联网的技术支持,将散状的点联结起来,信息能够被迅速有效地传播利用,由点及面地辐射互动起来,这种全新的社会形态进一步革新了物质生产方式,信息时代、简政放权、思想开放成为网络社会的新标签。

（2）网络社会是现实社会对应转换的一种形态。即将"社会"划分为线上和线下两个分支,线上依托于线下,线下反馈到线上,网络社会与现实社会具有一定的交叉性,并非绝对独立存在。这种观点强调网络社会是由互联网技术所构建的特殊信息空间,在此空间中,信息的交互加强了网络社会和现实社会的联系。所以,实时的信息交互让网络社会与现实社会保持同步进展的节奏,这也就难以将其拆分成独立个体,两者的共生共融关系推动着社会向前发展。

2）网络社会的性质

与现实社会相比,人们在网络社会中的交流超越时空限制,个体存在得到相当程度的自由解放,具体表现为以下几个特征。

（1）速递性,每个使用网络的个体都是一个网络节点,信息在网络节点之间进行传递的时间几乎可以忽略不计,在网络情况正常的前提下,人与人之间可以达到即时沟通。

（2）广泛性,互联网所覆盖的范围非常广,人们传播信息的成本也很低,导致信息能够以很高效的速率被扩散。

（3）缓冲性,网络社会的交流不是现实的面对面,接收终端与个体的人之间尚有一定间隔,具有无须即刻反馈的条件和理由。

（4）存储性,人们在网络社会中的言行及网络社会中的活动都可以存储在终端本地或者服务器云端,供人们回顾寻找。

（5）把关性,基于缓冲性存在的间隔条件,网络社会中的信息传播可以从终端仅释放把关过后的部分信息。

2. 网络社区概述

1）网络社区的定义

网络社区的发展和扩大形成了具有共同归属感的新的社会联合体和社会结构。网络社区的出现,拓宽了人类生活的新空间。网络社区的存在表现在一定规模的、人与人之间的互动模式和社会关系上。这种特定的网上互动模式和社会关系有别于现实社会,并有其独特的形式和功用。

网络社区随着人类社会的发展进程出现在网络社会上,主要指在互联网上"某个区域"共同活动的若干人类群体。网络社区是一群拥有特别兴趣、喜好、经验的人,或是学有专精的专业人士,透过各种形式的电子网络及电子邮件、新闻群组、聊天室或论坛等方式组成一个社区,让参与该社区的会员彼此之间能借此进行沟通、交流、分享信息。由于这种社区不需要固定的聚会时间及实体的聚会地点,而是建构在虚拟的网络环境下,因此一般称为网络社区,或在线社区。

2) 网络社区的构成要素与表现

社会学研究社区所揭示的一般的基本特质是:一定的空间(地域)、一定的人群,以及相应的组织或团体、公众的参与和某些共同的意识与文化。而"社区"作为一种社会实存的特质,在网络社会中得到了相应的表现。

(1) 网络社区是一个空间单位。
(2) 网络社区存在着一定的人群。
(3) 网络社区内人与人、人与群体、群体与群体的互动,表现为合作、竞争、同化、冲突、适应等各种形式。
(4) 网络社区中具有相应的组织对社区进行管理,同时,为社区居民提供服务,以满足社区居民的基本需要。

总之,网络社区是有一定"电子边疆",并有一定数量的网络行动者持续互动的社会系统。如果网络社区能充分保持这一基本特性,则虚拟的网络社区就是一种社会实存。

3) 网络社区的特点

网络社区具有以下四个方面的特点。
(1) 它必须通过互联网作为传播的媒介。
(2) 它的成员通过网络社区能共享信息与沟通。
(3) 成员能通过网络社区满足社会生活的需要。
(4) 它的成员对它有一定的归属感。

9.3.2 电子商务环境

1. 电子商务环境的定义

电子商务环境是以企业为中心的电子商务的一种基本形式。从系统角度看,电子商务是一个庞大、复杂的社会经济、技术系统。一个系统的运行必然受到环境的影响和制约。电子商务发展的环境是多方面的,主要包括技术环境、经济环境、法规环境、政策环境等。

2. 电子商务环境的法律法规

《电子商务法》第三条规定,国家鼓励发展电子商务新业态,创新商业模式,促进电子商务技术研发和推广应用,推进电子商务诚信体系建设,营造有利于电子商务创新发展的市场环境,充分发挥电子商务在推动高质量发展、满足人民日益增长的美好生活需要、构建开放型经济方面的重要作用。

9.3.3 网络意识形态与网络舆情

1. 网络意识形态与网络舆情概述

1) 网络意识形态

随着互联网技术的不断提高,网络日益融入人们的日常生活,互联网成为人们日常生活最重要的交流沟通工具,网络空间同现实社会的联系也越发紧密。网络意识形态安全与国家政权安全也息息相关,习近平总书记也多次在讲话中提到意识形态安全问题,并且强调网络意识形态安全的重要性。做好网络意识形态安全工作不仅有利于凝聚正能量、弘扬优秀思想文化,还有利于促进主流意识形态健康发展、保证国家安全和政权稳定。目前网络意识形态主要面临以下挑战。

(1)不同国家之间的意识形态斗争日益激烈。互联网的开放性为信息传播提供了更加便捷的渠道。网络使文化传播冲破了地区之间、国家之间的障碍,有利于不同国家和地区的文化交流传播。但由于网络信息具有多元性、开放性、易获取等特点,各个国家的社会思潮和价值理念都可以轻易地通过互联网向其他国家渗透,在这种情况下,一个国家的主流意识形态便极易受到其他国家的思潮和价值理念的影响。在互联网时代,西方国家往往借着文化交流传播的名义,通过网络向我国输入其价值观,对我主流意识形态产生不良影响。

(2)网络技术发展滞后。美国在网络技术方面遥遥领先,它具有世界上最先进的网络技术,尤其是世界互联网的核心技术,一定程度上掌控着世界互联网的发展。比如英特尔的电脑芯片、思科的路由器、微软操作系统、Google搜索引擎等,互联网发展的很多关键节点,都由美国控制。可以说,美国掌握了全球互联网发展的关键,这也为美国在网络意识形态中占据主导地位提供了条件。像美国这些掌握先进网络技术的国家凭借自身在技术上的绝对优势,在信息传播过程中通过筛选、过滤、加工信息来传播对他们自身有利的内容,并恶意诋毁其他国家的主流意识形态。技术的缺失造成我国在维护国家网络意识形态安全方面仍处于被动地位。

(3)敌对分裂势力对网络意识形态的侵蚀。网络意识形态安全与国家的安全和稳定紧密相连。国家之间的竞争已经转为意识形态领域的较量,西方敌对势力也企图通过对意识形态的侵蚀来达到其分裂中国的目的,而互联网则成为他们实施政治分裂的主战场。他们往往利用网络的隐蔽性来发布一些严重歪曲事实真相的内容,肆意颠覆我们国家的主流意识形态,打击我国人民群众的信心,试图以此来破坏中华民族的发展。

2)网络舆情

随着不断改变的社会环境,日益渐增的还有新媒体的影响力。目前媒体分为两大类:一类是以往的纸媒、新闻官网等,这类为传统媒体;另一类则是以新浪、腾讯、快手等为代表的新媒体,网民们可以在上面自由发声。新媒体极大改变了人们获取信息的习惯、表示观点的方式。由此可知,网络舆情是一定范围和时期内影响民众对事物的认知和态度,并形成具有一定影响力的意见。网络舆情一般具有以下特征。

(1)实时性和自由性。由于传播载体的原因,使得网络舆情具有实时性、自由性的属性。互联网是网友自由参与社会公共事务的活动空间,它对传统的新闻模式和传播方式有着巨大的冲击力,网友可以利用手机进行沟通、相互交流,也可自由地在微博、微信号等平台上发表对热点事件、公共事务的看法、意见,网友的这些看法和情绪态度也会立即在网络上汇聚,大大加快了网络舆情的生成及传播。

(2)多元性和多样性。在内容表达上,网络舆情还具有多元性、多样性的特点。因为网络舆情可涉及方方面面,如国内外重大事件、政府新制定的政策法规、官员违法违纪行为、自然灾害等,覆盖面十分广泛。

(3)虚拟性和现实性。网络很难对每个人进行监管,在网络世界里,可以虚拟个人的信息,可以毫无忌讳地发表自己的言论、观点或情绪,因此,网络舆情具有虚拟性。但是,这也同样可以折射出现实中的矛盾、民众的真实需求、社会存在的问题,所以网络舆情不仅具有虚拟性,还是现实社会在网络上的反映。

(4)随时性和自发性。网络具有自由性,这也使得网络舆情带有自发性。一个事件的发布由人们自发而成,不受空间、时间的限制,随时可以通过网络由网友传播,在这个过程中,网友们会对事件的起因、经过进行详细了解和分析,并进行评论,等观点汇聚后开始形成舆论,并产生很大影响。

2. 网络意识形态与网络舆情相关法律法规

党的十八届四中全会提出:"加强互联网领域立法,完善网络信息服务、网络安全保护、网络社会管理等方面的法律法规,依法规范网络行为。"经过十几年的努力,我国已经颁布了部分互联网立法,如《全国人民代表大会常务委员会关于加强网络信息保护的决定》《全国人民代表大会常务委员会关于维护互联网安全的决定》《中华人民共和国电信条例》《互联网信息服务管理办法》《最高人民法院关于审理利用信息网络侵害人身权益民事纠纷案件适用法律若干问题的规定》《最高人民法院、最高人民检察院关于办理利用信息网络实施诽谤等刑事案件适用法律若干问题的解释》《即时通信工具公众信息服务发展管理暂行规定》《互联网用户账号名称管理规定》等。可以看出,目前我国针对网络舆情立法的条款较少,未出台相应的网络基本法或者舆情应对法,且现有法律位阶不高,难以形成完善的网络舆情规制法律体系。

我国网络舆情规制法律体系的完善,首先,可以将网络归类至传统的广播电视等大众传媒的管理之列,辅之以刑法、反恐法的威慑效力,以打击网络犯罪、网络谣言、网络恐怖主义等违法犯罪行为,无须制定单独的"网络舆情应对管理法"。其次,充分利用现有的立法资源和法律基础,在相关网络或传媒法律中明确规定网络舆情规制的原则、内容、程序、法律责任、救济措施、负责部门,以消除现有法律法规中的立法冲突与空白,提高法律适用性与配合度,划清管理部门职责界限,增强网络舆情规制的执行力。最后,形成以总揽全局的网络基本法为核心,其他各互联网规制专门法律法规为支柱,各部门法相互配合的网络舆情规制法律体系。

▶ 9.4 依法促进电子商务发展

发展电子商务是国家经济增长、国民经济高速运转、转变经济增长方式的重要手段,因此必须要有相关的法律法规来促进电子商务的高速发展。

9.4.1 电子商务发展促进的重要性

电子商务是国民经济和社会信息化的重要组成部分。发展电子商务是转变经济增长方式,提高国民经济运行质量和效率,实现国家高速发展的必要手段,对实现我国经济社会发展具有十分重要的意义。近年来,随着信息技术的发展和普及,我国电子商务快速发展,但与发达国家相比,我国电子商务的发展还有一定的提升空间,促进电子商务发展的法律法规亟需完善。

第一,推进电子商务是贯彻科学发展观的客观要求,有利于促进我国产业结构调整,推动经济增长方式由粗放型向集约型转变,提高国民经济运行的质量和效率,形成国民经济发展的新动力,实现经济社会的全面协调可持续发展。

第二,加快电子商务发展是应对经济全球化挑战、把握发展主动权、提高国际竞争力的必然选择,有利于提高我国在全球范围内配置资源的能力,提升我国的国际地位。

第三，推广电子商务应用是完善我国社会主义市场经济体制的有效措施，将有力地促进商品和各种要素的流动，消除妨碍公平竞争的制约因素，降低交易成本，推动全国统一市场的形成与完善，更好地实现市场对资源的基础性配置作用。

9.4.2 电子商务产业促进的法律法规

《电子商务法》第六十七条规定：国家推动电子商务在国民经济各个领域的应用，支持电子商务与各产业融合发展。第六十八条规定：国家促进农业生产、加工、流通等环节的互联网技术应用，鼓励各类社会资源加强合作，促进农村电子商务发展。

9.4.3 电子商务交易创新的法律法规

1. 电子商务交易的定义

电子商务交易是指运用现代电子信息技术手段所进行的商品、服务、信息和其他商务的交易。根据《网络交易管理办法》的规定，网络商品交易是指通过互联网（含移动互联网）销售商品或者提供服务的经营活动。有关服务是指为网络商品交易提供第三方交易平台、宣传推广、信用评价、支付结算、物流、快递、网络接入、服务器托管、虚拟空间租用、网站网页设计制作等营利性服务。

电子商务交易法律法规是指对运用现代电子信息技术手段进行的商品、服务、信息和其他商务交易所适用的法律规范。电子商务交易法律法规调整电子商务交易参与各方的关系，具体确定交易参与者的权利和义务，对于维护交易参与各方的权益，维持电子商务交易秩序，促进电子商务健康发展具有重要意义。

2. 电子商务交易的法律法规

《电子商务法》第五条规定："电子商务经营者从事经营活动，应当遵循自愿、平等、公平、诚信的原则，遵守法律和商业道德，公平参与市场竞争，履行消费者权益保护、环境保护、知识产权保护、网络安全与个人信息保护等方面的义务，承担产品和服务质量责任，接受政府和社会的监督。"

《网络交易管理办法》第四条规定："从事网络商品交易及有关服务应当遵循自愿、公平、诚实信用的原则，遵守商业道德和公序良俗。"

3. 电子商务交易法律法规的特点

电子商务交易法律法规与传统商务法律法规相比较，具有商法范畴、技术性和复杂性等主要特点。

第一，电子商务交易法律属于商法的范围。电子商务交易以现代电子信息技术手段为基础，但其根本上仍然是一种经济行为，因此，其适用法律法规属于商法范围。

第二，电子商务交易与传统商务活动相比，在注册登记、登录网站、商品选择、支付结算、物流配送、付款确认等各个环节及业务方面，以计算机及其网络和现代信息技术为基础。

第三，电子商务交易法律法规涉及电子商务交易的各个方面，既涉及商务交易，又涉及网络化和现代信息新技术，因此比传统商务活动的法律法规复杂。

【本章小结】

本章首先介绍了电子商务治理，其中包括电子商务治理主体及其关系、治理内容、监管目标等有关内容。其次,介绍了电子商务秩序及法律规制、电子商务生态治理与依法监管和依法促进电子商务发展。电子商务秩序及法律规制是基础,电子商务生态治理与依法监管主要介绍了电子商务环境基本知识,简要介绍了网络社会及网络社区,包括网络意识形态与网络舆情。最后,介绍了依法促进电子商务发展的相关知识,从电子商务发展促进的相关法律出发,在此基础上,概要地介绍了目前电子商务产权的一些基本知识,包括电子商务技术、电子商务技术创新、网络著作权、域名知识产权。

【思考题】

1. 电子商务治理的主体有哪些?
2. 电子商务监管的范围有哪些?
3. 网络社区的特点有哪些?
4. 简要说明电子商务交易的法规之中,电子商务经营者从事经营活动应当遵循的原则。
5. 简述电子商务治理主体的基本关系。
6. 简述电子商务促进发展的重要性。

拓展内容(9)

参考文献

[1] 凌斌,胡凌.电子商务法(第二版)[M].2版.北京:人民大学出版社,2022.

[2] 温希波,邢志良,薛梅.电子商务法——法律法规与案例分析(微课版)[M].2版.北京:人民邮电出版社,2021.

[3] 杨立钒,万以娴.电子商务法与案例分析(微课版)[M].北京:人民邮电出版社,2020.

[4] 杨立新.电子商务法规定的电子商务交易法律关系主体及类型[N].山东大学学报,2019.

[5] 朱晓娟.电子商务法[M].北京:中国人民大学出版社,2019.

[6] 凌斌.电子商务法[M].北京:中国人民大学出版社,2019.

[7] 吴旭华,褚霞.中华人民共和国电子商务法:原理、实务及案例[M].北京:法律出版社,2019.

[8] 吴景明.《中华人民共和国电子商务法》消费者权益保护法律制度:规则与案例[M].北京:中国法制出版社,2019.

[9] 郭锋.中华人民共和国电子商务法法律适用与案例指引[M].北京:人民法院出版社,2018.

[10] 法律出版社法规中心.电子商务法规汇编[M].北京:法律出版社,2018.

[11] 赵旭东.中华人民共和国电子商务法释义与原理[M].北京:中国法制出版社,2018.

[12] 王利民.民商法精论[M].北京:商务印书馆,2018.

[13] 电子商务法起草组.中国电子商务法律法规政策汇编[M].北京:中国法制出版社,2018.

[14] 宋燕妮.中华人民共和国电子商务法精释与适用[M].北京:中国民主法制出版社,2018.

[15] 电子商务法起草组.中华人民共和国电子商务法解读[M].北京:中国法制出版社,2018.

[16] 全国人大财经委员会电子商务法起草组.中华人民共和国电子商务法条文释义[M].北京:法律出版社,2018.

[17] 王庆春,王晓亮.电子商务法律法规[M].北京:高等教育出版社,2018.

[18] 电子商务法起草组.中华人民共和国电子商务法条文研析与适用指引[M].北京:中国法制出版社,2018.